杨力

易经养生法

杨力生命养护三部曲

易

杨力 著

中国中医药出版社
北　京

图书在版编目（CIP）数据

　　杨力易经养生法 / 杨力著 .—北京：中国中医药出版社，2020.5
（杨力生命养护三部曲）
　　ISBN 978–7–5132–4662–0

　　Ⅰ . ①杨…　Ⅱ . ①杨…　Ⅲ . ①《周易》—关系—养生
（中医）　Ⅳ . ① B221.5 ② R212

中国版本图书馆 CIP 数据核字（2017）第 308215 号

中国中医药出版社出版

北京经济技术开发区科创十三街 31 号院二区 8 号楼
邮政编码　100176
传真　010-64405750
廊坊市祥丰印刷有限公司印刷
各地新华书店经销

开本 710×1000　1/16　印张 20.75　字数 323 千字
2020 年 5 月第 1 版　2020 年 5 月第 1 次印刷
书号　ISBN 978 – 7 – 5132 – 4662 – 0

定价　68.00 元
网址　www.cptcm.com

社 长 热 线　010-64405720
购 书 热 线　010-89535836
维 权 打 假　010-64405753

微信服务号　zgzyycbs
微商城网址　https://kdt.im/LIdUGr
官 方 微 博　http://e.weibo.com/cptcm
天猫旗舰店网址　https://zgzyycbs.tmall.com

如有印装质量问题请与本社出版部联系（010-64405510）

前言

——《易经》养生的奥秘

　　《易经》是中国的诸经之首，诸子百家之源，对于中医学也不例外。自古医源于易，正如唐代大医家孙思邈所言："不知易，不足以言大医。"

　　《易经》养生有五大奥秘：

　　第一，《易经》蕴藏了生命起源的奥秘，从而启发了养生先养气的秘诀。

　　第二，《易经》开创了阴阳气化，从而奠定了养生必调阴阳之秘。

　　第三，《易经》八卦体现了五行原理，从而决定了养生必养五行的原则，这样在《易经》的启发下，开创了五种生理体质的养生奥秘。

　　第四，《易经》神奇的太极生命钟，启示了生命钟的养生奥秘，包括脑养生及抗衰老的秘诀。

　　第五，《易经》象数原理，启发了象数养生，包括象形、象义的养生秘诀。

　　本书除了上述五大养生秘诀之外，还阐述了《易经》日新、变易之秘与养生、《易经》全息律与养生、《易经》仿生养生、《易经》堪舆养生、《易经》房室养生秘诀……总之，本书从《易经》的原理，结合人的生理、病理，对中医的养生作了全方位的、精辟的论述，尤其全书"大道至简"，对广大读者都有很大的启示，是一部难得的养生健康佳作，特推荐予广大读者共享。

杨力

2020 年 1 月 1 日于北京

目 录

第一章
《易经》生命缘起的养生奥秘

第一节　人是怎样诞生的

据说，在古希腊宗教中心德尔菲神庙前的石碑上镌刻着这样一句话：人，要认识你自己。

我是谁？我来自哪里？要到哪里去？无数个夜晚，当我们仰望星空的时候，经常会忍不住思考这些关于"人类起源"的世纪难题。

我生从何来

人类利用文字记载自己的文明，距今已经有五千多年的历史了。五千年的时间相对于四十五亿年的地球年龄来说可谓是"白驹过隙""惊鸿一瞥"，简直微不足道。但人类的历代祖先就是在这短暂的历史长河里，由茹毛饮血、树叶蔽体、钻木取火、洞穴而居的原始生活，发展到今天科技高度发达的现代文明，其伟大的智慧和创造力不得不令我们每一个人惊叹不已。

可是，那些推动历史前进车轮的先驱者，他们发明创造了火源、文字、音乐、图书、舞蹈、汽车、轮船、飞机，拥有无比的智慧，却唯独不能回答"我是谁"这个问题。

佛教说：从来处来，往去处去；基督教认为上帝创造亚当、夏娃，而后繁衍出人类；我们也有女娲以泥土仿照自己抟土造人的神话传说；英国生物学家达尔文则认为人是由古猿进化而来；现代科学家又提出了"进化说""细胞说""海洋说""外星说"等诸多学说。总之，各个学派各执一词，却又找不到确切的理论依据。

《易经》揭示了人的生命之秘

"人是怎么诞生的"，这个问题看起来十分奥妙难解。其实，早在3000多年前，《易经》就给出了简单明了的答案。

《易经》记载："有天地然后有万物，有万物然后有男女。"天地是人类诞生的基础，天为阳、地为阴。《易经》又指出"一阴一阳之谓道"，认为宇宙万物皆由阴阳所成，无论是广袤无际的宏观世界，还是肉眼难寻的微观世界，都是由世界阴性物质和阳性物质组成。

"易"字在古代书写中是由上边一个"日"和下边一个"月"组成，日就是太阳，代表阳；月就是月亮，代表阴。这与现代生物学中的"光合作用"理论不谋而合。数十亿年以前，天地间阴阳二气相混，运动不止，形成了春温、夏热、秋凉、冬寒四时的气候变化，这就为生命的产生提供了必需的环境条件。

阴阳是一切生命的本源

阴阳是世界的本源，更是生命的本源。《易经》之所以将代表阴阳的"乾"和"坤"两卦作为六十四卦之首，正是出于这样的哲学认知。

老子在《道德经》中说："道生一，一生二，二生三，三生万物。"现代科学中的"宇宙大爆炸"理论认为宇宙是起点爆炸后不断膨胀产生的，这与老子"道生万物"的思想不是一个意思吗？那个引起宇宙产生的爆炸点，我们完全可以按照《易经》思想将其理解为生出万物的"一"。

在阴阳理论的基础上，《易经》进一步提出"阴阳合德，而刚柔有体""天地氤氲，万物化醇。男女媾精，万物化生"。也就是说，阴阳之间的相互作用产生了生命，天地阴阳之气化生了阴阳雌雄男女，阴阳雌雄男女交和又化生后代，从而保证了万物延续不衰。这是《易经》对天地万物生成次序的认识。

《易经》中"万物化醇"更是概括了人类生命在孕育过程中一切可知和不可知的物理的、化学的变化，不但包括了生物在进化过程中的生生灭灭、演化、分支，进化到功能结构完善、完美、精纯的复杂过程，还包括了生态系统的基本功能。

《黄帝内经》是《易经》的健康分支与精华

在《易经》学说的影响下，我国最早的医学专著《黄帝内经》也认为自然界的生命是源于天地阴阳的运动变化，指出"人以天地之气生，四时之法成"。

大道至简，意思是说一些大的道理、原理、规律和方法其实是极其简单的，把复杂冗繁的表象层层剥离之后就是事物最本质的大道理。比如武术高手在搏击时总是击敌要害、一招制敌，医术精湛的大夫总是辨证施治、药到病除。生活中许多物理现象总能用一个简易的"公式"进行概括计算。从这一角度来看，"人是怎样诞生的"这个问题不算复杂和困难，以"阴阳"两个字足以概括。

第二节　气的神奇奥秘

"气"的甲骨文在形状上和"≋"相似。上边的一横代表天，下边的一横代表地，而中间一横代表在天地之间流通的气。这样的造字本义是指，气乃天地间均匀扩散、飘逸的第三态物质。

气与物是一个统一体，由于其极其细微，故谓"无形"，但这并非表明气不存在，只不过是我们肉眼难辨罢了。

冬天烧沸水时，蒸腾的白烟是水汽；会当凌绝顶，山谷中翻腾的云海是云气；冬天的清晨，天地间升起的薄薄白雾是雾气；夕阳西照的傍晚，山林里升起的袅袅烟云是岚气；而山雨欲来之时，那摧枯拉朽的狂风，更是气的暴虐表现形式。由此可见，气在我们的生活中无处不在。

"气"到底是什么

《易经》学说认为气是天地万物化生的共同本源。"太极生两仪，两仪生四象"。两仪，即阳和阴。阳有阳气，阴有阴气，而太极就是天地未分之前的一团混沌不化的元气。大家看太极图，一个圆圈代表的就是元气，圆圈一分为二，白色部分即是"阳气"，黑色部分即是"阴气"，是故太极生两仪。

而且阴阳在太极图里的表现形式不是静止不动的，而是像流动的水一样相互交融，这象征着阴阳无穷运动，故两仪生四象，从而万物衍生。

老子云："由宇宙本始观之，万物皆气化而成、气化而灭也。人之生也，气之聚也；人之死也，气之散也……气散而不可见。有亦是气，无亦是气，有无皆是气，故生死一气也。"这句话其实就是"气一元论"的思想雏形。

古人为何说"人争一口气，佛争一炷香"

古代医学家在充分接受《易经》和黄老思想的基础上，形成了独具特色的"气一元论"，用于指导生理、病理等各项医疗保健活动。中医认为，气是构成人体最基本的物质，亦是维持人体生命活动的最基本元素。

《难经》云"气者，人之根本也，根绝则茎叶枯矣"，《素问·六节藏象论》云："气和而生，津液相成，神乃自生。"气对人体非常重要，生活中我们经常听到这样一句话，就是"人争一口气，佛争一炷香"。呼乃出一口气，吸乃争一口气，将死之人总是会拼命地张嘴吸气，当气绝之后就会死去。所以，人争这一口气本意不是为了面子，而是为了能够活着。

根据其主要组成部分、分布部位和功能特点的不同，人体之气可分为元气、宗气、营气、卫气等不同类型。

元气是生命之父

元气，又称原气、真气，是人体最基本、最重要的气。举个例子，我们的手机通常有两块电池，除了大的锂电池以外，还有一块小电池，这就保证即便手机没电关机了，依然能持续为微处理器供电，以保持内置时钟不间断计时。

元气就像是人体的"内置电池"，虽然很小，但却是从娘胎里带出来的，起着非常重要的作用，是人体生命活动的原动力。

为什么说元气是从娘胎里带出来的呢？是因为当父母的生殖之精结合形成胚胎时，即产生了胚胎个体内部的元气。正是得益于先天元气的推动，我们才能生长发育，从一颗胚胎长成大人。人老的时候眼花发白，身体各项机能衰退，就是因为元气这块"内置电池"消耗殆尽了。

也正因为如此，元气虚弱往往会影响到人的先天健康。比如说先天体质的羸弱、先天发育不良，甚至是发育不全等，都是先天元气不足的后果。其具体表现为中医所说的"五迟五软"，即立迟、行迟、语迟、发迟、齿迟，头项软、口软、手软、足软、肌肉软，均属于小儿生长发育障碍病症。究其原因都是先天禀赋不足，元气缺少。所以，对于元气的保养不只是在当代人，而要从父母一代就应该注意。如果父母在怀子的时候不注意，饮酒后行房事，疲劳期行房事，都会影响下一代的元气。

宗气是心肺之母

宗气又名大气，是人体后天的根本之气。人体如果只靠先天元气，而不补充宗气，就像一部手机，你买回来不充电，那它的功能就实现不了。如果说元气是手机的内置电池，那么宗气便是需要每天充电的锂电池。

与先天元气不同，宗气需要后天获得。中医认为，宗气是由水谷精气和自然界的清气聚合而成的。我们每天吃的食物腐熟、运化后生成水谷精气，这些精气从脾胃向上蒸腾，聚集在胸部。肺部呼吸从自然界吸入的清气，由鼻道进入后聚集在胸部。两股气合在一起就形成了宗气。所以，人体的胸腔又被称为"气海"，如《灵枢·五味》所说："其大气之抟而不行者，积于胸中，命曰气海。"

宗气的主要功能是"行呼吸"和"贯心脉"。行呼吸就是推动肺的呼吸运动，宗气盛则呼吸有力、均匀、声音洪亮，宗气不足则呼吸短促微弱，语言不清，语声低微。

贯心脉就是行气血，就是推动血液运行。宗气旺盛，则血液充盈，运行正常，脉搏跳动有力，节律一致。宗气衰弱，则气血运行无力，不能营养四肢，出现面色苍白、身体怕冷、动则气喘的虚弱症状。

在一定的条件下，先天元气不足可以靠后天宗气进行补充。历史中有许多人先天体质并不好，但经过后期保养反而比普通人长寿。清代雍正、乾隆年间的军机大臣张廷玉少年时期体质很差，弱不禁风，时常生病遭灾，平时言谈举止无力，步行 500 米路就感到疲惫不堪。其父张英，清朝大学士，官至礼部尚书，常为这小生命担忧，以为他活不到成年就会夭折，但张廷玉十分注重后天养生以弥补先天不足，结果享年 84 岁，可谓高龄。由此可见，宗气对于人体健康具有相当重要的作用。

营气是人体的母亲河

营气的"营"，就是营养的意思，是指循行于脉中而富有营养作用的气。营气由脾胃运化的水谷精微中最富有营养的部分化生，是人体之气的精华部分。

营气把大部分营养集中起来，藏于脉管之内，与血液并行，并通过十二经脉和任、督二脉运行全身各个部分。《素问·痹论》就说："荣者（营气），……乃能入于脉也。故循脉上下，贯五脏，络六腑也。"

顾名思义，营气的主要功能是化生血液和营养全身。因为它富含营养成分，所以可以化生血液，是血液的主要物质基础。《灵枢·邪客》指出："营气者，泌其津液，注之于脉，化以为血，以荣四末，内注五脏六腑。"营气除了化生血液的那部分，剩下的都会随着血液的流动运行全身，输布于各脏腑经络等组织器官，发挥营养作用，维持人体正常的生理功能。

营气就像是人体内的"母亲河"，滋养着四周的土地。如果营气亏少，则会使全身脏腑组织因得不到足够营养而造成生理功能减退的病理变化。大家想象一下，天气干旱时河流两岸的景象，就会知道人体营气不足后的状态。比如皮肤干涩、面色无华、便秘上火、脏腑虚弱等，都是缺少营气滋润所致。

卫气是生命的卫士

卫气和营气相对，营气循于脉中，而卫气循于脉外，一个主里，一个主外，一个属阳，一个属阴。卫气的"卫"就是护卫的意思，是指运行于脉外，具有保卫机体作用的气。卫气就如同皇宫里的御林军，需要时时刻刻在外巡逻，护卫皇宫的安全。

当然，能够成为御林军的士兵肯定各个勇猛精悍。卫气也是这样，卫气来源于脾胃运化的水谷精微中慓悍滑利的部分。正如《素问·痹论》所说："卫者，水谷之悍气也。其气慓疾滑利。"

《灵枢·本藏》记载："卫气者，所以温分肉，充皮肤，肥腠理，司开阖者也。"卫气的作用主要有防御、温养和调节。卫气充盛，则机体抗御邪气的能力强盛，不易招致外邪的侵袭；若卫气不足，肌表不固，防御能力下降，则易感受外邪而发病。

同时，卫气在体表还能产生热量，温暖我们的周身，维持体温的相对恒定。若卫气不足，温煦之力减弱，则容易导致风、寒、湿等阴邪乘虚侵袭肌表，出现阴盛的寒性病变；反之，若卫气郁聚不散，不能畅达，则化而为热，可出现阳盛的热性病变。

另外，卫气还调节肌肤腠理的开合，控制汗液的排泄。热的时候打开毛孔，方便排汗散热；冷的时候关闭毛孔，温煦身体。如果一个人在正常气温下流汗不止，甚至出现自汗、盗汗，那肯定是卫气调控毛孔的机制失调了，中医称之为"卫气不固"。

人体之气，除上述元气、宗气、营气、卫气外，尚有"脏腑之气"和"经络之气"。所谓"脏腑之气"和"经络之气"都是全身之气的一部分，一身之气分布到某一脏腑或某一经络，即成为某一脏腑之气或某一经络之气。这些气是构成各脏腑、经络的基本物质，又是推动和维持各脏腑、经络生理活动的物质基础。

比如肺有肺气，脾有脾气，肾有肾气，这些气在构成脏器的同时，也担负着维持其脏腑功能的职责。当一个人出现消化不良、食欲不振的情况时，中医大夫会推荐他吃一些山药、薏米、人参、枸杞等"补脾气"的中药，就是基于中医对气的认识。不论如何划分，总之万变不离其宗，人体的气和自然界的一样，虽然无形，但却无处不在，小到一根毛发、一个细胞，都有气的存在。

第三节 "养生先养气"之秘

俗话讲：天有三宝日月星，人有三宝精气神。生活中我们形容一个人整体状态的好与坏，就会用"精气神"来形容，比如见一个人状态不好，就会说他"有气无力"，或者是"精神不佳"。

气是宇宙的本原，是构成天地万物最基本的元素。中医学从"气一元论"这个基本观点出发，认为气是构成人体的最基本物质，也是维持人体生命活动的最基本物质。人好比一个大皮囊，大皮囊里面的五脏六腑是小皮囊，这些大大小小的皮囊就像气球一样，需要靠气来充盈。

我们少年时候，精气旺盛、气力充沛，因此人体这副皮囊就会被气撑得圆润、透亮，充满活力；而到了老年时代，气力衰微，此时人体这副皮囊就出现了褶皱、松弛，如同皮球泄了气一样。

前文已经提过，人的气按照位置或功能，可分为元气、宗气、营气、卫气、脏腑之气和经络之气，这些不计其数的气由万归一，就形成了"一身之气"。一身之气，在内支撑着人的躯体，在外包裹着人的体表。所以，有学者就把人比喻成刚出锅的馒头，被热气所笼罩，随着时间推移，热气越散越少，渐渐地热气散完，馒头凉了，人也就走完了一生的历程。

包裹人体的"一身之气"有什么作用

中国人多将"一身之气"称为"一身正气"。中医认为，"正气存内，邪不可干"。人生病的过程其实就是"正气"与"邪气"较量的过程。如同拳击场上的两名拳击手，谁的气盛，谁的技艺高，就能将对方打败。"正气存内，邪不可干"的意思就是人体如果一身之气旺盛、充足，那邪气就不能侵犯。

正所谓"气存则生，气失则亡"，所以古人认为善养生者，必知养气，汉代王充在《论衡》中指出："夫禀气渥则其体强，体强则其命长。气薄则其体弱，体弱则命短，命短则多病寿短。"可见，气与人体的健康和养生有着密不可分的关系。

气在人体中是无形的，要去保养一个看不见的东西貌似是一件十分困难的事情。不过，古代养生家凭借自己的智慧和先人经验总结了一套养气秘籍，即"养生七诀"：一者少言语养真气；二者戒色欲养精气；三者薄滋味养血气；四者咽津液养脏气；五者莫嗔怒养肝气；六者美饮食养胃气；七者少思虑养心气。

"养气七诀"是宋代养生大家陈直在《寿亲养老书》中总结的理论，这本书是我国现存最早的老年病学专著，其中的养生理论先后传至朝鲜、日本，对后世医家、养生家影响很大。

少语言，养真气

真气就是前文提到的元气，是人体生命活动的原动力。人体的生长和发育，各个脏腑器官的生理活动，都要靠真气来推动、激发和温煦。所以，养气的第一要诀便是"养真气"。

呼则气出，我们在说话多的时候就会感觉身体疲乏无力，就是因为说话多以致真气耗散。俗话说"千年王八万年龟"，老鳖和乌龟都是长寿的动物，它们有一个共同的特点，就是懒洋洋地趴着不动，也不说话。相传，古代道家、医家著名人物葛洪就根据这一特性发明了"龟息"养生法，就是把气吸进来以后进行闭气，然后用意念把气从人体的千千万万的毛孔流出来，而不是从鼻子呼出来，这就像现代的"无氧运动"。

当然，人不可能只吸气而不呼气，"龟息"的本意就是提倡人们少说话、少呼气，所以在日常生活中要少说话以养真气。

戒色欲，养精气

《易传·系辞上》云："精气为物，游魂为变，是故知鬼神之情状。"

《易经》认为精气是一种精灵细微的气，先天而有，与生俱来。对中医来说，肾脏是先天之本，精气也就是肾气，由肾精所化。《黄帝内经》云："夫精者，身之本也""二八，肾气盛，天癸至，精气溢泄，阴阳和，故能有子。"精与人的生长发育和生殖密切相关，胚胎就是男人之精和女人之精结合而成。

俗语说，"一滴精，十滴血"。精乃肾之主，纵欲太过，则伤肾精，耗散精气，进而伤及其他脏腑，影响身体健康，甚至促人早衰或短寿。一般人在泄精后即刻便会感到大脑有一种被抽空的感觉。现代科学研究发现，脑脊液的组成与精液组成十分相似，泄精所丧失的物质与营养中枢神经的物质非常相似，大脑自然有一种被抽空的感觉，中枢神经缺乏滋润，思维就会变得迟钝。我国历代皇帝大多寿命极短，他们锦衣玉食，生活富贵，为何寿命还不及普通人，其中一个很重要的原因就是后宫佳丽太多了。

所谓"色字头上一把刀"，因此，节欲养精是养生一大原则，切不可房事过度。

薄滋味，养血气

血气就是营气，行于脉中，与血混为一体，所以中医有"气血同源"之说。

从阴阳角度分析，肉为阳，血为阴，营气属阴性，因此营气在医书上又多称为"营阴"。

虽然阴阳互为事物的两个方面，对立而统一，但是如果真的让它们正面交锋、一决高下的话，阴气很容易被阳气制约。比如一块潮湿的土地，太阳一照，就会慢慢晒干，甚至干枯龟裂。辛辣、油腻等肥甘厚腻的食物属于阳性，就好比太阳，进入人体后会耗损血阴，制约营气濡养润燥的特性。生活中这样的例子比比皆是，比如吃一顿麻辣火锅后，半夜会觉得口渴难耐；爱吃油腻辛辣食物的人，皮肤多干燥，还爱出痘痘，等等。这就是因为人体内的阳火消耗了营阴之气。

中医认为"气载于血"，气就像是火车，血如同是乘客，火车跑得快，血才能运行流畅。那些在饮食上偏重于多盐、多油、多辣、多肉等追求重口味的人，非常容易出现血脂黏稠的情况。这就相当于火车超载，在同样的动力下速度降了下来，进而导致脂肪肝、心脑血管疾病。古人所说的"薄滋味"，就是要口味清淡，多吃蔬菜、瓜果，保持低盐、低脂、低糖、低胆固醇的饮食习惯，这样才有利于保养血气。

咽津液，养脏气

很多人认为唾液是不雅之物，其实在古代养生家眼中，唾液可是养生的宝贝，被称为琼浆、甘露、金津、玉液，比人参、灵芝等药材更加宝贵。中医认为"津"是延年药，津液有灌溉、滋养五脏六腑的作用。现代研究证实，唾液含有多种微量元素和多达500多种的蛋白质，可以起到消炎、固齿、助消化的作用。

古代有一则趣事，有位官员家的小姐生病了，请来许多大夫都找不到病根在哪里。后来有一位老中医给小姐诊病。老中医来到小姐闺房仔细查验了一番，发现小姐的卧榻之侧有一大堆瓜子壳。老中医就问小丫鬟，小姐是不是爱嗑瓜子。丫鬟说，对啊，一天要嗑一大碗。于是老中医就告诉小姐的家人说，他找到了小姐的病根所在。

因为小姐在嗑瓜子的时候，津液沾在瓜子皮上吐了出去，导致津液越来越少，身体脏腑失去了濡养，所以才会久病不起。随后，老中医开了一个方子，就是把这些瓜子壳收集起来加水熬汤，让小姐一天喝一点，结果真把她的病治好了。

唾液是人体的宝贝，我们饥渴无力的时候，吞咽几口唾液，会感觉状态恢复不少，就是因为吞津液可以养脏气。所以，古人非常推崇"吞津"养生法，就是用舌头舔唇、齿、上颚等部位或在口腔内搅动，待唾液增多，在口中鼓漱吸吮后，再慢慢咽下，每天数十次，就可以养生长寿。

莫嗔怒，养肝气

我们都知道生气、发怒不利于身体的健康，大家知道为什么吗？肝在志为怒，俗话说"怒伤肝"，发怒、生气伤的不是肝脏本身，而是破坏肝调理气机的功能，伤害的是肝气。

肝的生理功能是"主疏泄"。疏的意思是疏导、开通；泄的意思是发泄、发散。肝主疏泄，是指肝具有疏通、调畅全身气机，使之通而不滞、散而不郁的作用。肝就像是调度官，能让身体内各种各样的气秩序井然地流通，该升的升，该降的降，而不会发生追尾堵塞。

但是生气的话，就会影响肝气疏泄的特性。中医认为"怒为肝之志"，经常发怒会导致肝气持续处于上行状态。肝气上逆可谓是"牵一发而动全身"，人体气机疏泄失常，就像是城市里的红绿灯坏了，车辆开始不遵守交通规则乱跑，最终导致交通堵塞，谁也走不成。

所以，"养气七诀"提出"莫嗔怒，养肝气"的健康箴言。若要肝气顺达，疏泄正常，就要"克嗔戒怒"，防止过度的情绪波动。

为什么说"笑一笑，十年少"，就是因为保持乐观的生活态度，便会用宽容、平和的心态对待周遭的人和事，这样就能使身体避免大悲大喜，气机运行舒畅不受干扰。老子说"上善若水"，就是说人的性格要像水一样，与世无争，平和而坚韧。

美饮食，养胃气

人体的气是由先天之气和后天之气构成的。先天之气就是与生俱来，打娘胎里带出来的，父母给的啥就是啥，自个儿改变不了。比如说一些孩子，生下来就体质弱小，别人出生时六七斤重，而他们生下来只有三四斤，一出生就进保温箱，这就属于先天之气不足，体质虚弱，本人无法改变。

但随着孩子越长越大，会存在这样一种现象：那些六七斤的宝宝不好好吃饭，反而被原来只有三四斤的宝宝追赶超越。这就像是龟兔赛跑，起点高的孩子反倒容易生病，没好好成长。这里边最主要的影响因素就是后天之气。

后天之气来源于水谷精微，也就是我们平常吃的、喝的进入脾胃之后，所腐熟的营养物质。谚语说"吃嘛嘛香，身体倍儿棒"，吃得好，身体才能康健，对于那些挑食、厌食的孩子来说，后天之气没有补上来，先天条件再好也是白搭。

影响人体消化的气是胃气，《黄帝内经》云："得胃气则生，失胃气则亡。"胃气强，则脾胃功能好，吸收充分，人也爱吃、能吃，而且消化能力强，不怕吃撑着，生命力自然就强大；如果胃气弱，则脾胃功能差，吃不下，吃啥啥不香，吃了不消化，机体得不到滋养，就会百病缠身。

所以，胃气是人体之气中非常重要的部分。胃是消化器官，养胃气最好的办法就是"投其所好"，运用食疗进补。这里所讲的"美饮食"，并不是让人一味地吃好的，吃贵的，吃一些山珍海味，而是要适应机体营养需求，要有节制、规律、按时按量地吃饭，切忌暴饮暴食或过度节食。饮食结构要合理，每餐都要有主食、蔬菜、水果、肉类、豆类，注意营养均衡，只吃对的，不吃贵的。

少思虑，养心气

在一些文学作品中，不乏一些男女因为得相思病而死的情节，这并不是为了搞噱头吸人眼球，事实上确实如此。心为君主之官，是人身之大主。心主管人的精神活动，所以人的情绪异常波动，都会伤害心气，特别是像悲忧、思虑这样的情志活动。

我们知道，一个国家的皇帝应该是日理万机、事无巨细地统筹全国事务，哪里有灾了，要让户部救灾；哪里战乱了，要让兵部平乱。心在人体中就如同皇帝，如果皇帝得了相思病，整日专心一件事，就会荒废其他事务，国家不就乱套了吗？所以，一般得了相思病的人，身体健康很快就会受到影响，吃不下饭，喝不下水。

《红楼梦》中的林黛玉是一个多愁善感之人，可谓是"见花掉泪，见月伤心"，就连看见桃花凋谢，也要哭泣一番再将它们埋葬。这种性格让她体质更加虚弱，再加上原本就患有肺病，所以就早早香消玉殒了。

现代人由于过分在意个人得失、名誉地位，有时往往思虑过多，重压之下损耗了心气，进而出现抑郁症、焦虑症等。所以，"养气七诀"提倡"少思虑，养心气"是很有道理的。在生活中，凡事不要过分思虑，更不要钻牛角尖，放松心情，这样才能减少对心气的损耗。

总体来说，气是维持人体生命活动最基本的能量，气足才能够增强抵抗力，抵御疾病，维护身体健康，做到延年益寿。虽然养气的方法有很多，有食养、药养、推拿、艾灸等，但那些都是具体的方法，而"养气七诀"则是指导思想、基本原则。有了它就如同拥有了打开"养生先养气"奥秘之门的钥匙。

第四节　气行对生命作用之秘

自然界的气是运动的，不管是微风，还是暴风，都是气在自然界运动的表现形式。古人认识到自然界的气处于不断的升降运动中，天气属阳，主升；地气属阴，主降。天地阴阳有上下吸引的作用，所以天气由上升而下降，地气由下降而上升。《素问·六微旨大论》曰"高下相召，升降相因"，升已而降，降已而升，这就产生自然界的运动变化。

运动是气的根本属性，人体中的气也处于不断运动的过程之中。它流行于全身各脏腑、经络等组织器官，无处不在，时刻推动和激发着人体的各种生理活动。

在中医中，气的运动被称为"气机"。机，即枢机、枢要、关键的意思。有句话叫"生命在于运动"，准确来说应该是"生命在于气的运动"。

气的运动形式虽然多种多样，但在理论上可以将它们归纳为升、降、出、入四种基本运动形式。

"升"是气自下向上的运动形式

人体脏腑中一些脏腑之气需要"升"，比如脾气主升，脾气唯有上升才能将运化的水谷精微向上转输至心、肺、头、目，通过心肺的作用化生气血，以营养全身。若脾不升清，则水谷不能运化，气血生化无源，可出现神疲乏力、头晕目眩、腹胀、泄泻等证。而且脾气主升还对维持腹腔内脏位置的相对恒定有重要作用，若脾气不升，中气下陷，则可见久泄脱肛、内脏下垂等病症。

"降"是气自上向下的运动形式

脏腑之中，"胃气宜降而不宜升"。胃的功能是将收纳消化的食物传导给大肠，而大肠在胃的下方，所以胃气要往下走。如果胃气不往下走，而往上走，就会出现"胃气上逆"，导致呕吐、呃逆（打嗝）、干哕、不思饮食、腹胀等病症。此外，肺气也是以降为主，如果肺气不降反升，人就会咳嗽。

"出"是气由内向外的运动形式

几乎所有的气在上下运动的同时，也进行着横向的出入运动，完成气体的清浊交换。例如，肺的呼吸功能体现着呼气是出，吸气是入。"入"即气由外向内的运动形式，不须多言。

人体的脏腑经络等组织器官，都是气的升降出入场所。气的升降出入运动，是人体生命活动的根本。正如《素问·六微旨大论》所说："故非出入，则无以生长壮老已；非升降，则无以生长化收藏。"可见升降出入是万物变化的根本，是生命活动的体现。一旦升降出入失去协调平衡，就会出现各种病理变化；而升降出入止息，则生命活动也就终止了。

气的升降出入运动，推动和激发了人体的各种生理活动。而且气的升降出入四种运动形式，相互之间是协调平衡的关系，这是一种气机平和的状态，也是一种健康的状态，中医称之为"气机调畅"，就如同春风，轻柔和煦，不会让人感到不适。

为什么说病是"气"出来的

由于各种各样的原因，人体的气如同大自然的气一样，有时候也会出现

"恶劣天气"，也就是"气机失调"的病理状态。《素问·六微旨大论》曰："故无不出入，无不升降。化有大小，期有远近，四者之有，而贵常守，反常则灾害至矣。"一般来讲，气机运动的反常状态有"气滞""气逆""气陷""气脱""气郁""气闭"等几种形式。

气滞：即出现气在局部停滞不前的情况。就像是交通堵塞，气的运行受到了阻碍，无法继续前行。中医讲"通则不痛，痛则不通"，所以气滞的表现形式多为疼痛。这就是为什么心胸痹痛者多有心血管梗死的原因。而且"气为血之帅"，血靠气推行，气滞则血瘀，血瘀则在局部皮肤呈现暗紫色，或者舌苔变成暗紫色。

气逆：即出现气上升太过或下降不及的情况。就像河流本该往下走的，结果逆流而上了。特别是对"以降为顺"的胃气和肺气来说，肺气上逆则咳嗽、气喘，胃气上逆则恶心、呕吐、嗳气、呃逆等。

此外，人在生气发怒的时候肝气也会上逆。肝主疏泄喜条达，若郁怒伤肝，使肝气升发太过，则肝气逆而上冲，犯于清窍，则会出现头痛、眩晕、耳鸣、目赤，甚至昏厥不知人事等现象。

气陷：即出现气上升不及或下降太过的情况。我们可把人体比喻成一个皮球，气不足的话，皮球表面就会松弛塌陷，对于人体来说也是这样。所以，气陷在气虚特别是中气亏虚的基础上，会使人出现气升举无力，不能上升的病变。人体出现气陷时，会有胃腹部坠胀、脏器下垂、脱肛等病症。

气脱：即出现气不能内守而外逸耗散的情况。气脱多由于正不敌邪，或慢性疾病，正气长期消耗而衰竭，以致气不内守而外脱；或因大出血、大汗等气随血脱或气随津泄而致气脱，从而出现功能突然衰竭的病理状态。气脱时，人可表现出汗出不止、目闭口开、全身瘫软、手撒、二便失禁等症状。

人出现气脱是非常危险的，就像气球一样，如果跑气、漏气，就必须赶紧扎紧口子，阻止继续漏气，不然一旦中气耗尽，人就再无生还之机了。

气郁：是气不能外达而结聚于内的情况。气当升不升，当降不降，当变化不变化，就是郁结的表现。气郁多由情志不舒所致，此时因为郁积的气要排出去，所以人们会经常不自觉地叹息。如果气郁严重，完全无法运行，则会发展为气滞，所以《杂病源流犀烛·诸气源流》云："一切气郁，总宜以化滞为主。"

气闭：指体内某些部位气机闭阻，导致某些功能欠缺。如脑窍气闭则晕厥，肠道气闭则便秘。

由此可见，气机的变化无时无刻不影响着人体的健康，气的运动稍微不正常，人体就会有所反应，所以自古便有"百病皆生于气"的说法。我们所有的养生和保健手段，其目的都是维持气机的正常运转，因此古人说"养生者必定要养气"，这话一点也不假。

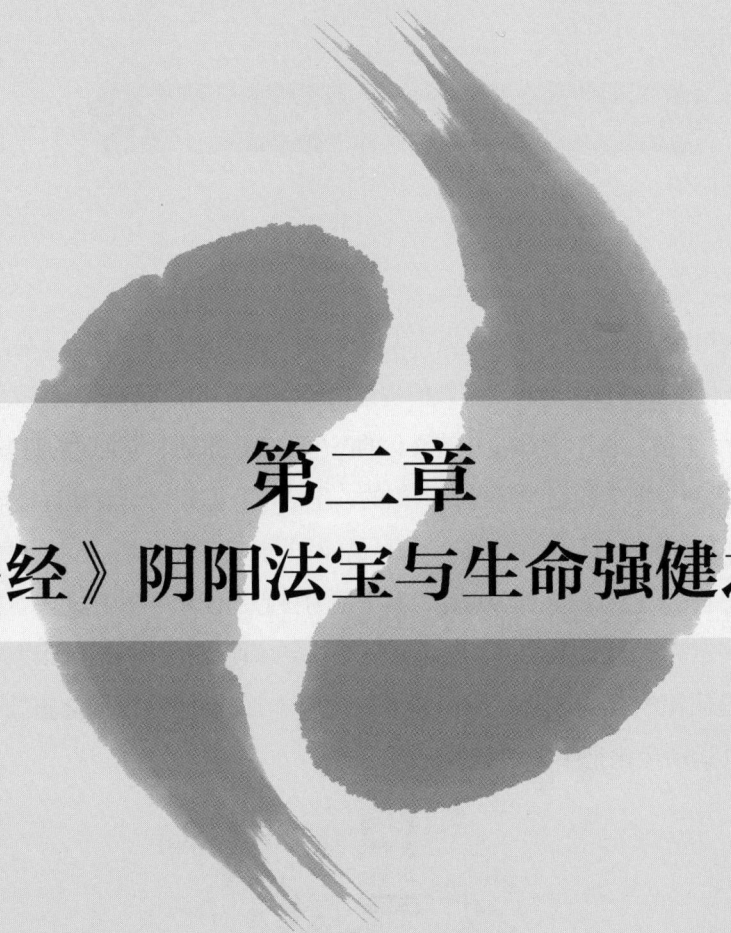

第二章
《易经》阴阳法宝与生命强健之秘

第一节　阴阳气化的奥秘

　　中医有句话叫作"不知易不足以言大医"。易，指的就是《易经》。《易经》是中国传统文化中自然哲学与人文实践的理论根源，是古代汉民族思想、智慧的结晶，被誉为"大道之源"，是华夏传统文化的杰出代表，亦是中华文明的源头活水。

　　《易经》对中国人的影响是极其深刻的，生活中我们建房子看地理环境、出行看黄历、起名字看五行，这些都离不开《易经》。与《易经》同时代产生的中医学，自然也吸收了《易经》的大部分理论，其中最为核心的便是"阴阳学说"。

　　在第一章介绍人的诞生一节中，我们就谈到了阴阳。《易经》学说认为万事万物都是阴阳结合的产物，阴阳是世界的根本，"一阴一阳谓之道"，阴阳的存在及其运动变化是宇宙的基本规律。

伏羲先天八卦图

不知道阴阳，还求什么"道"

何为阴，何为阳，阴和阳之间又存在什么关系呢？

其实，阴阳最初的含义是非常朴素的，就是单纯地指日光的向背，朝向太阳的为阳，背向太阳的为阴。后来，阴和阳的概念范畴得到扩大。人们看到朝向太阳的阳面，明亮、温暖、生机盎然，背向太阳的阴面，晦暗、寒冷、万物萧条，于是便把带有向上、运动、兴奋、亢进特点的事物或现象赋予阳的属性，而把带有下降、静止、抑制、衰退特点的事物或现象赋予阴的属性。

就天地来讲，天为阳，地为阴；就男女来讲，男为阳，女为阴；就四季来讲，春夏为阳，秋冬为阴；就方位来讲，南为阳，北为阴。

在疾病的症状表现上，凡是出现面色暗淡，精神萎靡，身倦肢冷，气短懒言，口不渴，尿清便溏，舌淡，脉沉细无力等，都统称为"阴证"；凡是出现面红身热，神烦气粗，声大多言，口渴饮冷，尿赤便干，苔黄，脉数有力等，都统称为"阳证"。

易卦其实就是这么简单

此时，阴和阳只是作为表述事物属性的名词而存在，并没有形成理论学说，直到《易经》的出现，进一步扩展了阴阳的理论范围。

《易经》中的易卦由阴爻"--"和阳爻"—"组成，"--"代表阴，"—"代表阳。无论是八卦，还是六十四卦都是由这两个符号组成，而在卦象中有些是纯阴或纯阳，有些是阳中有阴、阴中有阳。比如乾卦就是"☰"，由三根阳爻组成，为纯阳之卦；坤卦就是"☷"，由三根阴爻组成，为纯阴之卦；而震卦"☳"为阴爻中存在阳爻，兑卦"☱"为阳爻中包含阴爻。这体现了每一卦中阴阳的互依和互制。

从卦象上我们不难看出，《易经》所以表达的阴阳观点是，阴和阳并不是完全对立的，也不是完全静止的，而是阴气与阳气之间存在对立统一、彼此运动，存在着互根互用、相互转化的关系。这样，就把阴阳学说在哲学高度进行概括，进而指导人们认识世界，这便是阴阳气化理论。

阴阳气化理论在指导人类健康养生方面主要有阴阳对立制约、阴阳互根互用、阴阳交感和互藏、阴阳消长、阴阳转化和阴阳自合平衡六个方面：

阴阳对立制约之秘

阴阳对立制约，是指属性相反的阴阳双方在一个统一体中存在着相互斗争、相互制约和相互排斥的关系。

关于这一点，我们可以分两个层次理解。第一层是对立关系，比如上与下、天与地、动与静、出与入、升与降、昼与夜、明与暗等，这些属性都是相对的，是一个词语的正反两意。就像是拔河比赛的两队选手，他们必须向互为相反的方向用力，才能完成一场拔河比赛。

第二层便是制约关系。制约就是一方暂时性压倒另一方的势头。咱们仍然以拔河比赛为例。在比赛场上，某一个时刻红方拉动蓝方向本方移动，所以红方制约着蓝方；此后蓝方又占了上风，拉动红方向自己方向移动，则说明此时蓝方又制约着红方。

正是这种"风水轮流转"的相互制约关系，才维持了阴阳之间的动态平衡，促进了事物的发展变化。一年中看似平稳的四季有序轮转，其实质就是阴阳相互制约、互为消长的结果。阳气上升制约了寒冷之气，所以春夏交接秋冬。阳气上升到一定程度，逐渐转衰，并逐渐被阴气占了上风，所以秋冬代替春夏。

任何事物和现象都不存在纯阴或者纯阳，它们阴阳的属性，只是阴和阳的某一方暂时占据了制约对方的上风。但这种制约并不代表对方取得了压倒性的胜利，只是相对来说在某一阶段比较强势。阴阳双方的拔河比赛还在持续进行，虽然某一方占据了优势，但不是绝对优势，并没有取得胜利。如果在阴阳的这场比赛中，某一方以绝对的压倒优势取得胜利，那么比赛就完全结束了，事物和现象本身也就不存在了。就像中医认为的，当阴阳离决的时候，人也就死亡了。

《素问·阴阳应象大论》云："阴胜则阳病，阳胜则阴病。"所以，中医认为，疾病的产生就是阴阳的对立制约关系发生失调，二者的动态平衡遭到了破坏。

阴阳互根互用的秘诀

阴阳互根，指的是一切事物或现象中相互对立的阴阳两个方面，具有相互依存、互为根本的关系，也就是说任何一方都不能脱离另一方而单独存在。

没有左，就没有相对的右；没有寒，就没有相对的热；没有上，就没有所谓的下；没有春夏，就没有寒冬。阴和阳，就像是现实中丈夫和妻子的关系，只要两个人领了结婚证，不管平时再怎么小打小闹，只要还生活在屋檐下就是一个完整的家庭。

如果哪一天吵烦了、不吵了、不过了，办了离婚证，那男人丈夫的属性和女人妻子的属性也就随之消失，家庭也就不复存在了。

阴内阳外，夫妻和睦

当然我相信，任何男女并不是为了吵架才走到一起的。同理，阴阳这对"夫妻"在一起也不是为了争吵，其目的是为了齐心合力争取把日子过好。《素问·阴阳应象大论》云："阴在内，阳之守也；阳在外，阴之使也。"你们看，这阴阳的关系是不是很像"男主外，女主内"的夫妻关系。男人在外劳累了一天，回到家吃几口妻子的热饭、洗一个热水澡，睡一觉第二天就恢复了体力；而女人能够安心在家做家务，就是靠男人在外边赚钱养家。

所以阴和阳的关系是相互为用、不可分离的。就像王冰在注解《素问》中所说的："阳气根于阴，阴气根于阳，无阴则阳无以生，无阳则阴无以化。"比如说，人体阳气活跃，体力充沛，精神活跃，必须以夜晚的充足睡眠为前提。临床上出现"昼不精，夜不眠"的情况，就是因为阴阳双方相互为用的关系失调。

不懂阴阳，不要谈养生

认识到阴阳协调这一点对我们诊疗和养生有很重要的指导意义。中医的很多方剂，方中的药物都兼顾寒热温凉，就是出于"独阴不成，独阳不生"的阴阳认识。还有养生学所谓的"春夏养阳"，这里的养阳也并不是让人吃羊肉、辣椒、胡椒之类的热性食物，而是多吃水果、蔬菜，如冬瓜、苦瓜、薏米这些凉性、阴性的食物，因为滋阴其实也是在给身体补阳。

再者，因为阴阳互根互用，所以存在"一损俱损"的情况，中医称之为"阴损及阳"或者"阳损及阴"。一个人如果阴气衰微，那他的阳气肯定也会减弱，因而大夫拟方资助阳气的时候通常也会兼顾滋阴，开一些滋阴类的药物。

阴阳交感和互藏的奥秘

阴阳交感，指的是阴阳二气在运动中相互感应而交合，即相互发生作用。这和异性之间相互吸引的道理一样。

《易传·系辞下》云："天地氤氲，万物化醇；男女媾精，万物化生"。《易经》认为，包括人在内的天地万物都是阴阳化生所产生的。在宇宙之中，阳气升腾而为天，阴气凝聚而为地，天地阴阳二气相互作用发生"化学反应"，从而孕育出新的事物。其中，阴阳二气相互作用的过程就是"阴阳交感"。

阴阳互藏，指相互对立的阴阳双方中的任何一方都包含着另一方。比如太极图，大圆圈代表太极，其中黑色部分代表阴，阴从右降；白色部分代表阳，阳从左升。黑色部分中的白点为阴中之阳；白色部分中的黑点为阳中之阴。这就是我们常说的"阴中有阳，阳中有阴"。

比如夏季炎热为阳，但炎热的气温并不是每天如此，有时会发生气温骤降、"六月飞雪"的情况，这就是因为阳中有阴。上为阳，下为阴，但上中有下，下中寓上；火为阳，水为阴，但火中内暗，水中内明。

我们知道，男为阳，女为阴。俗话说"男儿有泪不轻弹""男儿膝下有黄金"，试想难道代表阳刚的男人就没有脆弱、温情的一面吗？具有阴柔特性的女人也有"女汉子"的时候。这其实就是阴阳互藏的表现。这些反常的一面平常没有表现出来，只是因为阳刚之气在男人身上占主导地位，而阴柔之气在女人身上占主导地位。

正是因为阴中有阳，阳中有阴，阴阳在相互排斥的过程中才会相互吸引。《易经》云"本乎天者亲上，本乎地者亲下"，用阴阳互藏的理论解释就是，天气虽在上，但内涵地之阴气，同气相求，所以天之阳气有"亲下"的趋势；地气虽在下，但内寓天之阳气，与天上的阳气相互吸引，所以有"亲上"的趋势。所以天气下降，地气蒸腾，在中间相互交感发生反应，产生风雨雷电。

阴阳消长的玄机

阴阳消长，是指阴阳双方并不是一成不变的，而是处于不断的增长和消减变化之中。

阴阳消长存在两种情况，一种是此消彼长的关系，即某一方增长而另一方消减，或某一方消减而另一方增长。这种情况就像是跷跷板，你上去我就下去，你下去我就上来。

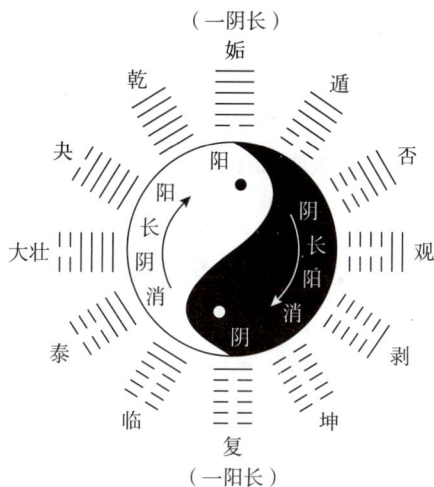

阴阳消长图

阴阳之间此消彼长的关系是一种常见的消长现象。比如白天和黑夜的轮转，前半夜阴盛阳衰，后半夜阴气逐渐消减，阳气逐渐增长，等到阳气增强到完全超越阴气，白昼就出现了。而白天下午，阳气逐渐下降，阴气逐渐上升，等到阴气上升到超越阳气占主导地位，黑夜就降临了。白天和黑夜，就在阴阳此消彼长的变化中周而复始地轮转，完成昼夜交替。

春夏秋冬的四季变化也是阴阳此消彼长的结果，从冬至春夏，气候从寒冷逐渐转暖变热，这是"阳长阴消"的过程；从夏到秋冬，气候从炎热逐渐转凉变寒，这是"阴长阳消"的过程。

为什么代表《易经》思想的太极图，不是正方形，也不是长方形，而是一个圆形呢？就是因为阴阳存在这样的消长关系，不管怎样，总会有一个轮回，而且黑色块和白色块柔和地探入对方深处，代表着有向对方消长的趋势。

阴阳消长的另一种情况就是皆消皆长。阴长阳亦长，阳消阴亦消。在这种状态下，阴和阳就像是"生同衾，死同椁"的模范夫妻，双方共同进退，绝不独自偷生。

这一点其实很好理解，夏季的时候雷雨天气比较多，就是因为夏季阳气盛的同时，阴气也跟着增强了。我们煮饭的时候，火小了，锅中汤液的温度自然也就降低了，阴阳皆消皆长也是这个道理。

《黄帝内经》云："年四十而阴气自半也，起居衰矣。"人的前半生，阴气随阳气的增长而增长；人的后半生，阳气随阴气的减少而减少。中医"精气两虚""气血两虚"理论，其本质都属于"阴阳皆消"。

阴阳转化的秘诀

阴阳转化，是指阴阳双方在一定条件下可以向相反的方向转化，即在一定的条件下，属阴的事物可以转化为属阳的事物，属阳的事物也可以转化为属阴的事物。

中国人常用"否极泰来"这个成语来鼓励处于逆境中的人们，而这个成语中的"否"和"泰"就来自于《易经》中的否卦和泰卦。否卦是失败的意思，泰卦是成功的意思。泰卦在否卦之后，所以中国人讲究"否极泰来"。否卦和泰卦长得很像，否卦是上阳下阴，泰卦是上阴下阳，任何一方只要颠倒一下位置，就成了另一方。这里边蕴含了阴阳相互转化的道理。

一年之中，属阳的夏天热到一定程度就会由盛而衰，由秋天过渡到冬天。一天之中白昼明亮到一定程度就会转化为黑夜。即便是同一种物质，比如阴柔的水可以转化为坚硬的冰块。这些都是自然界中阴和阳之间相互发生转化的表现。

俗话说"乐极生悲""喜极而泣"，有些人高兴到一定程度情绪反而转向悲伤、消极的一面，这也是阴阳发生了互调。

正所谓物极必反，《黄帝内经》也说"重阴必阳，重阳必阴"。阴和阳消长变化，量变到一定程度就发生了质变。

在疾病发展过程中，一些高热症状的患者突然出现面色苍白、四肢厥冷的寒性症状，就是因为"热极生寒"。就拿最为常见的感冒来说，有些患者风寒感冒起初表现为流清水鼻涕、打喷嚏、咳嗽等阴性特点，随着病情的发展，寒而化热，转化为咽喉肿痛、鼻流脓涕的热性、阳性特点，就是因为"重阴必阳"，阴阳相互转化。

阴阳自合平衡的秘诀

阴阳自合，是指阴阳双方自动维持和自动恢复其协调平衡状态的能力和趋势。

《黄帝内经》云："阴阳和合，万物自生。"和，是阴阳二气的协调状态。我们现在讲"和谐"社会，人与人之间的完美状态是和谐相处，对身体而言，阴气和阳气的和谐相处也是我们养生追求的最佳目标。

阴阳自合是指阴阳双方有自动维持和谐状态的机制和能力。这种能力可以帮助我们在遭遇疾病，身体阴阳平衡被打破之后，能够不用药、不打针，依靠自己的能力恢复和谐状态。这就是我们常说的自愈能力。

人体无时无刻不遭受到外界病邪的侵袭，我们跟病毒、细菌生活在一起，为什么很多时候身体出现不适，在没有治疗的情况下，不知不觉地就自我康复了，就是得益于阴阳自合的能力。

阴阳平衡，是指阴阳双方在相互斗争、相互作用中处于相对稳定的状态。就像是夫妻间"床头吵完床尾和"，平常小吵小闹，再怎么折腾，但总体上还是和和美美地过完一生。《素问·调经论》云："阴阳匀平，以充其形。九候若一，命曰平人。"阴阳平衡是生命活力的根本。正所谓"阴阳平衡，健康一生"，古人养生的宗旨就是维系生命的阴阳平衡。

阴和阳不是静止不动，方便我们仔细端详观察，而是像游动的鱼儿，只能观察它们的运动规律，并不能捕获它们。阴阳对立制约、阴阳互根互用、阴阳交感和互藏、阴阳消长、阴阳转化和阴阳自合平衡就是阴阳气化的奥秘所在。《黄帝内经》云："阴阳者，天地之道也，万物之纲纪，变化之父母，生杀之本始，神明之府也。"一个医者，如果不懂得《易经》的阴阳气化理论，就无法掌握中医的精髓，成不了一名优秀的中医大夫。而对于普通人来讲，如果了解一点阴阳气化的理论，明白如何顺应四季阴阳气化之变，就可以更好地指导养生，达到延年益寿的效果。

第二节　人与天地阴阳之秘

黄帝问名医岐伯："为什么上古的人能活很长时间，而现在的人却做不到。"

岐伯回答："上古之人，其知道者，法于阴阳，和于术数，食饮有节，起居有常，不妄作劳，故能形与神俱，而尽终其天年，度百岁乃去。"

在这句话中，"法于阴阳，和于术数"就是健康养生的总原则。那些健康长寿的先贤们懂得效法天地阴阳的变化，根据它来调整、平衡自身的阴阳，达到天人合一的状态，并遵循这些规律来调整自己的饮食和作息，不过度劳累，所以才能做到让身体与精神和谐统一，享尽天年而活到一百岁才逝去。

天地不仁，以万物为刍狗。于天地来讲，人渺小得如同蝼蚁一般，实在不足为道。俗话说"顺天者昌，逆天者亡"，人无法改变自然，只能顺应自然规律，而天地阴阳就是自然界最为基本的规律。人要想与自然和谐相处，就必须遵守阴阳规律。法于阴阳，实际上就是古人告诫人类要顺应自然规律，把握生命本质。

"人与天地相参也，与日月相应也"。现代人总想着"人定胜天""胜天半子"，结果雾尘、癌症等多种问题缠身，遭到了大自然的疯狂报复。人体生活于自然界，时刻与自然环境相接触。古人在长期的生活和医疗实践中，逐渐认识到人与自然环境有着不可分割的密切关系，从而确立了"天人相应"的整体观。比如说人的脉象，《素问·脉要精微论》提出"四变之动，脉与之上下"，而呈现出"春弦、夏洪、秋浮、冬沉"之象，说明人的脉象和自然界四季的变化有密切关系。

天地阴阳的变化，最重要的是春夏秋冬四季的更替，"效法阴阳"要做的便是让身体内部的阴阳和外在阴阳一一感应，产生共鸣，只要内外阴阳协调了，人就能长寿，就能健康。所以，古人很早就提出"圣人之治病也，必知天地阴阳，四时经纪"的理论，要求在养生保健中遵循四时及其运行规律，以及在四时框架内运行的各种自然现象和人体生命现象。

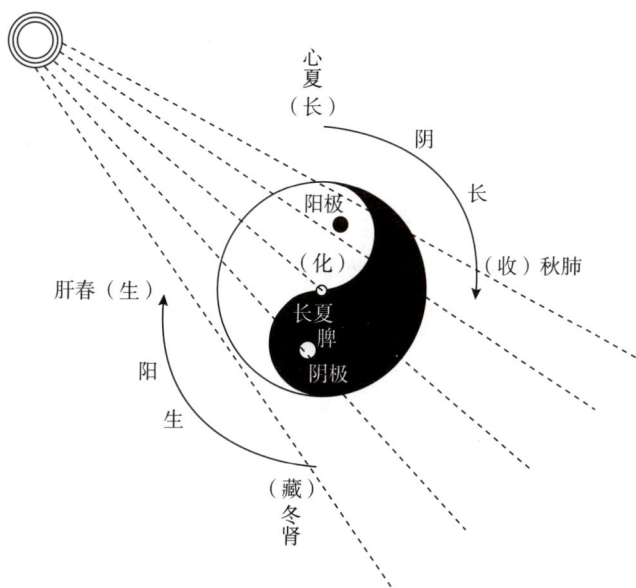

太极与阴阳消长示意图

天地阴阳变化之"春"

春天如何顺应四时变化？《素问·四气调神大论》云："春三月，此谓发陈。天地俱生，万物以荣，夜卧早起，广步于庭，被发缓形，以使志生；生而勿杀，予而勿夺，赏而勿罚，此春气之应，养生之道也。"

春天是阳长阴消的开始，此时阳气刚刚从冬天阴气的压制下破土而出，如雨后春笋般散发着勃勃生机。《素问·四气调神大论》原文中的"发陈"就是推陈出新的意思，春天阳气将阴气"推走"，自己走上舞台，所以春天的天地之间富有生气，万物显得欣欣向荣。

这个时候我们也应该顺应春天生发的规律。身体在厚重的衣服里蜷缩了一冬天了,就该早睡早起,脱去厚重的衣服,换成宽松的衣服,褪去所有的束缚,舒展一下筋骨,放宽自己的步子,在庭院中随心漫步。传统的春游、踏青等活动,目的就是使人的自身活动和春季特点相适应。

在情志方面,应该保持情绪开朗、积极、乐观、向上。因为春季应肝,"肝恶抑郁而喜条达",保持精神情志的舒畅,则能促进肝气的疏泄条达,也有助于肝气升发与春季阳气升发相统一,从而增强机体对外界的适应能力。

在饮食上,应该根据春天"阳长"的特点,宜选用辛甘微温之品。因为辛甘发散为阳,性辛的食物可助春阳之升发,性温的食物有助于维护人体阳气。在初春尚寒冷的北方可选用桂圆、猪肝、羊肝类食用,而初春多雨潮湿的南方则宜多进食健脾利湿之品,如鲫鱼、红豆汤、豆浆等。平日里则可食用茯苓、山药、莲子、薏苡仁、胡萝卜、菠菜、芹菜、小白菜等,可以固卫阳气,使阳气慢慢充盛,从而达到养生防病的目的。

天地阴阳变化之"夏"

《素问·四气调神大论》云:"夏三月,此谓蕃秀。天地气交,万物华实,夜卧早起,无厌于日,使志无怒,使华英成秀,使气得泄,若所爱在外,此夏气之应,养长之道也。"

这句话的意思是说,在夏天的三个月,天阳下济,地热上蒸,天地之气上下交合,植物大都开花结果了,所以夏季是万物繁荣秀丽的季节。

董仲舒说:"阳长居大夏,以生万物。"夏天是阳长阴消的极期,是一年里阳气最盛的季节。对于人体来说,也是身体新陈代谢最为旺盛的时期。这个时候人就不应该再睡懒觉了,应该和太阳同时起床,早早地起来活跃自身的阳气。

另外,夏季因为体内气血运行旺盛,促使阳气活跃于机体表面,为了适应同样炎热的外界环境,应该"使气得泄"。具体方法是通过适量活动使汗液排出去以调节体温。很多人因为夏天吹空调而得病,就是因为体内的阳气得不到开泄,热胀冷缩,本应开泄的皮肤因接触寒气而收缩,阳气不得流出,就与自然界的阳气不相通,所以才会生病。

为什么《素问·四气调神大论》说要"无厌于日"？就是在告诫人们，夏天的时候不要因讨厌太阳而躲在空调房里不动，生怕晒到一点阳光。

在本应阳气占主导的季节，我们通过空调、冰镇饮料或者瓜果强行颠覆身体阴阳的制约关系，能不出现健康问题吗？

在情志上，夏天应该"使志无怒"，也就是避免动怒烦躁，应保持神清气爽，舒畅自如。怒则气上，夏天人体气血本来就已经很旺盛，所以就不要再火上浇油了，我们只要做到"心静"便能"自然凉"。《摄生消息论》也认为："更宜调息净心，常如冰雪在心，炎热亦于吾心少减。不可以热为热，更生热矣。"所以，夏季的精神调摄，应该适应自然界"万物华实"的特点，主动调节情志，保持胸怀宽阔、心情愉快。

饮食上，人们宜食用清淡、易消化、健脾助运的食品，如鱼、蛋、奶、西瓜、黄瓜、冬瓜、玉米、豌豆等，饮品可选用绿豆汤、酸梅汤、金银花茶、菊花茶之类。因为夏季应心，为了避免心火旺盛，可以多食苦味之品（中医认为苦味入心经），如苦瓜、百合、菊花茶、苦丁茶等，具有解热除烦、增进食欲、提神醒脑、消除疲劳等功效。

天地阴阳变化之"秋"

《素问·四气调神大论》云："秋三月，此谓容平。天气以急，地气以明，早卧早起，与鸡俱兴，使志安宁，以缓秋刑，收敛神气，使秋气平，无外其志，使肺气清，此秋气之应，养收之道也。逆之则伤肺，冬为飧泄，奉藏者少。"

秋天是阴长阳消的时候，这个时候阴气慢慢上升，并占据主导地位，人们应顺天时而养身体的阴气。

阴气具有内敛和肃杀的特性，因此秋天主收，万物收敛。在秋三月，人们应学公鸡一样早睡早起。在情志上保持神志的安定宁静，以缓和秋天肃杀之气对人体的伤害，适应秋季"容平"的特征。

人体的肌肤也不能再像春夏两季向外开泄，应该多添加衣服，把气收敛起来。谚语说"白露秋分夜，一夜凉一夜"。白露过后，天气渐凉，应随气候变化适当增衣。秋季早晚凉，午间热，大汗之后忌脱衣裸体，应及时换衣，避免遭受风寒邪气而发病。秋季远足，应多带几件秋装，如夹衣、春秋衫、薄毛衣等，以备增减。

秋天内应肺脏，秋季养生还应重点照顾好肺脏。肺为娇脏，性喜滋润而恶燥，秋季应该多补肺阴，宜多食梨、芹菜、萝卜、蜂蜜等含水较多的食物。中医认为甘淡滋润食物可养脾利肺、生津润燥，防治干咳、咽干、口燥、肠燥便秘、毛发枯槁等秋燥津亏病症。而且秋季是果实收获的季节，水果大多性凉，气向下，有收敛、滋补津液的作用，所以这个季节要多吃应季的水果。

另外，煲粥也是食疗滋阴的捷径。水果吃多了会伤害脾胃，而米粥就缓和很多，通过煲粥来养胃健脾、滋补津液，可谓两全其美。

秋季锻炼或劳动，应遵守"秋季养收"的养生原则，讲究"小劳小动"，可根据个人的实际情况选择散步、长跑、打太极拳、练气功等项目，切忌进行一些令身体大汗淋漓的剧烈运动。只有缓慢的运动方式才能保证阴精内蓄，不随阳气外耗。

天地阴阳变化之"冬"

《素问·四气调神大论》云："冬三月，此谓闭藏。水冰地坼，无扰乎阳，早卧晚起，必待日光，使志若伏若匿，若有私意，若已有得，去寒就温，无泄皮肤，使气亟夺，此冬气之应，养藏之道也。逆之则伤肾，春为痿厥，奉生者少。"

冬天的三个月，是万物生机闭藏的季节，这个时候天地间的阴气完全占据了主导地位，万事万物都表现出寒冷、凝滞、趋下、内敛、深藏等阴性特征。自然界草木凋零，水寒成冰，大地龟裂，动物大多入穴冬眠，不见阳气。

冬天是一年之中阴气最为旺盛的季节，这个时候我们就不要想着和阴气对着干了。想要外出劳作和进行登山、远郊活动的朋友，也该收收心老实在家待着吧。因为这个时候即便你鼓足一点阳气，也会很快被在外占主导的阴气而耗损殆尽，所以要学会像动物冬眠一样"无扰乎阳"。

早上，一定要等到太阳出来后再穿衣起床。每当冬季来临，就会出现一些老人早上猝死的事件，很多是因为没有做到这一点。

我们还要远离严寒之地，靠近温暖之所，不要让肤腠开启出汗而使阳气大量丧失。这一点老年人更要注意。很多老年人冬天的时候，咳嗽感冒、心脑血管疾病病情加重，都应该想一想是不是没有顺应冬季养护人体闭藏机能的法则？

春生、夏长、秋收、冬藏是天地阴阳之谜的根本，所以《素问·四气调神大论》云："圣人春夏养阳，秋冬养阴，以从其根，故与万物沉浮于生长之门。"春夏是阳长阴消的阶段，顺应阳长的气化趋势养阳，效果就会比其他时候要好；秋冬是阴长阳消的阶段，顺应阴长的气化趋势养阴，效果就会比其他时候要好。同时，阴阳是互根互补的，阴根于阳，阳根于阴。阴为阳之基，无阴则阳无以化；阳为阴之动力，无阳则阴无以生。所以，秋冬养阴，是为了春夏的阳有根基；春夏养阳，是为了秋冬的阴有动力。我们进行养生保健，不可不体察天地阴阳变化与人体的关系。

第三节　"养生必调阴阳"之秘

《易经》中的卦象也是分阴阳的，以八卦为例：乾☰、震☳、坎☵、艮☶，四卦为阳卦；坤☷、巽☴、离☲、兑☱，四卦为阴卦。

其实每一卦都是由代表阳气的阳爻"—"和代表阴气的阴爻"--"构成。除了代表纯阳和纯阴的乾坤两卦，震、坎、艮的卦象之中，虽卦象属阳，却以阴爻"--"居多（两阴一阳）；而巽、离、兑虽属阴卦，却以代表阳爻的"—"居多（两阳一阴）。

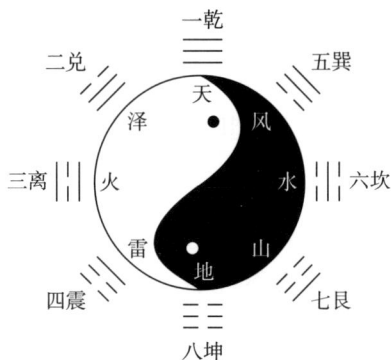

八卦太极图

所以，《易经》云："阳卦多阴，阴卦多阳。"这其中蕴含的哲学思维是，阴阳是对称互补的，即平衡的统一观。《易经》中"阴阳合德，刚柔有体""保合大和，乃利贞"等论述都是在强调"致中和"的阴阳协调思想。

《易经》的这一认识为中医的整体阴阳平衡的健康理念奠定了思想基础。《素问·生气通天论》记载："阴平阳秘，精神乃治；阴阳离决，精气乃绝。"

养生就是调阴阳

"春有百花秋有月，夏有凉风冬有雪"。自然界有序平稳的演化和更替，得益于自然界阴阳二气的和谐相处。而人的身体健康、精神平和则得益于体内阴阳二气的和谐相处。

《素问·生气通天论》云："阴者，藏精而起亟也；阳者，卫外而为固也。"真阴具有收敛、收藏阴精的作用，并能滋养真阳、收敛真阳，此谓"阴平"；真阳具有生长生发、抵御外邪的作用，并能够不让真阴外泄而固束真阴，此谓"阳秘"。

前文曾提到过，阴阳是一种对立统一的关系，如同一对夫妻组建的家庭，男人属阳，女人属阴，虽然各自秉性不同，但却能相互吸引在一起生活。度过了蜜月期，在婚后面对"柴米油盐酱醋茶"的琐碎的日常生活时，夫妻间还能做到举案齐眉，和睦相处，那这个家庭才能幸福美满。如果每天争吵冷战，暴力相待，那么这个家庭很快就会出现问题，甚至破碎，以离婚，即"阴阳离决"而收场。

人体之所以出现疾病，就是因为阴与阳的关系出现了裂痕，不能和睦相处了。中医认为，阴阳失调是疾病发生、发展、变化的内在根据，其中阴阳偏盛、偏衰是各种疾病最基本的病理变化，这种变化一般通过疾病的寒热虚实性质表现出来。

阴阳偏盛的玄机

阴阳偏盛，是指人体阴阳双方中的某一方因过于亢盛而导致的病理状态，具体分阳偏盛和阴偏盛两种情况。

"阳胜则热"，故阳偏盛的病机特点多表现为阳盛而阴未虚的实热证，临床表现以热、动、燥为其特征。热即热象，如发热、面赤、目赤、舌红、苔黄、脉数等表现；动即躁动不宁，如烦躁、发狂或出血等症状；燥即干燥，如口渴、尿少、便干等症状。

"阴胜则寒"，故阴偏盛的病机特点多表现为阴盛而阳未虚的实寒证，临床表现以寒、静、湿为其特征。寒即寒象，如恶寒肢冷、面色苍白、脘腹冷痛、舌淡、脉迟等表现；静即沉静少动、静卧等；湿指水液代谢障碍所致的水湿留滞症状，如泄泻、水肿、痰液清稀、带下清稀、小便清长等症状。

由于阴阳之间的对立制约关系，一方偏盛必然制约另一方使之虚衰，阳偏盛就会伤及阴气，可导致阳盛兼阴虚，如果不及时纠正，还会发展为阴虚病变；阴偏盛就会伤及阳气，可导致阴盛兼阳虚，如果不及时纠正，会发展为阳虚病变。

因此，《素问·阴阳应象大论》云："阴胜则阳病，阳胜则阴病。"比如阳偏盛的情况，如果进一步发展必然耗伤阴液，疾病则从实热证转化为实热兼阴亏证或虚热证；阴偏盛如果进一步发展则必然损伤阳气，疾病则从实寒证转化为实寒兼阳虚证或虚寒证。

阴阳偏衰的变化

阴阳偏衰，是指人体阴阳双方中某一方虚衰不足的病理状态，分为阳偏衰和阴偏衰两种情况。

衰，就是不足的表现。如果是阳气不足，则身体温煦、气化、推动、兴奋的功能就会减退；如果是阴津不足，则身体滋润、濡养、牵制、内敛的功能就会下降。

比如天气寒冷的时候，人易出现畏寒喜暖、四肢不温、面色发白、小便清长的寒性表现，就是因为身体的阳气产热不足，如果此时外界病邪的阴气稍微加把力，进入体内并和体内的阴气勾结在一起，就能把阳气赶跑，到那时身体的寒证表现就更加明显了，从而形成"阳虚则阴盛""阳虚则寒"的病理变化。

如果是阴偏衰，则人体的阴液就会不足，脏腑官窍、形体组织失于润养，则见干燥的症状表现，如口燥咽干、小便短少、大便燥结等。另外，人体阴液不足，阴不制阳，还会导致阳气相对偏旺。

这就像是汽车发动机少了润滑油，你看着它发热冒烟，不知道的人还以为它运作了很长时间，其实它是"假亢奋"，是虚热。所以，阴虚状态下的阳气是相对亢奋，热是潮热，汗是盗汗，神志虽然兴奋但却心烦、失眠。

阴阳的盛衰变化是认识疾病的根本

《素问·阴阳应象大论》云："善诊者，察色按脉，先别阴阳。"中医学有多种辨证方法，如病因辨证、经络辨证、气血津液辨证、八纲辨证、脏腑辨证、六经辨证、三焦辨证等，但无论哪种辨证方法，都要用阴阳加以概括和分析。临床最常用的八纲辨证是各种辨证方法的总纲，而阴阳又是八纲辨证中的总纲。

所以，一个善于诊治疾病的医生，他的首要任务就是运用四诊的方法辨别证候的阴阳。对于养生者来说，就是要经常检查自己体内有无阴阳偏盛或偏衰的表现，如果存在阴阳偏盛或偏衰的现象，就要立即采取措施使阴阳重新回归平和状态。

"物必先腐而后虫生"，中医认为，阴阳失调是滋生疾病的温床，正如大部分的祸乱都起于萧墙之内一样，我们自己根基不稳，就会给贼邪以可乘之机。我们每个人都追求和和美美的生活状态，这种状态便是"阴平阳秘"。

美好的家庭是经营出来的，老公在妻子疲累的时候能够分担家务，妻子在老公下班后能让他好好休息、享受到饭热菜香。这样的婚姻才是幸福美满的婚姻，这样的家庭才是温馨的家庭，夫妻也会更加快乐、和谐。我们要想获得健康的身体状态，也要学会经营自己的身体，特别是协调身体内的阴阳二气，这就是古人所说的"养生必调阴阳"。

第三章
《易经》变易奥秘与生命之秘

第一节 《易经》变易之秘

《易经》这本书，最早的时候不叫《易经》，而叫《变经》，因为它研究的是变化的道理。

"日月为易，象阴阳也"，天地间的阴阳时刻保持着运动状态，所以易即是变化、变动的含义。

如果大家留意就会发现，《易经》中的卦象都是由阳爻"—"和阴爻"--"组成，这两个简单的符号通过或上或下、或多或少的排列组合就形成了变幻莫测的八卦和六十四卦。

《易传·系辞上》云："生生之谓易。"生生，即是生生不息、循环往复、革故鼎新的意思。所以，《易经》这部书的精髓，全在一个"易"字。易是运作运动的根本法则。

生活中，很多人会不由自主地发出世事无常的感叹。而几千年前的先贤们早已认识到"无常"的规律。古希腊哲学家赫拉克利特说："人不能两次踏进同一条河流。"世界是运动的，后一秒的河流较前一秒的河流已经发生了变化，而这种变化的规律就是"变易"。

永远变化的我们处在永远的变化中

所谓变易，就是说世界上的事，世界上的人，乃至宇宙万物，没有一样东西是不变的，世界上唯一不变的就是变化。

《易传·系辞上》云："易穷则变，变则通，通则久。"所以，学《易经》

先要知道"变",智慧之人不但知变而且能适应变。

我们认识"变易"的道理,对了解中医的很多理论都有指导意义。比如早在两千多年前,东汉名医华佗看到流动的水不腐败,经常开合的户枢不会被虫蛀,就提出了"流水不腐,户枢不蠹"的观点。金元时期的名医朱丹溪提出:"天主生物,故恒于动;人有此生,亦恒于动。"这些论述都表明古代中医学家已认识到生命和自然界其他物质一样处于永恒运动之中。

那么中医的运动观(变易)是如何表现的呢?

《黄帝内经》在"上古天真论"篇中说:"女子七岁,肾气盛,齿更发长。二七而天癸至,任脉通,太冲脉盛,月事以时下,故有子。三七肾气平均,故真牙生而长极。四七筋骨坚,发长极,身体盛壮……丈夫八岁,肾气实,发长齿更。二八,肾气盛,天癸至,精气溢泻,阴阳和,故能有子;三八,肾气平均,筋骨劲强,故真牙生而长极。四八,筋骨隆盛,肌肉满壮;五八,肾气衰,发堕齿槁。"

人的一生——"生、长、壮、老、已"

人的一生是一个"生、长、壮、老、已"的运动变化过程。生是起始,死是归宿,所以那些企图用药物和办法达到长生不老的念头,根本就是痴心妄想,因为这样违背《易经》"变易"的规律。

就气而言,这一构成和维持人生命的基本物质,也是无时无刻不是处在运动状态。气的运动在中医上被称为"气机"。机,就是枢机、枢要、关键之意。气的运动对人体健康来说至关重要,人体脏腑、经络、形体、官窍等的生理活动必须依靠气的运动才能完成。精、血、津液这些物质也必须借助气的运动才能在体内不断地流通,以濡养全身。

气在体内的运动主要有"升、降、出、入"四种形式,位有高下,则高者下降,下者上升;气有盈虚,则盈者溢出,虚者纳入。比如说,心肺的位置在上,在上者宜降,所以心气和肺气主降,如果心气不降,就会心急、心慌、心跳加速;如果肺气不降,就会咳嗽、喘逆。脾的位置在下方,在下者宜升,所以脾气宜升不宜降,如果脾气不升反降,就会出现腹泻、大便稀溏的症状。

总之，人体的脏腑、经络、形体、官窍都是气升降出入的场所，气的运动也只有在脏腑、经络、形体、官窍的生理活动中，才能得到具体体现。如果气的运动出现异常，升降出入的阴阳平衡状态就会被打破。

《素问·六微旨大论》云："非出入，则无以生长壮老已；非升降，则无以生长化收藏。"假如一个人体内的气停止了运动，那他的生命也就终结了。我们把人的生命历程比作飞驰的小汽车，那么气的运动便是飞速旋转的车辖辘，气运动得越慢，车速就越慢，气运动停止了，车也就跑不动了。

抓住变化，让我们的身体越变越好

万物都在不停地变化着，疾病也不例外，处于运动发展的"变易"之中。《黄帝内经》云"百病之始生也，必先于皮毛。邪中之则腠理开，开则入客于络脉；留而不去，传入于经；留而不去，传入于腑"，指出疾病是一个由表及里、由浅入深的发展过程。春秋时期，扁鹊见蔡桓公的时候，预测出蔡桓公的疾病会一天天加重，最后不能治愈，就是因为扁鹊熟知"变易"的精髓。

疾病除了由表及里地变化，《灵枢·病传》又载："大气入藏……病先发于心，一日而之肺，三日而之肝，五日而之脾……"这句话告诉我们疾病在脏腑之间存在着传变关系。如果我们掌握了疾病的变化规律，就可以了解病情的发展趋势，提前做好准备。所以，中医自古就有"未病先防""已病防变"的治未病理念。

辩证哲学认为世界是物质的，而物质又无时无刻不处于运动之中。有些事物我们觉得是静止的，只是相对静止，是因为我们肉眼难以察觉。比如"稳如泰山"的东岳，在 100 万年间也升高了几百米。又如天上的星星，我们用肉眼观察以为它们不动，其实它们在宇宙中以很快的速度飞奔。所以，运动是世界的本质，是《易经》中的"道"。我们认识世界万物，都要以《易经》的"变易"思想为前提，对中医保健养生更是如此。

第二节　脏腑变易之秘与养生

太阳从东边升起，又从西边落下，第二天再从东边升起，白昼交替周而复始。

水汽向上蒸腾，聚集成云变成雨降到地面，后经太阳照射又变成水汽，蒸腾向上为云，云水交替周而复始。

四季由夏走到冬，由冬又回到夏，也是一个周而复始的"变易"过程。

所以，古人认为宇宙是圆的。宇乃大气圆运动的个体，宙乃大气圆运动的范围。太极图中阴阳的变易运动，都是在圆圈内进行，阴气由下到上，阳气由上到下，阴阳双方有升有降，组成了一个太极圆。

其实，我们的人体也是一个"小宇宙"，而宇宙内部运动的表现形式就是五脏六腑的变易过程。五脏为阴属地气，六腑为阳属天气，故五脏需升则健，六腑以降为顺，但五脏六腑又各有升降，也就是阴阳中又分阴阳，上下中又分上下。

《素问·刺禁论》云："肝生于左，肺藏于右，心部于表，肾治于里，脾为之使，胃为之市。"此处所言，即从气机输布运行论五脏功能特点。

肝生于左，肺藏于右：生，即生发、上升的意思。肝生于左，意思是肝主导着人体之气由左上升。所以，在中医理论中，肝的生理特性是"肝主升发，喜条达而恶抑郁"，人在不高兴的时候会肝痛、胸闷，就是因为抑郁抑制了肝气升发的特性，气机凝滞不前，甚至不升反降。

藏，是下沉、收敛的意思。就像我们藏东西，肯定是往里收，而不是往外推。肺藏于右，意思是肺主导着人体之气由右下降。所以，在中医理论中，肺的生理特点是"肺主肃降"。就是说肺气是往下走的，如果肺气不降反升，则会出现咳嗽、气喘等症状。也正是因为肺气的肃降功能，人体吸入的自然清气才能随肺气下沉肾脏（肾纳气）。

肝主升为阳，肺主降为阴，诚如《素问·阴阳应象大论》所说："左右者，阴阳之道路也。"故肝从左升为阳道，肺从右降为阴道，因此肝的升发使下降之气复上，肺的肃降使上升之气复降，升降有序则气机条达。

心部于表，肾治于里：心为阳脏而主火，火性炎散，故心气分布于表。中医上经常把心比喻成小火炉，所以有"心为火脏"的说法。火能产生热气，对热气的运动方式就不能以"上下"来描述。比如说，冬天屋子里燃烧的煤炉，不可能是只上边热或者下边热，而是热气从内到外向四周扩散运动，这便是"浮"。因此，人体气机由内向外的发散运动，由心主导。

《素问·太阴阳明论》云："阳者，天气也，主外；阴者，地气也，主内。"心为阳中之太阳，故气机主持、布达于表。医理云"诸痛、痒、疮，皆属于心"，如皮表疼痛、灼热、瘙痒乃至疮疡等，都可以从"心"论治。

肾为阴脏而主水，水性寒凝，故肾气主治于里。"肾为水脏"，水具有向内渗透的特性，人体气机由外向内的内敛运动，由肾主导。所以，肾的生理功能是"主封藏"，封藏就是藏着，不外露。说白了就是个"守财奴"，好东西都藏到自己的保险柜里，等到彻底没用了才扔掉。你看人体的尿液，即便是废物，它也要先保存到膀胱里，再筛选一遍，才让它排泄出去。所以，如果人体出现了尿频、遗精、出汗多的情况，首先是肾脏的气机功能可能出现了问题。

脾为之使，胃为之市：脾和胃位于人体的中焦，是人体气机运转的枢纽。使，是推动、推运的意思。市，是市场、交换的意思。

脾胃就像是古代的货运市场，有拉车的，有行船的，"升降浮沉"各种气机活动都可以在脾胃这个场所实现。下边来的肝肾之气，走了一路在脾胃中繁盛之地歇歇脚，补充补充精力继续往上走；上边来的心肺之气，连日舟车劳顿，泡泡澡、按按摩，继续往下行。

得益于脾升胃降的"使、市"之功，往来气机才能畅通无阻，所以肝升肺降，心表肾里，脾胃居于中焦以转枢，如此脏腑气机输布构成了一个动态的、连续的、完整的系统，而在这个系统中，脾胃位居中焦，有升有降，通连表里内外上下，是其关键，不仅帮助各脏气机输布，也制约各脏气机的过度升降，而且维持其和谐状态，起着调度、协调的作用。

总而言之，五脏"变易"就是在上之心肺，从右而降；在下之肝肾，从左而升；在中央之脾脏，为升降之枢纽。

如果从《易经》八卦来看，就会发现人体的五脏位于四正宫和中宫之上，即肝在震三宫，心在离九宫，肺居兑七宫，肾处坎一宫，脾住中五宫。八卦之中气的变化和上文所表述的气机变化是一致的。

《素问·六微旨大论》云："出入废则神机化灭，升降息则气立孤危。"气机出入升降的作用对人体的生理功能运化十分重要，能够起到吐故纳新、活化机体功能的作用，出入升降功能一旦紊乱，人体的健康状态就会受到极大的影响。所以，对于人体健康来说，保护好每一个脏器的气机正常，就是最好的养生之道。

养心气的秘诀

心气维持着心脏功能的正常，让脉象和缓有力、节律调匀，使人面色红润光泽。心气虚时，人会出现心慌、乏力、自汗等症状。对于冠心病、肺心病患者，心气虚还可能导致胸口憋闷、气喘和咳嗽等症。

《灵枢·口问》："心者，五脏六腑之主也……故悲哀忧愁则心动，心动则五脏六腑皆摇。"心为君主之官，在五脏中处于主宰地位，所以心气关系到整个脏腑气机变化的正常与否。

如何养心气？"心主神明"，人的情志活动都受心的主宰，烦忧思虑、喜乐无极、悲哀忧愁、恐惧不解等情志因素首先影响心，而后引发相关脏腑的病变，古人形容悲伤的情绪为"伤心"，就是出于这个道理。所以，中医认为"少思虑养心气"。

当我们心烦意乱的时候，特别希望整个世界能够安静下来。所谓"静则神藏，静心养心"，心气本来就是喜欢安静的环境，所以历代养生学家都把清心寡欲、调养精神作为养生的主要内容。老子云："致虚极，守静笃。"意思就是要达到不为名利所困扰的境界，有助于神气内守。反之，神气的过用、过耗、躁动，为名利所诱惑，往往容易损耗人的元气。因此，心静则神清，心定则神凝，心虚则神浮，心安则神全，有利于人体的健康。养心气的上上策就是学会"闹中取静""静中养生"。

养肺气的秘诀

肺之精气，表现在肺主气、司呼吸、主宣发肃降、通调水道、朝百脉而主治节的功能。有些人弱不禁风，容易感冒，就是因为肺气不足。

肺气应秋，喜润而恶燥。但是，秋天正好是燥邪当令，燥邪易伤津损肺，耗伤肺阴，因此，秋季应注意食疗以润肺，莲子、芡实、鱼鳔、蜂蜜等具有滋阴润肺作用，冰糖银耳汤、黄精秋梨汤、雪梨膏、百合莲子汤、山药莲子汤、芡实山药羹等也有养阴润肺作用，不妨在秋季常食。

肺气以降为顺，也就是往下走的。我们养肺气，就应该遵循肺气的运动趋势。每日晚餐后两小时在花园里先慢步行走10分钟，然后站立，两目平视，两足分开与肩齐，全身放松，两手掌相搭，掌心向上，置于丹田，吸气于两乳间，收腹时缓缓呼气松腹，练功30分钟，十分有利于健肺。

养脾气的秘诀

脾气负责运化水谷、运化水湿。只有脾气健运，消化吸收功能才能健全。脾气不足，容易肢体倦怠，神疲乏力，少气懒言，形体消瘦或肥胖浮肿，舌苔淡白。

中医认为，脾喜燥恶湿，喜温恶寒，因此养脾气可以吃一些温性或燥性的食物或中药。在中医理论中，五味应五脏，认为"香味入脾"，芳香的味道可以燥湿醒脾。所以，白豆蔻、砂仁、肉蔻、肉桂、丁香、花椒、大料、小茴香、木香、白芷、干姜等气味芳香的食物也可以起到令脾气舒畅的效果。再者，上述药材有的本来就是必不可少的佐料，做饭的时候适量加一点就可以让我们胃口大开。

因为脾不喜欢潮湿的环境，所以在饮食上要注意不要吃那些容易化湿的辛辣、油腻、冰冷的食物。这一点很好理解，脾属土，我们耕种土地，一怕旱，二怕涝，灌溉是必不可少的，水多了就会泛滥成灾，土地变成了沼泽，泥土也变成了淤泥。

俗话说，吃少了补气，吃多了食气。对于养脾，不是用山珍海味去滋补就是对的。滋补滋补，除了"补"还有"滋"。滋就是滋腻的意思，吃多了反而会化湿困脾。让脾胃适当保持饥饿感，反而会令它们更加幸福，吃饭的时候就会更加活跃。

为什么现在的人脾胃病特别多，就是生活安逸了，动得少，吃得多，把脾胃都吃坏了，要想养脾气，就应该每顿饭吃七成饱。

养胃气的秘诀

胃气指胃的生理功能及其精气。胃气充足，则吃嘛嘛香，气血充足，脉搏运行正常，而全身各器官皆有活力。

《景岳全书》云："土气为万物之源，胃气为养生之王，胃强则强，胃弱则弱，有胃则生，无胃则死，是以养生家必当以脾胃为先。"胃气不足则会出现胸脘痞闷、不思饮食，或食不消化，甚则食入反吐、大便稀烂、唇舌淡白等症状。

俗话说"存得一分胃气，保得一分生命"，大病初愈后，医生一定会嘱咐患者家属要注意饮食，就是通过合理饮食渐渐恢复患者的胃气。

生活中胃气损伤都是吃出来的。最常见的就是节假日的时候，一家人团聚在一起，美味佳肴摆满了一桌，谈笑间不自觉地暴饮暴食，大量肉类、油炸食品等不易消化的食物进入胃，就会造成胃超负荷工作，最终导致胃功能紊乱。还有就是饮食无规律，饥一顿饱一顿，过饥或过饱都会伤害胃气。

所以，养胃气最主要的就是吃好、吃对，中医称之为"慎饮食"。这个"慎"字用得特别好。对于吃饭这件事，我们一定要慎重。首先要养成好的饮食规律，要按时按量吃饭，切忌暴饮暴食或者过度节食。

其次，要注意饮食搭配的合理性，不能为了口腹之欲毫无节制。饮食不宜偏嗜，过甜、过酸、过苦、过咸都会对五脏造成伤害。五谷杂粮、蔬菜水果、肉禽蛋奶等，只要身体不过敏，都应该尽量多品种地摄入，这样才能保持营养的均衡。

此外，从养胃气角度看，我们还需要特别注意胃气的气机变化规律。胃以"和降为顺"，也就是说，胃的特点是喜欢"和"，喜欢"降"，这个"降"是下降的"降"。胃这个器官属于"腑"，腑就是中通的管道。管道的气往下走，才能保持不聚集堵塞物，保持通畅，所以养胃气还要"安神志"，不要发怒，也不要想太多，因为生气的时候气机是往上走的，思虑的时候气机是郁滞不散的。人们在发怒和想事情的时候都不太爱吃饭，就是因为胃气不舒。如果我们能做到饮食有节、神志安和，那么就是在养胃气了。

养肝气的秘诀

肝气宜保持柔和舒畅、升发条达的特性，这样才能维持其正常的生理功能。甲状腺、乳腺、子宫、卵巢是肝经循行的器官，若长期肝气不舒，这些器官就会出问题，比如甲状腺结节、乳腺增生、子宫肌瘤、卵巢囊肿等。

肝气的特性是升发、舒畅，不喜欢受束缚，而这种特性正好和春季相应。春季万物生发，到处充满生机，所以春季是养肝的好时节，我们养肝气就要抓住这样的好机会。民谣说"七九八九，沿河看柳"，这句话道尽了立春之后养生的特点，就是外出踏青，舒展筋骨。所以，古代人有踏青和春游的习惯。

但是现代人事务繁多，加之很多人坐着办公，外出的机会就很少了，这样就不利于肝气的生发。想要很好地疏泄调养肝气就必须让身体动起来，有条件的可以旅游、散步，沿着河边看看萌芽的柳树，欣赏春天的风景。

如果是上班族，平时工作繁忙，也要见缝插针，利用有限的时间多做舒展运动，如两手上托、伸展双臂等，让蜷缩了一冬天的身体活动起来，再配合深呼吸，能通过肌肉的交替收缩、放松，加强血液循环，让人有神清气爽之感。

此外，中医认为，"嘘"字诀与肝相应，口吐"嘘"字具有泻出肝之浊气、调理肝脏功能的作用，也可以调养肝气。

养肾气的秘诀

肾气具有推动肾脏正常活动的作用，肾气不足时，人会出现腰膝酸软、颈背部酸痛、头发干枯发白、黑眼圈等，老人肾气不足，容易精神萎靡，老是睡不醒。

肾气的特性是"封藏"，形象地比喻，肾就像是银行，你要时常往里边存钱。所以，养肾气就要"补"。在身体正常的情况下，我不建议滥用食补、药补的方法，因为食补和药补之多余部分滞留在脾胃，我们不能因为补肾气而打乱脾胃之气的平衡，这是顾此失彼的做法，不值得推荐。

这里，我推荐按摩的方法，因为通过非药物疗法可达到既养肾气又不打乱阴阳平衡的效果，不会丢了西瓜捡了芝麻。

人体有三个补肾气的穴位，分别是涌泉穴、太溪穴、关元穴。《灵枢·本输》云："肾出于涌泉，涌泉者足心也。"涌泉穴位于脚底中线前三分之一交点处，即当脚屈趾时，脚底前凹陷处。经常按摩涌泉穴，可激发肾经的经气，疏通肾经的经络，调和肾脏的气血，调整和改善肾脏的功能，使人肾精充足、耳聪目明、精力充沛、行走有力。

太溪穴是肾经的原穴，就像是肾气的源头，所以古人称其为"回阳九穴之一"，认为它具有极高的回阳救逆之功。太溪穴位于足内侧，内踝后方与脚跟骨筋腱之间的凹陷处。

关元穴是人体补元气的重要穴位，具有补肾壮阳、补虚益损等作用。要找到关元穴也很简单，在人体正中线上，从肚脐向下量出四指宽的距离，就是关元穴。

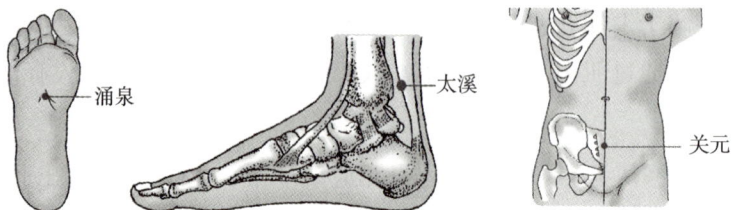

涌泉、太溪、关元

如有时间，我们可以用拇指或食指来回按揉这三个补肾气的穴位，持续 5 分钟以上，操作非常简便，如同随时携带了人参、鹿茸，随时随地都可以养肾气。

人体脏腑与其他器官组成一个有机的整体，如同一部精密的机器，各项功能都需要气来推动，只有脏腑之气和合变易，才能保证这台机器运转的时间更长，效率更高，所以我们养生就要经常保养身体的脏腑之气。

第三节　五行变易之秘与养生

西方科学有一个术语叫作"元素"，认为世界上一切物质是由各种元素组成的。《易经》中也有类似于元素的东西，就是金、木、水、火、土，即"五行"。五行学说认为宇宙是由金、木、水、火、土五种最基本的物质构成的，宇宙中各种事物和现象（包括人在内）的发展、变化都是这五种不同属性的物质不断运动和相互作用的结果。

给孩子起名，可别忘了五行

古人给孩子起名字的时候，都会参考《易经》，或者找算命先生测生辰八字，测出五行缺什么东西，就在名字中补什么。比如，那些名字中带"江""海""河"的人，多半是五行缺水。

"言五者，各有材干也"，五行最初是古人生活中必不可少的材料，如金可以做生产工具，木可以搭建房屋，土可以种植庄稼，火可以用于生火做饭，水可以灌溉饮用。所以，古书上说"天生五材，民并用之，废一不可"。后来，人们将这五种材料抽象化了。

五行其实没那么神秘

古人观察到，树木的枝条具有生长、柔和的特性，所以人们便将具有生长、生发、条达、舒畅特性的事物或现象归属于木。五脏中，肝主疏泄，所以肝属木。

火具有炎热、上升、光明的特性，人们便把相同属性的事物或现象归属于火。五脏中，心主血脉，对人体起着温煦作用，所以心属火。

土地能生长出庄稼，种植农作物，于是人们便将具有生化、承载、收纳等性质的事物或现象归属于土。五脏中，脾主运化，所以脾属土。

金质地坚硬，可以作为杀戮的凶器，于是人们便将具有沉降、肃杀、收敛性质的事物或现象归属于金。五脏中，肺气宜降不宜升，所以肺属金。

水具有滋润、下行的特点，于是人们便将寒凉、润下、闭藏特性的事物或现象归属于水。五脏中，肾主封藏，主润下，所以肾属水。

肝、心、脾、肺、肾——木、火、土、金、水，这便是五脏与五行的对应关系。当然，五行中各元素不是静止不动的，蕴含着相生相克的"变易"之道。

五行相生，是指木、火、土、金、水之间存在着有序的递相资生、助长和促进的关系，就像是一方"生"了另一方，是一对母子关系。具体就是金生水、水生木、木生火、火生土、土生金。

五行相生与生命之秘

金生水：在远古时期，中原地区的人喝的主要是井水，而不是像现在的自来水。古人打井没有机器，需要用工具掘地三尺，而"金"意指用金属制成的挖井工具，人们总结这一现象，便有了"金生水"的说法，反映了我国古代劳动人民对客观世界的一种简单认识。

中医理论中，肺属金，肾属水，在"金生水"的理论指导下可知"肺金能养肾水"。《黄帝内经》云"肾水非肺金不生，肺金非肾水不润"，人体的气通过肺的肃降作用化为水液补充肾水，肺气不足，则肾水得不到补充，肾气就会虚弱。

为什么现代社会患不孕不育的人特别多，一定程度上跟现在空气污染损坏肺功能有关，而且现代科学已经证明男性抽烟能杀精，影响生育能力，所以补肾需先养肺、护肺。

水生木：古人观察到水能灌溉树木，大地上的花花草草皆需要水的滋润才得以苗壮成长；没有水的世界，万物不生、不长，尽皆枯萎，由此产生了"水生木"的哲学认识。

中医理论中，肾属水，肝属木，所以肾水可以生肝木。肾为肝之母，中医有"肝肾同源"之说，意思就是两者同属一宗。肝与肾共居下焦，肝藏血，肾藏精，精可化血，血能养精，肾精能滋养肝血，使肝血充盈，并能制约肝阳；肝血能滋养肾精，使肾精充足，维持肾中阴阳的协调平衡。这种关系在病理上表现为"水涵木"，若肾阴不足，可致肝阴不足，肝阳上亢，比如一些肾虚病人常伴有眩晕头痛的肝风内动症状。

木生火：古人钻木取火，自然界中树木被雷电击中亦可燃起大火，所以人们认为木能生火。

中医理论中，肝属木，心属火，因此肝木可以助心火。肝贮藏血液和调节血流量，有助于心主血脉功能的正常发挥，肝的疏泄升发也有助于心阳的旺盛，这是肝与心协调共生的和谐状态。

如果肝虚不能温养心脏，则人会出现血亏和生气不强、心血和心阳以及心神衰弱，病理表现为消瘦、胆怯、心悸、惊惕、健忘、失眠、脉象细弱等。如果肝火旺盛，人经常发怒，则心的病理表现为心火上炎、面目红赤、口舌生疮，所以临床上肝火和心火经常是共同出现的。

火生土：有一个词语叫作"烧成灰烬"，只要火力强盛，几乎任何东西都可以化为灰烬，灰烬归于尘土，所以古人就有了"火生土"的认识。

中医理论中，心属火，脾属土，因此心火可以温煦脾土，助脾运化。心为君主，主一身阳气，又与脾关系密切。心就像天上的太阳，脾就是广袤的土地，土地培育植物离不开光合作用，如果阳光不充足，土地就孕育不出植物。所以，心气不足的人，脾的运化功能也不好，吃得少，消化不良，就是缺少心阳温煦的反映。

土生金：自然界的各种金属矿产皆由土中挖掘而出，所以古人认为"土生金"。

映射到中医理论中，便是"脾土生肺金"，也就是脾功能的正常与否直接影响着肺功能。日常生活中贪吃零食的小孩就特别容易感冒，为什么？就是因为饮食不健康损伤了脾胃，脾胃虚弱而母病及子，无力滋养肺脏，导致肺系统功能弱化，所以孩子在呼吸时特别容易受到病邪入侵。

有时食积之后会郁而化火，火性上炎灼伤肺阴引起肺热咳嗽，这个时候要想治好咳嗽就应该从脾论治，食积一除肺热自然就消了。这就是中医"头疼医脚"的道理所在。

五行相克为金克木、木克土、土克水、水克火、火克金。克就是克制、制约的意思。五行之间是动态平衡的关系，根据能量守恒定律，相生必定相克，这样才能维持均衡。

金克木：刀、斧、锯等金属器具可以披荆斩棘，砍伐木材，所以金克木。从五脏之间的相互制约来看，肺气清肃下降，可以抑制肝阳上亢，即"肺金克肝木"。

我们知道，肝气在身体中是向上走的，主升发条达，就像是氢气球你不抓牢它，它就一直往天上飘。肝气一直往上走肯定是不行的，它会直达头顶，使人头晕目眩，这个时候就需要肺气去抑制肝气。肺主肃降，肺气是往下走的，所以当肝气运行到肺部的时候就会被肺气拦下，这一升一降就维持了人体气机的正常运行。如果肺气抑制不住肝气，肝阳就会上亢，肺反而被肝"反克"，这在五行中称为"相侮"，就像是受了奇耻大辱。

木克土：植物在土中生根发芽，换一个角度看，是植物的根在汲取土地的养分，其实是一种制约关系。

脾的生理功能是"主运化"，就是把水谷精微运化出去，所以经常跟水液打交道。脾属土，脾土的工作特性令它先天有"生"湿的倾向，你看稍微下点雨，庄稼地就容易积起小水洼。水液在脾土之内不能任由其积滞，不然小水洼就会发展为大沼泽。这个时候就需要有器官去管管脾生湿的特性，而肝气有升发的作用，主疏泄，就是排泄的意思，有肝气的制约就能抑制脾气生湿的特性。

土克水：俗话说"兵来将挡，水来土掩"，水流到泥土地上，刹那无影无踪，皆被土给吸干了，所以土具有很强的吸水性，若是发洪水了，最好的办法就是利用土来疏导和围堵。自然界会发生涝灾，人体内部也会水液泛滥。

五脏中，肾主水，为水脏，身体的水液都依靠肾脏储存，肾脏就像是个水坝。但是大家想过没有，万一肾脏玩忽职守了怎么办？这个时候就要有另外一个脏器去监管它、制约它。而这个任务就落在了脾土的身上。这里不禁有人问了，那脾不是也容易生湿吗？脾生湿是在肝不能制约脾的前提下，如果肝气的制约功能正常，那么脾主运化的功能就能正常发挥，这样就能制约肾水，即把需外泄的肾水运化出去，防止肾水泛滥。所以，在中医理论中，人体脏器之间是紧密联系的，疾病发生时就像是倒塌了多米诺骨牌，常常是连锁反应。

水克火：水能灭火，所以古人认为水克火。在五脏中，心为火脏，心火适当燃烧可以温煦人的身体，但如果心燃起熊熊大火，那我们就遭殃了，身体会出现口舌生疮、身体发热、发燥、口渴欲饮等症状，就像被大火炙烤一样，这个时候就需要灭火。而肾主水，为水脏，肾水上济心火，可以制约心火过旺。

火克金：金属坚硬顽固，但是再硬的金属只要有足够的温度加热，都可以熔化，古代炼金、冶金都需要火，所以古人认为火能克金。

中医理论中，心为君主之官，就是皇帝；肺为相傅之官，相当于宰相角色。你看在身体脏腑结构中，心脏被两片肺叶护卫，是不是就像古代的左右丞相站在君主两侧。宰相的权力很大，而肺主一身之气，听起来是不是很厉害，但是再厉害也要被皇帝管着。肺气是肃降的，但是清肃太过了也不好，肺与大肠互为表里，肺气一直往下沉就会导致拉稀、尿多，而心阳可以制约肺清肃太过。

人体五脏之间的五行相生相克关系是正常的变易现象，正是因为相互资生与相互克制，才实现了五脏之间的动态平衡关系；如果化生不及、克制太过或者无力克制，都会使这种平衡关系遭到破坏，所以理解五行理论对我们认识疾病的病理机制有很好的指导作用。

第四章
八卦与天生体质的养生秘诀

第一节　八卦与天生体质之秘

对"卦"这个字，大家肯定不会陌生。卦，即是占卜用的卦象，分为乾、坤、巽、震、坎、离、艮、兑八个卦象（更复杂的六十四卦也是在八卦的基础上分化的）。在我们的语言中，经常有"算一卦""变卦"等词语，说明八卦思想早已融入中国的传统文化，融入老百姓的日常生活。

大家知道"卦"这个字的含义吗？八卦的形成源于河图和洛书。相传在上古时期，三皇五帝之首的伏羲氏在天水卦台山始画八卦，惊天动地。八卦表示事物自身变化的阴阳系统，以阳爻"—"代表阳，以阴爻"--"代表阴，古人用这两种符号，根据大自然的阴阳变化平行组合，组成八种不同形式，称为八卦。

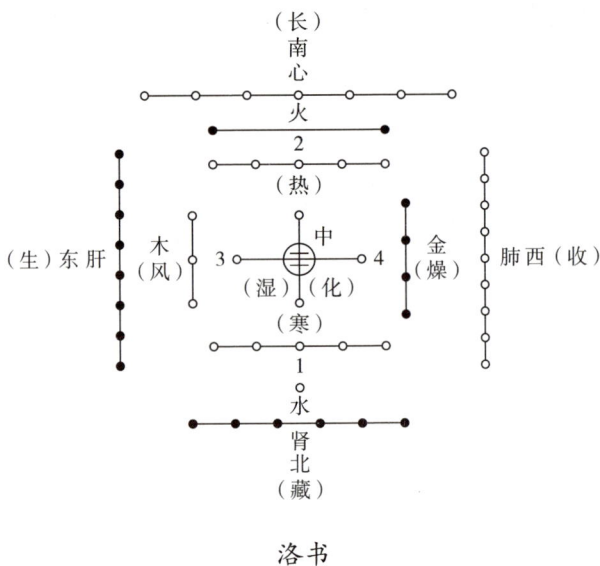

洛书

古人说："卦者挂也"。这其实是一句比喻，意思是宇宙可以划分为八个袋子，相同属性和特点的事物、现象，都可以放到相应的袋子中进行分类规整。八卦就像八只无限、无形的大口袋，可以把宇宙中的万事万物都装进去。

而人作为宇宙中最重要的个体，也可以根据不同属性分别放到这八个袋子中。我们知道，人虽然具有同样的自然属性和社会属性，但是个体之间生理、心理、体质都各不相同，比如有的人霸道、有的人怯懦，有的人聪明、有的人愚笨，有的人天生怕冷、有的人天生怕热，这就是中医所谓的体质不同。中医的体质理论，就源于《易经》思想中八卦与天生体质的关系认知。

八卦人气质之秘诀

八卦人的天生气质决定着人的个性、体质、疾病和寿命，在生命信息和疾病预测中具有重要的意义。

乾卦之体：乾卦，代表天。卦象曰："天行健，君子以自强不息。"乾卦刚健坚正，是一个上上卦。《易经》认为乾为首，为君。乾卦之体的人，通常组织能力比较强，而且心胸和天一样宽阔，多宽额聪慧，有大将风度。这样的人往往容易成功，因为他们有把天道的刚健有力转化为自己的主体精神和内在品质，自强不息，以发挥自己才能的先天优势。

从阴阳学的角度来说，乾卦体质人的特点就是比较平和，大多健康长寿。所以，乾卦体质是一种非常理想的健康体质。我们走在大街上，如果看一个人胸廓发达、宽额浓发、体格健硕，一看就很有活力、很健康，那么这个人很可能属于乾卦之体。

坤卦之体：坤卦，代表地。卦象曰："地势坤，君子以厚德载物。"大地孕育万物，是生成万物的根源，而且给人以深厚的特性。坤卦之人的显著特点就是非常稳重，属于埋头苦干的实干家；在性格上比较内向，敦厚老实，安详谦和，缺点就是反应比较慢，对新生事物不好奇，容易安于现状、与世无争。因为坤卦的部位在腹部，所以坤卦之人多体宽身大、腰粗腹大，四肢很结实，大鼻子，厚嘴唇。

《易经》云"坤以藏之"，坤卦之体的人秉承了土地藏而不露的特质，藏而不泄就容易肥胖，而且水谷精微囤积过量，容易导致气血运行缓慢，进而生湿生痰，所以坤卦之体的人易出现高血脂、高血糖等"富贵病"。当然，因为坤卦的人少急病，如果能够控制肥胖，注意在日常生活中排湿化痰，也可以达到长寿状态。

巽卦之体：《易经》云："随风，巽。君子以申命行事。"风的特性是飘忽不定，而且无时无刻不处在运动之中，所以巽卦之体的人敏捷、灵巧、善变，对人对事都是忽冷忽热，时而和风细雨，时而狂风大作，就像自然界中让人捉摸不透的风。

另外，巽通"逊"，就是谦让恭顺的意思，所以巽卦之体的人总是一副谦谦君子之象，但也正因这样，巽卦之体的人胆气不足，没有"虽千万人吾往矣"的勇气，没有啃硬骨头、解决大问题的能力和坚毅品质，没有主见，多疑善妒，敏感猜忌，心胸褊狭。巽卦之体的人因为好动，所以阳气耗散较快，寿命偏短。而且巽卦之体的人多风气，风气通于肝，故该类型人多有罹患肝系疾病的倾向，平常要注意对肝脏的保护。

震卦之体：震卦的震，意为自然界打雷的震动之声。震卦是两阴爻在上、一阳爻在下，表示一种向上、向外发展的趋势，故其正象为雷，有震动、震撼、震惊、震慑的意思，也指超过一般人承受能力的骇异局面。

所以，震卦之体的人做事雷厉风行，性格果敢，还有担当，为人较豪爽豪放，勇于进取。但是，震卦之体的人脾气也大，"暴跳如雷"这个词用来形容震卦之体的人发脾气时候的状态特别贴切；此类型人遇事好顶撞，宁折不屈。

脾气火暴的人，火力都比较大，中医称之为阳气升，所以震卦之体的人平常容易上火、口舌生疮、烂醉、喉咙肿痛、便秘等。震卦在五行中属肝，所以此类型人要多泄肝火。

坎卦之体：坎卦阳爻居中，阴爻在上下，寓意是外柔内刚。坎的意思是低陷不平的地方，意即坑穴。坎卦之体人的特点就是城府比较深，非常内向，但是工于心计，善于出谋划策。三国时司马懿就是坎卦之体。坎卦之体的人像潜伏待机的猛兽，善于将自己的内在隐藏起来，虽然看起来柔柔弱弱，但内心刚毅，只要时机到了，便能一击命中。

坎卦之体人在五行中代表水，而水奔流不息，所以坎卦之人比较忙碌，身体比较清瘦，个子多中等，目深耳大。因为坎卦之体的人阳气损耗少，所以容易长寿。但此类型人要预防阴气过重而损耗肾阳，导致命火不足（中医认为肾为先天之本，因为肾阳重要，所以古人称之为"命火"）。

离卦之体：离者，丽也，象征太阳和火焰，让人感觉温暖和明亮。离卦之体的人精力特别旺盛，思维特别敏捷，善于创新，而且非常自信，敢为人先，什么事情总是想在前、做在前，而且为人热忱，拥有一副火热心肠，有很强的责任感。

离卦之体的人头小面赤、体格粗壮、个子中等、脉数，眼睛不大但顾盼生辉，给人以短小精悍的印象，历史上许多小个子的名人就是离卦之体。

离卦之体的人火气偏多，火气通于心，心为火脏，主血脉，故此类型人易患心血管疾病，如冠心病、动脉硬化、卒中、脑溢血等。

艮卦之体：艮为山，而山是静止不动、雄伟安全的。艮卦之体的人就像是一座山，慢性子，但十分沉稳，说话办事不鸣则已，一鸣惊人，而且非常有主见，行为和思想一般不会受到外界的影响。

俗话讲"青山不改，绿水长流"，艮卦之体的人非常忠诚，也讲义气，而且具有很好的包容性，往往成为亲人和朋友的靠山。五脏中，胃为燥土，属于艮。所以，胃对于艮卦之体的人来说尤其重要，因为与其他类型体质的人相比，此类型人的胃一旦受伤，就很难自动恢复，即使暂时治好，也很容易复发。所以，艮卦之体的人要特别注意养护自己的胃，不要乐于参加朋友、同学的聚会，而喝坏了自己的胃。

兑卦之体：兑卦主喜悦，故兑卦之体的人性格比较开朗，甚至有点大大咧咧，他们在快乐中能够产生最高的工作效率，自然也享受着劳动带来的最大的快乐；他们还善于团结周围的朋友，人际关系顺畅和谐。

兑卦是《易经》中唯一讨论喜悦的卦。乐观是兑卦之体的人的天性，他们最怕烦忧，心情郁闷就易生病，所以他们没有必要为追求某些事物而刻意让自己做一些别人说好但自己并不喜欢的事情。如果您或您的朋友是兑卦之体的人，那么就千万不要强迫自己和他们去做不愿意做的事情。

《易经》作为一部严谨的哲学著作，对人体生命之谜的阐释主要体现在五行八卦的学说之中，通过对八卦象数和义理的结合，使我们能够全面了解一个人的精神和形体素质。比如汉朝的开国皇帝刘邦，他原本是一个小亭长，吕雉的父亲看了他的面相，便知道他气度不凡，将来定能成就大业，就将自己的女儿许配给他。虽然这只是一个故事，刘邦能取得天下凭的不是自己的帝王之象，但是卦象气质却可以作为判断一个人整体状态的参考。我们用八卦之象来探寻人类的体质，就可以先知先觉自己的身体素质和健康状况，并提早进行自我调治，这样才能真正把健康的主动权掌握在自己手里。

第二节　八卦五行对应关系的养生之秘

"五"这个数字，对中国人来说具有特殊的意义，因为古人对事物的归纳总喜欢以五为纲，比如五帝、五毒、五岳、五常、五谷、五官、五味等。

为什么古人不以其他数字对事物进行归纳，比如说六、七、八、九？其实古人对"五"的钟爱来源于《易经》中的五行学说。

五行学说在古代，就像今天的数学、物理一样，是先贤们从事各种研究的工具与方法，是一种基本理论，道家、医家、兵家、儒家、史家、杂家、历算家等都必须精通"五行"。

五行，即金、木、水、火、土，这五种物质是组成世界的基本元素，而八卦是五行的延续，古人将"五行""八卦"连为一体，称为"五行八卦"，就是这个原因。

在八卦中，每一种卦都对应一种物质，即乾卦为天，坤卦为地；震卦为雷，巽卦为风；艮卦为山，坎卦为水；离卦为火，兑卦为泽。而天、地、雷、风、山、水、火、泽其实是金、木、水、火、土的分化，离卦属火，巽卦和震卦属木，坎卦属水，乾卦和兑卦属金，坤卦和艮卦属土。这样一来，八卦就一并归纳成了五个卦，并和五行一一对应了。

中医理论基于五行八卦而成，俗话讲"医易相通"，运用中医理论就可以知道八卦体质各自的养生重点。

木——巽卦、震卦的要害

《易传·说卦传》曰："巽为木，为风。"震卦应雷，主动，方位向东。在五行中，两者同属于木。中医认为"木曰曲直"。所谓"曲直"，即"枝曲干直"，是对树木生长形态的生动描述，言其主干挺直向上，树枝曲折向外。因此，木具有升发、舒畅、向上、向外扩展的特性。

在五脏中，肝属于木，肝主疏泄、主藏血，在情志上与怒对应，在五季（夏季又分出长夏）中与春对应，在五色中与青色对应，在五味中与酸味对应。

因此，巽卦、震卦体质之人在养生保健中应把重点放在养肝护肝上。肝属木，秉风雷之性，故肝为人体升发之脏。肝气旺者意气风发，欣欣向荣；肝气虚者萎靡不振，消极颓废，故人体生命力的旺盛和衰减与肝气的鼓动与否很有关系。

肝恶抑郁而喜条达，犹如树木一样，希望无拘无束，所以巽卦、震卦体质之人养生就应该顺应肝木的天性，保持豁达的心胸。生活中，巽卦、震卦体质之人要及时调节情志，如果处理不好自己的情绪，性格上转向多疑善妒、敏感猜疑者，易患抑郁症。

肝主藏血，能调节血量，对人体的阴阳气血皆有重要作用。肝主藏血的功能是依靠肝阴（肝的特点是阳常有余而阴常不足）来实现的，所以巽卦、震卦体质之人在平日里要注意滋补肝阴，多吃青色蔬菜，因为青与肝木相呼应。现代营养学证实，青色蔬菜含有大量的叶绿素、维生素及纤维素，能协助器官加速排出体内的毒素。此外，根据中医食药同源理论，巽卦、震卦体质之人还可以吃一些动物肝脏。

当然，除了情志调节和食补，巽卦、震卦体质之人还应养成良好的生活习惯，不抽烟、少喝酒，平时尽量不吃药物。因为肝主疏泄，疏泄也有排泄的功能。是药三分毒，人们服用的药物（包括酒精在内），需要肝脏来分解排泄。过量用药和饮酒，都会加重肝脏的负担。

另外，中医认为"卧则血归于肝"，晚上早睡也是对肝最好的照顾。现代社会许多人为了学习、工作经常熬夜加班，这样不但消耗体内营养，还有可能破坏第二天的好心情。

对于巽卦、震卦之人，并不是说就一定会出现肝系疾病，只是较其他人有更易出现肝系疾病的倾向性。中医讲养生不是简单的吃好的、喝好的，而是顺应每个人的体质特点，做他喜欢的事情，规避他讨厌的事情，这才是真正的养生。

火——离卦的特点

心在五行属火，为阳，方位属南。《易经》云："离卦为火，居太阳之位，人君之象。"所以，中医有"火为君主之官"的说法。

离卦体质之人就是中医的"火形之人"。火性上炎，容易引起高血压、脑卒中等心脑血管疾病。离卦体质之人对季节的适应表现为能耐受春夏的温热，不能耐受秋冬之寒凉，秋冬季节易受邪气的侵袭而发病。

心为火脏，主藏神，火形之人的养生首先要注意养神。养神即是养阴，你们看离卦的卦象，上下是阳爻，中间是阴爻。阴者内守，表示不管外表如何火热，内心要保持清心寡欲、气定神闲，保持虚静状态。而且火性炎上，易耗损阳气，而阴阳互根互用，只有内阴充足了，外阳才不会成"无根之木"，这样阴阳才能平和。

其实中国历代养生家都注意心神内守，宁敛心火，如孔子提出"坐忘"，老子主张"虚无"，庄子强调"守一"，佛家讲究"禅定"，道家追求"炼己修心"，其本质都是内敛离火的静功。内敛离火，保护心神，对离卦之体的保健养生有重要意义。

有个词叫"闭目养神"，睡觉是养神的好办法。据有关研究显示，晚上睡眠 6 ~ 8 小时所积蓄的精力可供人正常活动 16 ~ 18 小时的耗费。睡眠可使大脑处于休息状态，从而使体内各神经、关节、韧带、肌肉和器官无负荷或少负荷，进而积蓄精力、复苏体力。夏季应心火，加之炎热易耗神气，所以夏季要保证睡好"子午觉"。每天在子时（23:00—凌晨 1:00）和午时（11:00—13:00）两个时段要保证充足的睡眠。

古语"难得糊涂"，离卦体质之人在生活中不要太较真，不作无原则的争执，不计较鸡毛蒜皮的是非，让大脑和心脏经常处于松弛状态。记住，忍怒、宽容是修养高雅的表现，也是重要的养生之道。

在食疗方面，离卦体质之人应多吃一些清热、养阴、降火的食物，如桂圆、莲子、酸枣仁、玉竹、百合、香瓜、枇杷等，少吃肥甘厚腻的食物。桂圆有益心脾、补气血、安心神的功效，可选用桂圆 10 克，炙甘草 6 克，煎水代茶频饮，每天煮粥的时候加一点桂圆肉也是非常不错的做法。

莲子有清心火的作用，适宜在盛夏心火旺盛的时候服用，可以与桂圆肉结合，每晚取莲子 50 克、桂圆肉 30 克，同粳米 100 克煮成米粥，临睡前食一小碗。

另外，离卦体质之人不宜食大葱、八角、胡椒、辣椒、生姜等辛辣刺激、助长体内火气的食物，饮食宜清淡。

土——坤卦、艮卦的玄机

坤卦象地，秉地土之气。艮卦实际上也属于坤卦质地，《易传·说卦传》说："艮为山。"地凸者为山，所以地和山都属于五行中的土。

五行中的土与五脏中的脾对应，也就是说对于坤卦、艮卦体质之人，脾胃的地位较其他脏器更加重要。你看坤卦、艮卦体质之人长得大多比较富态，身材敦实，气质稳定如山，就是因为他们的脾胃比较旺盛，如大地一样承载万物、生化万物，吃得多，纳受得也多。

但是这类人到了一定的年纪，特别是步入中年之后，身体就会开始肥胖，出现一系列肥胖病，多痰、多湿。他们还易得消化病，因为脾胃的功能是随着年龄的增长而逐渐减弱的，如果中年以后还是按照壮年时候的进食量，脾胃就受不了了。这就是所谓的"成也萧何，败也萧何"，坤卦、艮卦体质的人脾胃虽然发达，但过刚易折，他们对脾胃疾病有易患的倾向性。

从生理特性上讲，土喜燥而恶湿，脾土不喜欢潮湿的生理环境。正如庄稼地经水一泡，农作物的根茎就会受到伤害，在潮湿的生理环境下，脾土生化万物的功能就会受到影响。所以，坤卦、艮卦体质之人在养生上要注意燥湿，就是多给脾土排水，以免生湿，以致湿热困脾。

坤卦、艮卦体质之人在平日里可以多吃一点温燥的食物来克制体内的湿气。中医认为芳香的气味可以醒脾，比如我们对白面馍馍可能没有食欲，但如果炸成馍干的话就能吃好几个，就是因为白面馍馍经过油炸后变香了。

醒脾就是提升脾的运化能力，脾的运化功能得到提升，就可以自己给自己排湿，所以芳香味道的食物和药材都可以燥湿。比如丁香、豆蔻、桂皮、砂仁、小茴香、紫苏、木香、白芷、干姜，其中很多药材也是厨房中常见的香料。特别是干姜，俗话讲"冬吃萝卜夏吃姜"，夏天湿气盛，人又喜欢喝冷饮，而生姜可以燥湿健脾，所以夏天做菜的时候放点生姜，可以避免出现腹泻。

另外，肥胖的人一般多痰，这是因为身体内的水液排不出去，聚集生痰，这也是脾湿的表现。这个时候脾湿已经形成，肥胖之人可以吃一些利湿渗湿的食物，如荸荠、白扁豆、木瓜、白萝卜、赤小豆、薏米等。

坤卦、艮卦体质之人如果不注意利湿，脾湿不运化就很容易导致肥胖症，以及因肥胖而来的高血压、高血脂、糖尿病、动脉粥样硬化、冠心病、呼吸困难、高尿酸等症，引起一系列的疾病反应，所以不能不重视。

金——乾卦、兑卦的奥秘

《易传·说卦传》云："乾为天，为玉为金。"乾卦体质之人象天，秉承天之金气。五脏中，肺应金，因此，乾卦、兑卦体质之人要特别注意养肺。上一节我们提到，兑卦是《易经》中唯一讨论喜悦的卦，但是如果情志不调，兑卦体质之人就容易抑郁，这其实是悲忧伤肺的结果。

兑卦体质之人遇见高兴的事情很容易笑逐颜开，遇见忧伤的事情也极易掉眼泪。乾卦体质是一种较为平和的体质，但因为阳多阴少，所以乾卦体质之人应注意阳气偏盛化燥，而肺喜湿润而厌燥热。所以，乾卦、兑卦体质之人一旦生病，基本上和肺有关。

那么如何养肺呢？对于乾卦体质之人来说应该注意润肺，也就是滋肺阴。人的手掌上有鱼际穴，是肺经的荥穴。从穴性来看，鱼际穴可以滋阴降火。鱼际穴位于拇指第二节后面，连接手腕和拇指第二节的骨中点处，手掌和手背交界的地方。另外，人体肾经上有个穴位叫太溪穴，虽然它五行属水，但是"金水互生"，肾阴是一身阳气之本，补肾阴同时也是补肺阴。太溪穴位于足内侧，内踝后方与脚跟骨筋腱之间的凹陷处。这两个穴位，乾卦体质之人可以在闲暇之余进行按摩。

金在四季中应秋，秋天气候干燥，乾卦、兑卦体质之人更应该滋补肺阴。在秋季，乾卦、兑卦体质之人要注意保持身体水分，鼻子干燥的时候可以准备一个杯子，倒点热水，把鼻子凑上去缓缓地吸入飘起来的水蒸气。此体质之人还可以多吃一些润肺的食物，比如雪梨、葡萄、石榴、百合、甘蔗、川贝等。

雪梨是大家熟知的润肺食物，梨肉香甜可口，肥嫩多汁，有清热解毒、润肺生津、止咳化痰等功效，生食、榨汁、炖煮或熬膏，对肺热咳嗽、麻疹及老年咳嗽、支气管炎等症有较好的治疗效果。每到秋天，有些人会自制川贝雪梨膏，或者用川贝炖雪梨，这是不错的选择。取新鲜雪梨2个，去中药店买点川贝粉，然后雪梨切块和川贝粉一同炖服，就是一款简单有效的养阴润肺食疗方。

对于兑卦体质之人来说则要多喜悦，少悲思。肺在志为忧，悲则气消，忧愁和悲伤对肺的伤害不容小觑。《红楼梦》中的林黛玉因过于敏感而时常悲伤，结果患上了肺结核，年纪轻轻就香消玉殒了。"笑"是最"便宜"且有效的养肺方法。笑可使人的胸廓扩张，胸肌伸展，肺活量增大，有效调节人体气机的升降，解除胸闷，消除疲劳，恢复体力。尤其是在清晨锻炼时，如果开怀大笑，可以使肺吸入更多的清新空气，呼出更多的废气，加快血液循环，从而使心肺气血调和，保持人的情绪稳定。谚语说"笑一笑，十年少"，是十分有道理的。

水——坎卦之秘诀

《易传·说卦传》说："坎为水。"坎卦体质之人象水，秉天之水气，性阴柔。五脏中，肾为水脏，所以坎水与肾对应。因为坎卦体质之人多阴而少阳，加之水性寒凉，易伤阳气，因此易出现阳气不足、阴气偏盛、肾阳虚衰的情况。比如肾虚、腰膝酸软、眼袋浮肿、黑眼圈、脱发、耳鸣、尿清尿多、白带增多、阴道炎、尿道炎等症。

坎卦体质之人应多补肾阳，中医有个治疗原则叫作"温补肾阳"，补的就是肾阳这团命门之火。在五色中，肾水与黑色相呼应，坎卦体质之人可以多吃黑色的食物，比如黑木耳、黑豆、黑芝麻、黑米、乌鸡等。俗话说"药补不如食补"，一些经常食用的食物也属于坎卦，以坎卦的食物补坎卦体质之人，可以达到事半功倍的效果。

水中美味补肾的秘密：西方人喜欢食用牡蛎，我国北方人喜欢用海参补肾，像水产品大多与坎水同属性。因为它们自始至终生活在水里，自然秉承了坎水之气，可以直接补益人体之肾。比如海参，中医认为其性温，能补肾益精。《食物宜忌》记载海参能"补肾精，益精髓"。古代有个方剂叫"海参丸"，用于治疗"腰痛、梦遗、泄精"，就是以海参为主，同胡桃肉、猪骨髓、龟甲等研制而成的。

另外，腰为肾之府，经常揉搓腰部可以补肾阳：把双手搓热，然后揉搓腰部，也就是肾的部位，直到皮肤有热感为止，每天做一两百次，对于温肾和补气纳气都很有好处。坎卦体质之人还可以在晚上用热水泡脚，泡完脚之后，用手指按揉涌泉穴或者搓脚心，每天超过 100 次，对于强身健体、益精补肾都有很好的作用。

为啥中医特别强调肾阳？因为肾阳是推动人体生长、发育、强壮、衰老的关键因素，肾阳盛则人体生长、发育、强壮，肾阳衰则人体衰老、羸弱，肾气竭则人走向死亡。水奔流不息，生活中坎卦体质之人安定不下来，生活节奏快，这并不算是一件坏事，但是现代生活节奏本来就快，在这种情况下，坎卦体质之人容易触碰到"天花板"，耗损肾精、肾阳，感觉身体被掏空，长此以往，便会导致肾虚，严重的还会演变为肾衰。

物以群分，人以类聚。由于每个人出生时的时空各不相同，都有着自己独一无二的生命内气结构，即中医的五行体质。虽然木、火、土、金、水的划分只是对人的体质大的概括，比较笼统，但却能说明一个人疾病、寿限、婚姻、事业的基本走向。它们就像是"生命密码"，只要我们能解开这个密码，依据"生命密码"进行保健、养生、治病，就使保健更有针对性、吻合性、准确性和科学性。

第三节　八卦与生物全息之秘

了解照相机工作原理的人都知道，照相机是通过捕捉光的信号来保留和读取事物图像的。一块指甲盖大小的感光片可以拍摄山川河岳的壮丽景象，就是因为照相机即便是只收集到很小的一束光，它里边也蕴含了景物的全部信息。把一根磁棒折成几段，每一段都是一根完整的磁棒，依然存在着南北极的特性。把一块镜片打碎，每一块小的镜片依然可以当作镜子使用，每一块破碎的镜片，都可以认为是原先完整镜面的缩影。

这种局部的任何一个部分都具有整体一切功能的理论就是全息理论，即事物的每一个小部分都是整体的缩影。人体其实也是一个全息图，我们身体内部任何一个细胞都携带了整体的所有信息。通过克隆技术，科学家就可以利用一个细胞再造一个容貌、性格、形体、嗜好与你一模一样的人出来。考古学家通过一颗牙齿化石，就可以复原古人的身高、相貌。法医通过一根毛发就可以得到凶手的基本信息。

为什么小小八卦就能窥视天机

《易经》中蕴藏了丰富的全息概念。伏羲画"八卦"，文王演"周易"。一部《易经》开创了中华民族文化的开端。《易经》云："易有太极，始生两仪。两仪生四象，四象生八卦。"八卦是古人对宇宙万物属性和发展规律的总结，通过八卦人们可以定方位、知更替、解兴衰、查疾病。万物归象于八卦，世界上任何事物都蕴藏着八卦的信息，就像是人体的每一个细胞都携带 DNA 信息一样，八卦就是蕴含宇宙变化规律的信息。

在《易经》全息理论指导下，人体就是一个大"八卦"，各部又都充满着小的"八卦"，眼、脐、耳、手、足、腹、舌、脉等都存在着"八卦"全息图景，并且都可以用"卦"定方位。"八卦"体现了人体的相关性和整体性。人体是一个大的太极，而各部位又都存在着小太极，大脑及五脏都存在着太极两仪。人体是一个大阴阳合抱体，而其他各部位又都是小阴阳合抱体。

正因为人体普遍存在着阴阳和八卦的全息，因此中医通过局部针灸、推拿、按摩就可以治疗全身性疾病。而且在这种理论指导下，中医形成了"面诊""鼻诊""耳诊""舌诊"等诊断理论，医家通过观察面部、耳部或者舌部等任何身体的局部，就可以了解人体的全部病理信息。

手掌中有个八卦图你知道吗

我们以手掌八卦全息为例来讲。在武侠小说中，有一套武功叫"八卦掌"，因为人的手掌内部就藏了一副八卦图。我们以手掌掌心为"中宫"，按照后天八卦的推演方法，就可以得到九个宫位，即为九宫。其中，南为离卦，北为坎卦，东为震卦，西为兑卦；四方已定，剩下四隅，东南、西北、西南、东北分别用巽、乾、坤、艮四个卦来对应。这里需要注意的是八卦的方位并不是现代人所理解的"上北下南，左西右东"，而是完全相反，也就是"上南下北，左东右西"。

在中医的望闻问切中，手掌是望诊的重要方面，通过观察手掌中八卦就可以得到身体全息八卦的疾病特征。在大八卦中，艮卦和坤卦应脾胃（脾与胃相表里），离卦应心，巽卦和震卦应肝胆（肝与胆相表里），坎卦应肾，乾卦和兑卦应肺、大肠（肺与大肠相表里）。

因此，在手八卦中，乾宫和兑宫反映内分泌及肺的情况；坎宫反映肾、生殖泌尿系统及小腹部的一些脏器；艮宫和坤宫反映脾的功能状态；震宫反映肝的情况；巽宫反映胆的功能状况；离宫反映心功能的正常与否。我们通过观察这几个宫位的好坏就可以推导出脏器的好坏。如何看？总结起来就是看质地、看色泽、看纹路：哪里质地丰满哪里就好，哪里肌肤塌陷哪里就有问题；哪里色泽红润哪里就好，哪里色泽暗沉哪里就有问题；哪里手纹平顺哪里就好，哪里手纹凌乱哪里就有问题。

离宫位于中指和无名指下方。如果此处的肌肤粉红色、隆起、高耸且没有杂纹和乱纹，则提示心脏功能健全，元力充沛。如果情况相反，则说明心脏功能受损、减弱。患有心绞痛、冠心病、高血压的朋友可以观察自己手掌离宫的位置，是不是和正常人的不一样。

巽宫位于大手指的右侧，食指指根正下方的浑圆突起处。此处为胆系统的反映区，如果这里的肌肉稍稍隆起，看起来肉质丰满健康，则表示人的胆汁分泌功能正常；如果过分隆起，则提示可能胆固醇高；如果色泽发暗、发青，甚至可以看到青筋，则很可能是胆汁淤积。

坤宫位于小手指下方，小鱼际的上部。此处主管脾胃部疾病，比如说食欲不振、消化不良、肚子胀、反酸、烧心，这个时候坤宫就像显示器一样，开始有反应了。坤宫处正常的表现应该是微微隆起，这是胃气充盈的表现。如果坤宫过分平坦，甚至塌陷，则说明脾胃功能过分虚弱，常常提示可能患有重大疾病。

艮宫位于大拇指的下半部，和坤宫的作用相似。艮在自然界通于山体，而山非常坚硬，人体中出现的所有坚硬东西都可以在艮宫得到反映。如果患有胆管结石、胆囊结石、肝管结石、肾结石、膀胱结石、尿路结石、输卵管结石等，艮宫的位置通常会发青，这是气血因结石淤积在此处的表现。

兑宫在坤宫的下方，手掌中线小指侧。兑卦，通于肺，为阴金。因为肺与大肠互为表里，肺的升发肃降功能失调，大肠会出现便秘、便溏等症状。

乾宫和兑宫相邻，在兑宫下方靠左处，与坤宫在一条竖线上。乾卦和兑卦在五行上同属于金，所以都应肺与大肠。肺主一身之气，中医讲"正气存内，邪不可干"，所以健康长寿的人的整个小鱼际从兑宫到乾宫特别有弹性，指压松开之后，气血就能恢复。

如果指压之后，兑宫和乾宫出现松软、塌陷，或者皮肤出现苍白，则提示可能患肺气肿，如果仅兑宫有上面的情况则说明肺有典型的气虚之证。

坎宫位于大小鱼际的分界部位。坎宫主肾，主要反映泌尿、生殖系统功能的好坏。这个位置的纹路比较丰富，坎宫最常见的病理性手纹有"米"字样手纹、三角形手纹、岛样手纹，代表一系列与肾有关的疾病。特别是"米"字样纹提示人体患有肾结石。

震宫位于手掌大鱼际的上半部，在艮的上方，虎口的位置。此处提示肝脏、内分泌、生殖系统的一些疾病。正常的震宫应该是饱满而不塌陷，色泽红润；拇指关节活动时，震宫没有深刻的褶皱出现。如果在震宫的中下部出现肌肉萎缩、松软、压之不起、苍白无力，说明肝主藏血的功能不好，身体有缺血、贫血症状。如果这个位置有疼痛感，特别是手掌下压在桌面上的时候，则提示肝气郁结不舒。

另外，针对手掌八卦进行推拿治疗，还可以直接对身体脏腑起到一定的治疗效果，比如推拿震宫可平肝息风，疏肝利胆；推拿坤宫可以健脾和胃，通腑导滞；按摩离宫可以清心火。小孩子，特别是婴幼儿生病的时候喂药不方便，而中医大夫捏捏小手就可以达到治病目的，其实就是基于这样的理论。

除了手掌八卦全息图，还有耳朵八卦全息图、人体腹部全息图、足部全息图，其道理都是相通的。

第四节　八卦与二十四节气之秘

八卦是易学体系的基础，每一卦形都代表一定的事物。其中，乾卦代表天，坤卦代表地，巽卦代表风，震卦代表雷，坎卦代表水，离卦代表火，艮卦代表山，兑卦代表泽。而天、地、风、雷、水、火、山、泽是组成世界的基本物质，古人进而将它们上升到哲学层次，任何与它们有相同特征的都同属于一卦。

比如，于宇宙而言，乾为天，坤为地，震为雷，巽为风，坎为水，离为火，艮为山，兑为泽；于家庭而言，乾父也，坤母也，震长男，巽长女，坎中男，离中女，艮少男，兑少女；于动物而言，乾为马，坤为牛，震为龙，巽为鸡，坎为豕，离为雉，艮为狗，兑为羊；于身体而言，乾为首，坤为腹，震为足，巽为股，坎为耳，离为目，艮为手，兑为口。

卦者，挂也。八卦就像八只无限无形的大口袋，把宇宙中的万事万物都装了进去，八卦互相搭配又变成六十四卦，用来象征各种自然现象和人世现象。

"春雨惊春清谷天，夏满芒夏暑相连。秋处露秋寒霜降，冬雪雪冬小大寒。"二十四节气是我国古代订立的一种用来指导农事活动的传统历法，是我国古代劳动人民长期气象经验的积累和智慧的结晶。

既然八卦能统纳万象，那么二十四节气也可以统属于八卦之内。节气不但能指导农民耕种，而且它在养生方面也具有指导意义。

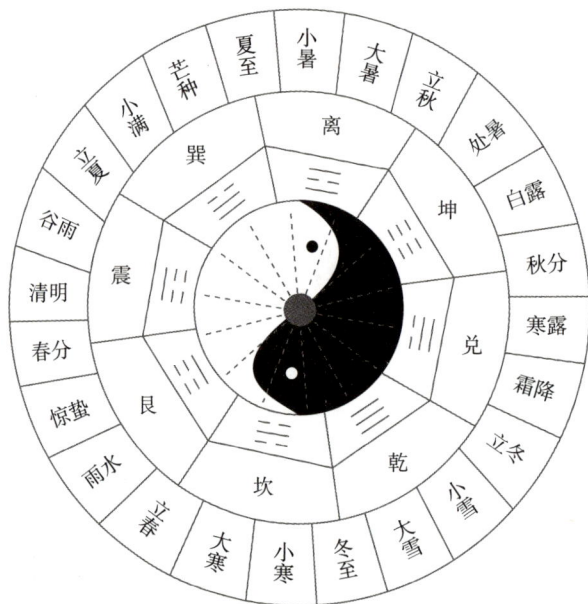

二十四节气图

为什么中医强调养生要顺时

中医很早就提出了"顺时养生"的观点，在《素问·生气通天论》中，黄帝说：自古以来，人的生命之气通达于天，是生命的根本，阴阳是这个根本的基石。天地之间上下四方六合之内，地之九州，人之九窍、五脏、十二关节等，都是和天气相通的。如果违反了这种天地人相应之道，邪气就会伤害人的身体。这个原理，就是寿命的根本道理。

一年之中有四个比较特殊的阴阳变化时间节点，即冬至、春分、夏至和秋分，为四季的开始。再以这四个时间节点为依据一分为二，各自平分，比如春分与夏至之间的时间节点称为立夏，夏至与秋分之间的时间节点称为立秋，秋分与冬至之间的时间节点称为立冬，冬至与春分之间的时间节点称为立春。这样，一年之内就有了八个节气，即立春、春分、立夏、夏至、立秋、秋分、立冬、冬至。

古人先确定八个节气，而后每个节气又细分为三个节气，从而形成二十四节气，如以原始的立春划分为后来的立春、雨水、惊蛰三个节气。所以，立春、春分、立夏、夏至、立秋、秋分、立冬、冬至是节气的纲目，正好与八卦相互对应。

艮卦—立春（立春、雨水、惊蛰）、震卦—春分（春分、清明、谷雨）、巽卦—立夏（立夏、小满、芒种）、离卦——夏至（夏至、小暑、大暑）、坤卦—立秋（立秋、处暑、白露）、兑卦—秋分（秋分、寒露、霜降）、乾卦—立冬（立冬、小雪、大雪）、坎卦—冬至（冬至、小寒、大寒）。

艮卦——立春的玄机

"立，建始也"，立就是开始建立的意思，因此古人认为立春是春天的开始，《尚书大传》曰："东方为春，春者，出也，万物之所出也。"但是到了立春这一天，并不代表春天真正到来。

此时天地阴阳是什么状态呢？我们从卦象上就可以窥知一二。

立春对应着八卦中的艮卦。艮卦，既是万物的终止，也是万物的开始。艮卦的组成为下边两个阴爻，上边一个阳爻，这说明天地间阴气还占主导地位，但是上边的一个阳爻又预示着阳气已经萌发了，真正的春天（春分）很快就会到来。

立春、雨水、惊蛰这三个节气段，气候特点可以用一个词概括，那便是"乍暖还寒"。宋朝词人李清照在《声声慢》中描写道："寻寻觅觅，冷冷清清，凄凄惨惨戚戚。乍暖还寒时候，最难将息。"

立春时节，冬天的寒气仍未完全消散，阳气还很微弱。此时的阳气就像是刚刚燃烧的火焰，风一吹可能就熄灭了，所以冬末春初气候忽冷忽热，冷热不定。此时养生，最重要的一个方法就是"春捂"。

我们经常听到一句老话叫作"春捂秋冻"，这时的"捂"可不像冬天一样，要把阳气都蕴藏于体内，而是要有所选择地排出冬天郁积在体内的寒气。此时捂的原则是过犹不及，不捂不行，捂过头也不行。

人们在穿衣上讲究"上薄下厚"，就是说上面可以少穿点，但腿部，尤其是脚，万万不能被冻着。因为寒多自下而起，人体下身的血液循环要比上身差，更容易遭到风寒侵袭。此时，女性不要因为急于展示美丽的身材而穿短裙，不然会导致关节炎或其他妇科病。《老老恒言》也有"春冻未泮，下体宁过于暖，上体无妨略减"之说，要求穿衣与气候变化协调一致。

震卦——春分的玄机

震卦所属的方位是东，东主木，所以春分才是木旺的时候，这时春天才真正来了。

震卦的卦辞："震来虩虩，笑言哑哑，震惊百里，不丧匕鬯。"震为雷，提起打雷可能大家都觉得不好，但是震卦确实是一个吉卦。卦辞的意思是尽管雷声震撼天地，仍然笑声四起，百里都受到震动，没有人丢失筷子或汤勺。有个词叫"春雷阵阵"，人们听见春雷没有害怕，反而高兴，是因为一场春雨一场暖，说明天暖和起来了。

从震卦的卦象来看，上两爻为阴，下面一爻为阳，这说明此时阳气开始正式入主东宫，掌握大权了。过程虽然激荡，但总体来讲进展顺利。

春分阳气兴起之后，人体内蜷缩一冬的温阳之气就发动出来了。但是因为懒散了一个冬天，所以这个时候人就特别容易疲乏，而且震卦的阳爻只有一个，阳气还不强壮，所以人体形懒肢乏，容易"春困"，此时养生，要注意夜卧早起，保护好渐渐上升的阳气。

此外，肝在体主筋，多散步可以把身体筋骨活动开，使脉络得以流通。春天多参加户外活动，可以舒展筋骨，让气血活跃起来，有助于阳气的升发。

震卦属木，而木性条达，喜欢舒畅，但春天又是一个"感怀伤春"的季节，尤其那些感性的人，觉得良辰美景短暂，不禁悲伤了起来。这样不利于春分养生。我们应该调整好自己的心态，比如可以养鱼种花、踏青游玩，从而陶性怡情，避免限于抑郁情绪中不能自拔。

巽卦——立夏的玄机

立夏和立春一样，是夏季之始。巽卦的卦象是上边两个阳爻，下边一个阴爻，也就是说虽然立夏标志着夏天到来，阳气已然蒸腾于地上，但还有一阴深陷其下，不能不令我们提着防备之心。因此，立夏的气候特点是炎暑将临，同时雨水增多。

因为还有一阴气未除，所以在一天中阳气微弱的阶段，要善于借助外力养阳温阳，最简便有效的养生方法就是"晒太阳"。

《黄帝内经》云："故阳气者，一日而主外。平旦人气生，日中而阳气隆，日西而阳气已虚，气门乃闭。是故暮而收拒，无扰筋骨，无见雾露，反此三时，形乃困薄。"一天之中，早晨是阳气萌生的时候，还比较薄弱，此时也是晒太阳的最好时间。早晨 6:00—10:00 这段时间，坚持晒太阳半个小时，能让你一天都觉得活力充沛。

挪威是阳光稀缺的国家，夏季挪威阳光最充足，很多城市"人去城空"，原因就是人们都跑到公园里晒太阳去了。

另外，立夏之后，昼长夜短，人在晚上的睡眠时间相对较短，而且立夏后天气渐热，人在炎热的环境中很容易困乏，所以立夏后要养成午后小睡的习惯。白居易在《闲眠》中写道："暖床斜卧日曛腰，一觉闲眠百病销。尽日一餐茶两碗，更无所要到明朝。"

巽卦属风，立夏之后风邪较盛，养生要特别注意规避风邪。进入夏天，很多人有裸睡的习惯，晚上防寒意识不强，这非常不好。中医看来，温度高的时候皮肤毛窍就会散开，腠理容易受风。特别是到了晚上，卫阳松懈，把身体暴露给外界，很容易被风邪侵扰。所以，夏天虽然炎热，也不能当风而睡，让风直接吹到头部。为什么夏季的时候"中风"的人特别多，就是因为贪凉而受了风邪。

离卦——夏至的玄机

至，就是极的意思。在夏至这一天，北半球的阳光直射在北回归线上，是北半球白昼最长、黑夜最短的一天。离卦五行应火，所以夏至、小暑、大暑是传统的三伏天，是一年中最热的时候，如同置身于熊熊大火之中。

从离卦的卦象来看，离上下为两阳爻，中间是一阴爻，象征阳中有阴，暑必夹湿之象。所以，夏至之后天气炎热，并且夹带着湿邪。我们在养生的同时既要防暑，又要祛湿。

湿邪有黏滞的特点，特别是下雨之后热气蒸腾，人们就会罹患"暑湿病"，出现大便黏滞、头昏脑涨、身疲乏力、舌苔白腻等症状。那么如何祛湿呢？

从环境上讲，要经常给屋子通风，保持室内干爽，不要长时间地使用空调。饮食上要以清淡为主，可选用利水渗湿的食物，如冬瓜、萝卜、鲫鱼、胡萝卜、苹果、淮山药、白芍、芡实、扁豆、赤小豆、茯苓等。

另外，运动可以纾解压力，活络身体器官，加速湿气排出。特别是长期待在空调房中的白领一族，运动流汗可以祛除体内多余的湿气，对于健康十分有益。所以，不要因为夏天怕热而杜绝运动，每天坚持适量的运动，通过汗液将湿气排出去。

离火应心火，夏季阳气通于心，这时人的精神活动受到阳气的鼓动，很容易烦躁、发火。此时为了在夏季养好心，我们要避免大悲大怒，保持平和的心态，使心气不骄不躁，"心静自然凉"，这样身体也不会觉得热了。

坤卦——立秋的秘诀

立秋是秋天的开始，这一天气温开始逐渐下降，阳气开始衰微，阴气开始渐盛。其中的处暑意指暑热的天气结束的意思，处，即止息。坤卦为极阴卦，提示人们已经是阳降阴生之季了。

坤卦第一爻的爻辞为"履霜，坚冰至"，意思就是脚踏在初秋的轻霜上，预示着寒冷的冬天就要到来了。

立秋之后昼夜温差大，特别是在北方，往往是白天很热，傍晚很凉，所以在穿衣上万不可马虎，要及时地增添衣服。晚上睡觉的时候，也该与夏天的凉席告别了，要给床铺加一层薄褥子。

秋季主收敛，这个时候就要"贴秋膘"了，就像是大自然的动物一样，这个时候开始储藏食物，为过冬做准备。我们人类也要积攒脂肪，以抵抗越来越盛的寒气。

俗话说"夏天过后，无病三分虚"，依照中医春夏养阳、秋冬养阴的理论，秋季适当进补是恢复和调节人体各脏器机能的最佳时机。

不过在贴秋膘的时候，要注意对食物的选择。因为秋季气候干燥，进补的时候不要过多食用羊肉、狗肉、人参、鹿茸、肉桂等温热食物或者药物，这样极易加重秋燥。可以多吃一些滋阴润燥的补品，例如百合、莲子、山药、藕、平菇、山药、鸭肉、番茄等，少吃辛辣、煎炸食品。这些滋阴类食物，不但可以为身体进补贴膘，还能滋润肌肤，避免秋季皮肤干燥之苦。

秋天还是丰收的季节，水果大量上市。水果汁润味甜，美味可口，需要注意的是水果多为凉性食物，而立秋之后阴气渐盛，应该避免多吃，以免损伤脾胃的阳气。

兑卦——秋分的秘诀

秋季共九十天，而秋分这一天刚好是秋季九十天的中间，平分秋季，故而得名。这一天，阳光直射赤道，全球昼夜相等。正如《春秋繁露·阴阳出入上下篇》所说："秋分者，阴阳相半也，故昼夜均而寒暑平。"

秋分、寒露、霜降所属的卦为兑卦。兑属金，所以秋季俗称为"金秋时节"，金有肃降、收敛的特性，所以提起秋天人们首先想到的就是秋风瑟瑟，一片肃杀之景。

从兑卦的卦象看，上面一个阴爻，下边两个阳爻。这预示着秋分、寒露、霜降时节，既有燥阳又有寒湿。

秋季主燥，而且秋分之后掺杂阴寒，所以多以凉燥为主。中医认为燥为次寒，秋天咳嗽的人会特别多，因为肺很娇嫩，燥和寒都是它的天敌。这个时候要保护好肺脏，要多喝具有濡润作用的热粥。粥的主料为粳米，粳米具有滋养脾胃的功能。唐代医药学家孙思邈在《千金方·食治方》中强调："（粳米）能养胃气，长肌肉。"人体的津液是靠脾胃运化的，脾胃健则水液充足。我们还可以在粥里加百合、川贝、秋梨等养肺润肺的食物。

一场秋雨一场寒，秋分之后人体能明显感觉到气温变凉。但是按照中医的养生方法，这个时候并不适宜马上添加衣服，民间俗语称为"秋冻"。秋冬就是要刻意地冻一冻。有人就纳闷了，心想天冷了不是要及时给自己加衣服吗？为什么会要刻意地去受冻呢？

这是因为阴阳在刚开始转换时，气温尚不稳定，暑热尚未退尽，过早地增加衣服，一旦气温回升，出汗着风，很容易伤风感冒。而且适度的凉爽刺激，有助于锻炼人体的耐寒能力，在温度逐渐降低的环境中，经过一定时间的锻炼，能促进人体的物质代谢，增加产热，提高对低温的适应力。

不过中医所称的"秋冻"是冻外不冻内，也就是身体可以冻，但脾胃却不能冻。金生水，所以肺受凉易化寒。土又能生金，湿土为金之母，所以又掺杂着湿。寒邪进入体内困于脾胃则易生湿，所以秋分之后就不要吃凉东西了，食物以温热为主，身体内部暖和了，身体外部即便受冻，也可以保证"邪不可干"。

乾卦——立冬的奥秘

两汉时期的《孝经纬》说："霜降后十五日，斗指乾，为立冬。冬者，终也，万物皆收藏也。"立冬一过，我国黄河中下游地区就要结冰了。冬，就是终止的意思，立冬一到农事也跟着休整，生产工具都收起来放到了家里，预示着万物都要封藏起来。

冬季属水，但乾卦属金，这是因为立冬、小雪、大雪三个时节只是"冬之始也"，真正的冬天尚没有到来，所以不属于水，还属于金。

中医认为，立冬时节，阳气潜藏，这时要"无扰乎阳"，意思就是不要打扰阳气，让它慢慢地归藏起来。中医提倡的做法是"早卧晚起，必待日光"，也就是说晚上早点睡，早上晚点起，而且要等太阳出来了才起床，从而缩短阳气的活动时间。

此外，中医讲究"寒则温之"，这里的"温"除了指给体表加衣服，还指要从膳食入手温暖体内脏腑。元代医学家忽思慧在《饮膳正要》中说："冬气寒，宜食黍以热性治其寒。"也就是说，少食生冷，但也不宜燥热，要有的放矢地食用一些热量较高的滋阴潜阳膳食，同时还要多吃新鲜蔬菜以避免维生素的缺乏。此时宜吃牛羊肉、乌鸡、鲫鱼，多饮豆浆、牛奶，多吃萝卜、青菜、豆腐、木耳等。

坎卦——冬至的奥秘

坎者，水也。"坎"字又有欠土之意，土缺必成洼穴，洼穴易得水。坎表示向心流动、旋转聚能之势。

坎卦应水，冬至这一天是肾水最旺的时候，也是阴寒最盛的时候。按照我国的传统习俗，冬至这一天要吃饺子，北方还流传着"立冬不端饺子碗，冻掉耳朵没人管"的谚语。这是因为古代人物质生活不丰富，到了冬天没什么吃的，肾阳得不到温煦，而耳为肾之外窍，加上天寒地冻，所以很多穷人进入冬至之后就会被冻掉了耳朵。

相传东汉医学家张仲景担任长沙太守的时候，看到很多饥寒交迫的老百姓的耳朵被冻伤，于是就在当地搭了一个医棚，支起一口大锅，煎熬羊肉和祛寒温热的药材，用面皮包成耳朵形状，煮熟之后连汤带食赠送给穷人。老百姓从冬至吃到除夕，抵御了伤寒，治好了冻耳。从此乡里人与后人就模仿制作，因外形似耳称之为"饺耳"或"饺子"。

饺子之所以能治冻耳，是因为饺子馅中羊肉是温热的食物，能够温补肾阳。冬天是进补的好时节，坎有聚集的象义，平常想吃而不敢吃的肉类食物，此时就可以多吃一些，给身体多储藏点脂肪。

因为冬天主收藏，所以人体在冬天不适宜做剧烈活动。剧烈活动会开泄腠理，损害身体阳气。大家看坎卦的卦象，上下各一条阴爻，中间包裹一条阳爻，此时的阳气就像是被阴气包裹的种子，等待着萌发的季节。如果此时运动，以至大汗淋漓，就会使阳气轻浮，体内无根，人到了春天就会生温病。

《易经》讲究天人合一，人体的变化、疾病的发生与二十四节气紧密相联。二十四节气养生就是根据不同节气阐释养生观点，通过养精神、调饮食、练形体等达到强身益寿的目的。八卦类象万物，如果我们能把握节气与八卦的关系，了解每一卦所蕴含的深意，就能在日常生活中指导养生。

第五章
《易经》与仿生养生的玄机

第一节　跟着乌龟学养生之秘

《易经》倡导人与自然界的和谐统一，并主张要向大自然学习，拜自然为师，指出："古者庖羲氏之王天下也，仰则观象于天，俯则观法于地，观鸟兽之为文，与地之宜，近取诸身，远取诸物，于是始作八卦。"汉字是典型的象形字，在最初的时候，模仿的就是自然界的山川河泽、飞禽走兽。这便是仿生学思想的反映。

古代的中医学家在仿生学思想的指导下，创造了许多养生保健方法。比如东汉时期的华佗仿照虎、鹿、猿、熊、鹤的动作，创造了养生导引术——"五禽戏"。

人类虽然贵为万物之灵，但是在很多方面都不及动物，它们很多生存的绝招及养生经验值得我们借鉴。

俗话说"千年乌龟万年鳖"，《庄子·逍遥游》曾说："楚之南有冥灵者，以五百岁为春，五百岁为秋。"冥灵即龟，也就是说龟有千年之寿。乌龟在民间一直是长寿、吉祥的代表，因此古人将龟与龙、凤、麟并列为"四灵"，作为吉祥和长寿的象征。民间祝寿礼品上常写上"松鹤延年，龟鹤遐龄"等贺词。闽南一带的人把寿达百岁的老人称为"龟龄"，祝贺老人百岁的寿宴称为"龟寿宴"，用米面做成龟状的果品称"龟果"。有关文献还记载：加勒比海地区生长着一些体重可达 500 千克的大海龟，有的已经活了 400 年了。

《易经》与乌龟关系密切，传说龟出洛水，背负九宫河图。《易经》的卜筮也起源于灵龟的兆纹。如《易经·颐·初九》记载："舍尔灵龟，观我朵颐，凶"。所以，古代人主张向龟学习长寿之法。晋代葛洪《抱朴子》有言："知龟鹤之遐寿，故效其导引以增年。"大意是说，龟鹤长寿，可以仿效它们的"导引"之术来延长寿命。我国现存最早的气功理论文物资料《行气玉佩铭》就有模仿乌龟呼吸的记载，曰："行气，深则蓄，蓄则伸，伸则下，下则定，定则固，固则萌，萌则长，长则退，退则天。天几舂在上；地几舂在下。顺则生；逆则死。"这说明早在战国时期，仿龟气功已经十分盛行了。

长寿内功——龟息法

古人根据乌龟的呼吸之法，创造了龟息法。龟息法是指观察乌龟冬眠呼吸方法，进行仿生呼吸的一种练功方式。其具体方法是：

操作者盘膝而坐，保持上身挺直，静心调神使全身放松自然，百脉顺畅，双手扣子午扣。子午扣是道教的一个手势，即左手拇指弯曲掐住中指午位（最上端），右手拇指由左手拇指、中指圈内插入，掐住左手无名指根部子位，右手中指在左手无名指外相对掐住，两手相抱放在小腹前。"子午能静心，握固能生发"，扣子午扣有少生杂念、有助入静之功效。

然后鼻观口，口观心，舌尖抵上颚，使心、神、意守脐部，保持心念不移。此时振动鼻腔，深呼吸，使自然真气缓缓进入腹脐之中。注意不要吸满，就像吃饭吃八分饱。

气进入腹部后，先不要急着呼出，还回到第一步"调心"，宁心静气，然后保持几秒。到憋不住的时候，便可缓缓出气一口。

出气后，再调匀呼吸，按照之前的方式吸气。前期练习者可能憋的时间不长，但是随着循序渐进地练习，就会保持得越来越长，每次吸气、吐气一次（即闭放一次）为一息。每次练习，至少要七息，至多可达四十九息。

中医认为气是构成人体的本原，缓慢的呼吸可以避免真气的损耗。龟一次呼吸45秒，寿命可达上百年；人一次呼吸5秒，寿命一般为80年；猫狗一次呼吸3秒，寿命一般为10年。由此可见，缓慢的呼吸是健康之道。龟息就是让鼻子慢慢地吸气，嘴巴慢慢地吐气，开始由五六秒一次，直到三四十秒一次，一次呼吸耗费的时间越长越好。

另外，乌龟没有肋骨，所以它用颈部带动腹部进行呼吸，表现为一升一降，且头部一伸一缩，肺也就随着频率一张一收。

我们的颈部有两条动脉血管，分别是颈内动脉和颈外动脉，是连接心脏和头部的主动脉。因为是血液流通的主干道，所以这两条血管壁最容易增厚，年纪稍微大一点的人只要做血管彩超，通常都会发现有颈部动脉壁增厚的现象，只是增厚的程度不一样。通过练习龟息法，学乌龟呼吸的模样，脖颈一伸一缩，可以防治颈动脉硬化。

你注意到长寿龟的其他优点了吗

除了呼吸，乌龟的其他生活特点也值得我们借鉴以资养生。

很多人只注意到了乌龟的"慢"，觉得它基本上是静止不动的，其实如果我们仔细观察，就会发现乌龟也有"好动"的习惯，只是比较规律。它每休息一会儿就会爬行一段时间，用爪子不停地在水中游动和摩擦水底，可谓"静若处子，动若脱兔"，这其实就是动静结合。

古人养生也十分讲究动静结合，从《黄帝内经》的"不妄作劳"到孙思邈的"养性之道，常欲小劳"，都强调动静适度。动静结合其实是阴阳互根互用的应用表现，静以养神，动以养形。由于"神"有易动难静的特点，"神"有"任万物而理万机"的作用，所以清静养神就显得特别重要。

老子认为"静为躁君"，主张"致虚极，守静笃"，即要尽量排除杂念，以达到心境宁静的状态。运动可促进精气流通，气血畅达，增强抗御病邪的能力，提高生命力，故金元时期的名医张子和强调"惟以血气流通为贵"。因此，在平日里我们要注意劳逸结合，多练习八段锦、太极拳、五禽戏这些动中有静、静中有动的运动方法。

还有就是乌龟的饭量很小，特别是进入冬眠期后几乎不吃饭。节制食欲也是长寿的方法，俗话说"吃饭少一口，活到九十九"，我们在进食的时候，其实这些食物也在吃我们，食物的消化、吸收、储存的过程都需要耗费大量的能量，所以吃得越多越容易饿，吃得越少反而越容易饱。

焦躁的都市，寻求一分静养

乌龟的个性爱静、活动很少、行动缓慢。《易经》有云："满招损，谦受益，时乃天道。"在《易经》的六十四卦中，谦卦是唯一"全好卦"，古人的大智慧，我们不可不察也。生活中，我们不妨做一做"缩头乌龟"，低调，谦逊，不张扬，与世无争。

我们提倡跟着乌龟学习缓慢的生活，此处的"慢"不是懒惰和邋遢，也不是放慢速度或拖延时间，它是一种积极的生活态度，是一种健康的心态，也是对人生的高度自信。2015 年春节联欢晚会上，刘欢有一首歌曲叫《从前慢》，歌词写道："从前的日色变得慢，车，马，邮件都慢，一生只够爱一个人。从前的锁也好看，钥匙精美有样子，你锁了，人家就懂了。"

歌曲舒缓深情，旋律跟着词走，贴切绵长，与优美的词相得益彰。特别是其中缓慢的生活意境，使快节奏生活环境下的人产生共鸣。在快节奏的生活中，我们不妨学着放慢脚步，让自己不至于太辛苦，在持之以恒的生活习惯中找到效率和品质的平衡点，既是一种养生智慧，更是一种生活哲学。

第二节 跟着蛇学养生之秘

蛇的灵活与来去无踪，让它充满亦正亦邪的神秘感。人类对蛇既心存恐惧又充满着迷与敬畏。在国外，古埃及人认为蛇是君主的保护神。法老用黄金和宝石塑造了眼镜蛇的形象，并饰进皇冠，作为皇权的徽记。公元前欧洲国家的使节把两条蛇的形象雕刻在拐杖上，代表使节权，是国际交往中使节专用的权杖，蛇又成为国家和权威的象征。

在中国传统文化中，蛇和龟是长寿的象征。古代神话中最令妖邪胆战且法力无边的四大神兽——青龙、白虎、朱雀、玄武，其中玄武就是"龟"和"蛇"的合体。

跟着蛇做脊柱运动，强腰健肾

蛇为什么能够长寿？中医认为肾为先天之本，肾气的盛衰决定着人的生长壮老已全部生命过程，肾气足则生命力强。肾主骨，生髓，脊柱是人最大的骨髓所在地。人体衰老的时候，脊柱就会弯曲，人也跟着驼背，就是因为脊柱里的肾气、肾精不足。

蛇的脊柱有四百多节脊椎，由于蛇经常做脊柱运动，所以古人认为蛇的肾气充盈。常做腰脊功是壮腰健肾抗衰老的重要方法，人应该多跟着蛇练习脊柱功。

脊柱功练习两个部位，一个是颈部，另一个是腰部。

颈功： 首先身体直立，自然放松，头平举，目视前方，然后在保持身体姿势不变的情况下，头先向左转，转到不能转的位置保持 10 秒钟，然后复位尽力往右转。如此左右各做 15 次。然后是仰颈部。保持身体姿势不变，头部用力往上抬，抬到不能抬的位置，保持 10 秒钟，然后复位用力向下看，让下巴尽量贴到胸部。如此上下各做 15 次。接着是绕颈练习。以颈根为圆心，头颈以 360° 做旋转运动，先顺时针做 15 ~ 30 圈，然后逆时针反做 15 ~ 30 圈。最后吐气收功。注意，转颈的时候要保持头部正直，防止歪斜。

除此之外，我们在做颈部练习时还可以学习蛇，做伸缩运动，并与扩胸、含胸运动相结合，做到随时随地锻炼。

腰功： "腰为肾之府"，古代医家历来重视腰部的保健和锻炼，自古以来腰部锻炼的方法也很多。本书总结了一套综合的腰部锻炼方法。

首先，身体站立，两腿自然分开，与肩同宽，双手叉腰，然后以腰为重心，上身稳健地做前屈和后伸运动，各 10 ~ 15 次；然后以腰为中轴，身体做水平旋转运动，先顺时针方向做 15 ~ 20 次，再逆时针方向做同样的旋转。旋转速度由慢到快，幅度由小到大。注意，做的时候上身要尽量保持直立状态，腰随胯的旋转而动，身体不要过分地前仰后合。

　　然后，两腿微微弯曲，双臂自然下垂，双手半握拳。身体先向左转腰，再向右转腰。在腰部旋转的时候，双臂要随腰部的左右旋转而前后自然摆动，并借摆动之力，双手一前一后，交替叩击腰背部和小腹，力量可酌情而定，如此连续做 30 ～ 40 次。

　　最后，双手攀足，先两臂上举，身体随之后仰，尽量达到后仰的最大程度。稍停片刻，身体随即前屈，双手下移，让手尽可能触及双脚，再稍停，然后回复到原来体位。如此连续做 10 ～ 15 次。注意，身体前屈时，两腿不可弯曲，否则效果不好。

　　脊柱是人体的根本，俗话说"满树葡萄一根藤"，而脊柱就是人体的主藤。人体的脏腑穴位都反射在脊柱上。脊柱在中医中是"督脉"的位置，督，就是总督的意思，监督管理着人体的脏腑经络，所以有"督脉通，百脉通，百病消"的说法。经常锻炼自己的脊柱，对延年益寿很有帮助。

　　当今社会，工作、学习和生活等的节奏很快，颈椎病变成了通病，困扰着人们，给人们带来诸多不便。但是蛇永远不会得颈椎、腰椎性疾病，它们的身体虽然细但十分有力，能把比它们大的动物缠绕起来，杀死它们。所以，平常多做脊柱功，不但能强肾固腰，还可以预防颈椎病，一举两得。

第三节　仿生腹气功之奥秘

　　在我国古代的养生术中，有一句名言叫作"呼吸到脐，寿与天齐"。也就是说，如果呼吸可以深到肚脐的话，寿命是非常长的。但是，我们很多人的呼吸只是停留在胸腔的部位，并没有达到腹部。

古人发现，自然界中凡是寿命很长的动物，都采用腹式呼吸法。也就是吸气的时候腹部放松自然地凸起，吐气时压缩腹部使之放松，自然凹入。其实人类的祖先起初和爬行动物一样也是用腹式呼吸的，但自从直立行走之后，腹式呼吸的能力便开始退化，这样腹部运动也就减弱了。

呼吸是人类的一种正常的生理现象，同时也是重要的养生之道。中医认为，气是构成人体和推动人体各项机能运行的重要物质。肺主气，司呼吸，人体肺细胞的平展面积有近 100 平方米，但我们因为呼吸仓促往往只使用了三分之一，吸入的新鲜空气还没有深入肺叶下端，便匆匆呼了出去，其他三分之二就像是没有开发的风水宝地，给浪费掉了。腹式呼吸可以让自然清气深入腹腔，充分开发肺主呼吸的功能，肺部组织也能够更加强壮。

老祖宗留下来的吐纳法——腹式呼吸

古代医家很早就认识到腹式呼吸的作用，因此创作了龟息、胎息等养生方法。唐代名医孙思邈对腹式深呼吸尤为推崇，他每天于黎明至正午之间行调气之法，仰卧于床上进行练习。明代养生家冷谦在《修龄要旨》中写有养生十六字令："一吸便提，气气归脐；一提便咽，水火相见。"这十六字秘诀，包含了提肛、咽津、腹式呼吸三种保健练功方法，是祛病健身延年的法宝。

腹式呼吸并不复杂，只要收腹深吸气，然后用意念把气从鼻直引向下进入丹田，也就是肚脐的位置，稍作停留后扩张腹部将气排出去，然后收缩腹部，引气入腹腔。其实腹式呼吸就是将胸部呼吸的方法套在腹部上。如果可以的话，我们完全可以用腹式呼吸代替胸部呼吸。学习音乐的人，都采用腹式呼吸。

自己怎么做腹式呼吸

我们还可以像练习瑜伽一样进行专门的腹式呼吸锻炼。具体方法如下：

在室内或者空气清新的室外，取仰卧位，放松全身。在室外可以躺在瑜伽垫上，室内可以直接平躺在床上。

先自然呼吸一段时间，待气息平稳后，右手放在肚脐上，左手放在胸部。

吸气时，最大限度地向外扩张腹部，胸部保持不动。感觉气息开始经过鼻腔、喉咙充分地集中于肺部，当肺部容积逐渐增大时，保持胸廓不动，迫使横膈膜下沉，同时腹略向外鼓起。

呼气时，最大限度地向内收缩腹部，横膈膜向上提升，胸部保持不动，使大量浊气呼出体外。如此循环往复，保持每一次呼吸的节奏一致。练习者用心感受腹部的一起一落，想象着潮汐变化，而自己如同大海上的扁舟随波荡漾。

保持这种呼吸 2 ~ 5 分钟以后，就可以将手拿开，尝试用意识关注呼吸过程。刚开始练习的时候，呼吸频率要保持在每分钟 10 次，全身自然放松，不要紧张。熟练之后，每口气坚持 10 ~ 15 秒钟，再徐徐呼出，每分钟呼吸 4 次或 5 次。

研究表明，在进行腹式呼吸的时候，人体吸入的氧量会高于正常情况下的两到三倍，能最大限度地增加氧气的供应和二氧化碳的排出。而且呼吸时得益于腹部肌肉紧张与松弛交替进行，从而使局部肌肉内毛细血管也交替出现收缩与舒张，由此加速了血液循环，扩大了氧的供给，有利于机体代谢产物的排出，对全身器官组织起到调整和促进作用。同时，腹肌的收缩和放松也是对腹部的一种良好的按摩，可以促进胃腹运动，改善消化机能，有利于防治习惯性便秘。可以说，腹式呼吸有百利而无一害。

第四节　仿生辟谷之秘

先秦古籍《山海经》中有烛龙"不食"的记载。不食就是指冬眠动物进入冬季之后就开始不吃不喝，等到来年春天再次苏醒。古人认为，动物的这种做法有利于延长寿命，因此提出了辟谷养生的理念。

辟谷源自《庄子·逍遥游》，其中描写了一位高冷的仙子，据说她住在遥远的姑射山，她的肌肤洁白如冰雪，她的风姿绰约如处子。她不食五谷，吸风饮露；或驾云，或乘龙，云游四海……这种如梦似幻、瑰丽洒脱的女神范儿引得凡人顶礼膜拜，心向而神往之，渴望自己也能"吸风饮露"，从而成仙得道，超凡入圣，于是就有了辟谷这个说法。

辟谷的神秘之处在哪里

食物在补充能量的同时也是在消耗能量，食物在进入脾胃之后，所有的脏器都要为它服务，实现食物的消化、吸收、转化。所以，我们吃过饭特别是饱食之后，并不会觉得神清气爽，反而是比较乏力，昏昏欲睡，不能专心工作，这就是所谓的"饭饱而神虚"。因此，古人提出了"食肉者勇敢而悍，食谷者智慧而巧，食气者神明而寿，不食者不死而神"的观点。

科学研究发现，从低等生物真菌、果蝇到哺乳动物的小鼠和犬类，限制能量摄入均能起到延长生物寿命的作用，即"饥饿"的动物不但活得更久，并且活得更健康。你看乌龟几乎不怎么进食，反而能够获得长寿。

为啥吃得越少越长寿

据有关历史考证，辟谷很可能早在先秦时期就已经非常流行了。《洗髓经》有"食少而服气，乃得享天年"之说。《史记·留侯世家》记载："留侯性多病，即导引不食谷。"说的就是张良以导引辟谷作为治病的方法。

提起辟谷，有人认为就是学动物一样不吃不喝，滴水不进，滴水不沾，如同绝食一样，其实不是这样的。辟谷是指在不影响身体机能正常运转的前提下，酌情减少饮食摄入，从而减轻人体负担，把体内的留毒清除出去，把体内多余脂肪及胆固醇燃烧掉。如果把人体比作是电脑的话，那辟谷就像是重装了一次系统，让电脑恢复到刚买时的状态。

当然电脑系统不是随便能装的，如果方法不正确会造成文件的丢失或者损坏，而辟谷也是这样。辟谷不是盲目断食和挨饿，没有正确的引导而绝食反而会对身体产生损害。

辟谷就是不吃饭吗

辟谷者首先要了解辟谷的原理。辟谷不是断绝身体能量的来源，而是采用"食气"的方法获取能量。古人认为身体能量的获得并非要完全依靠五谷，自然界的气和水是最基本、最干净的食物。《论语·乡党》曾记载："肉虽多，不使胜食气。"人体的唾液、空气、水通过吞咽、正确的呼吸法，进入消化道内，在体内就可以合成营养物质，从而可以不食五谷而维持生命。

也就是说辟谷者虽然不吃五谷杂粮，但绝不是不摄入能量，只是换了一种能量而已。就像是汽车的能源改革，以前是烧油的，现在改用了更为洁净的电能。

其次，辟谷一般以七天为一个周期。在这七天之内，一定要有矢志不渝的信念，不怀疑、不退缩，要相信辟谷并不是什么难事，更不要三天打鱼两天晒网。其实辟谷七天不会有无法忍受的饥饿感，辟谷者不要对辟谷产生恐惧。

在做好思想准备之后，我们就可以正式开启辟谷程序了。辟谷期间要禁止一切谷物和脂肪类食物摄入，每天早、中、晚先采气半小时，再喝一杯淡盐水，根据个人情况选择吃一个苹果。注意，苹果要煮熟了吃，而且如果身体还能坚持，就尽量不吃。

当然想要达到完全禁食的境界，是一个循序渐进的过程，对于初次尝试者，可以先适当减少食物的摄取量，比如原先要吃两个馒头，在辟谷期间减少到只喝米粥、米汤，如果实在是饥饿难耐，可以用蜂蜜水、水果、蔬菜代替。

辟谷不是饿肚子，还要采气

辟谷者如何采气？采气不是简单地吞气。采气的方法有很多，下面介绍一种简单的"调息采气法"。具体方法就是静坐或者站立，静心凝神放松腹部，先缓缓吸入一口气，闭住。同时一起一伏地利用腹肌带动小腹运动，待难以闭气时，再尝试吸气，接着闭息鼓腹。

依次往复，直到真的是一点气也吸不进去了，再把气吐出。这样循序渐进，直到能在一吸一吐之间达三分钟呼吸一次。如此，采气 49 下即可有饱腹感，胃部发热，这是脾胃在转化能量的表现。

另外，中医讲究"意到气到"，在吸气的过程中要注意通过意念和观想获取能量。辟谷期间，每天都需要采气，即使没有饥饿感也必须采气。每天保证早中晚各采气 49 次以上，这是辟谷成功的关键因素。否则三天之后就会有乏力、头晕、四肢发软等现象。

在采气的时候，我们一定要选择空气清新的地方，最好在早上迎着东方的日出，吞入生机勃勃的东方升腾之气。如果在辟谷期间，发现空气质量不好，应该选择放弃。在室内的话，可以选择安装空气净化器。

辟谷并不等同于动物冬眠，不吃也不动。静则养神，动则养形，辟谷期间依然要坚持运动，当然剧烈的运动除外，可以选择打太极、练瑜伽，动静有度，这样有利于气机在体内的运行，营养到身体每一个角落。

辟谷后怎么吃饭

七天辟谷结束之后，就可以正常饮食了，这一过程叫作"复食"。辟谷后，我们的肠胃系统会得到极大的改善，对食物的欲望也会提升，平常我们讨厌的一些食物，辟谷以后吃起来也会是美味佳肴。

但是因为脾胃经过七天的休眠，并不能完全恢复当初的运化食物的能力，所以万不可觉得自己七天没吃东西了，就大快朵颐，切记莫因贪一时口欲而使辟谷功亏一篑。辟谷之后的首次进食宜选用清淡易消化的流质食品，吃六七分饱，由少渐增，切莫暴食暴饮。为了避免对胃肠造成伤害，复谷期间少食荤腥之物，素食和水果蔬菜要咀嚼 30 口以上再吞咽，这些是必须遵守的规矩。

正确的辟谷不仅对人体机能无损害，而且能提高人体的某些机能，在减肥健美、祛病强身、延年益寿方面有积极作用，特别是对于高血糖、高血脂患者，辟谷能有效将血糖和血脂维持在合理的水平。不过辟谷也并不是无所不能，很多养生机构把辟谷吹嘘得神乎其神，这是不科学的，辟谷只是对身体有增益效果，只能锦上添花，不能雪中送炭，所以对辟谷要有科学、理性的认识。

第五节　仿生爬行养生之秘

早在 20 世纪 90 年代，巴西著名的老年病专家庄尔旺博士，在对众多爬行动物进行详细观察和研究时，发现它们很少患有动脉硬化、冠心病、痔疮、下肢静脉曲张等病症。于是，他开始向老年人群体推广模仿动物爬行，并进行了相关实验研究。

庄尔旺博士将患有动脉硬化、冠心病、痔疮、下肢静脉曲张等症的 60 岁以上老人集中起来，每天在地上爬行 20～30 分钟。经过一段时间的锻炼后，这些病人的健康状况有了明显好转，所患疾病均有不同程度的减轻，有的甚至痊愈。

别嫌"爬"行难看，其实是一种很好的锻炼法

模仿动物爬行，其实这在我国根本不算什么稀奇事儿。我们古代先贤早就认识到爬行是一种有效的练功锻炼方式。相传少林武术的鼻祖达摩祖师为解除寂坐修心所造成的筋肉困倦、精神萎靡、健康衰退的现象而创十二式"易筋经"。其中"卧虎扑食"一式以后就衍生为"爬行功"。

关于爬行功还有一件趣事。话说一位多病的书生祈求高僧教他强身健体之法，免除疾病困扰。高僧将他带到一座高山，从口袋中掏出 500 枚铜钱，拂袖一挥将铜钱如天女散花一样掷于山下，随后对书生说，你若能尽数找回这些铜钱，我便教你长寿之法。于是书生踯躅于山上山下，暗中摸索。他起初还能直立行走，后来只能学着动物在崎岖的山林中爬行，就这样找了大半

年，终于找齐了 500 枚铜币。

书生欣喜地拿着铜钱去找高僧，高僧说，我已经将祛病长寿之法尽数教于你了。这时书生才知道经过半年多在山中的摸爬，他的身子骨已经变得非常硬朗。

跟着哪些动物学爬行有益健康

所谓爬行运动，就是以四肢着地，学着动物走路的样子，两手向内弯曲、着地，慢慢地一步一步向前走。爬行的动作要领是双手双脚着地，双膝双肘不着地，双臂支撑着身体的前部重量，双手一前一后向前爬行，双脚后蹬，速度先慢后快，以不喘不累为宜。爬行运动一般在饭后一小时左右进行，必须循序渐进。

具体来说，爬行模仿的对象很多，比如可以模仿婴儿爬行，双膝跪地，脚尖点地抬起身体，双脚与胯同宽，双手撑地与肩同宽，向前爬行；模仿猩猩爬行，双腿下蹲，双手撑地置于身前，双腿发力向前爬；模仿黑熊爬行，双手撑地，身体呈拱桥状，臀部翘起，双腿挺直，脚踝和手臂发力向前爬行。只要我们仔细观察动物，并模仿它们的走路姿势，都是可以的。

"四条腿走路"要注意什么

需要注意的是，在爬行的过程中，速度宜慢，爬幅宜小，每个动作重复2～3次，间歇 20～30 秒。一般每天锻炼 1 次，每次 10～15 分钟。坚持爬行锻炼，对身体大有裨益。

不要以为"四条腿"走路比"两条腿"走路轻松，大部分刚开始进行爬行锻炼的朋友，会感到手臂发软、气喘吁吁，头部、太阳穴或颈部可能会有胀痛感，这说明爬行并不是一项简单的锻炼。

爬行锻炼，对人的心、肺、脑部都具有很好的保健作用。科学显示，爬行时，身体呈水平状态，血液回流心脏是舒畅而稳定的，既减轻了心脏的负担，也保障了心脏搏出血液的正常容量，对降低血压有一定的帮助。另外，因为心脏与大脑处于平行状态，心脏横向泵血，血氧可直供大脑，而且下肢血液回流顺畅，也相对增加了对大脑的供血供氧。

因此，对于人来说，爬行功是一种"平衡姿势"，有利于缓解很多脏器的压力，让它们更加轻松地运转。

不过不是所有人都适合爬行锻炼，比如手、足、膝部有破损和感染的朋友就不适宜做此运动，可以等到康复后再进行锻炼。

有个成语叫作"返璞归真"。人也是动物的一种，人类从爬行到直立行走，虽然开发了大脑但却弱化了四肢，而爬行锻炼就是让人的行动方式返璞归真。

人类在大自然面前永远是一个学生，在对待天与人的关系上，庄子就倡导"无以人灭天，无以故灭命"，要求人们放弃一切人为习惯，而按其本性自在、率真地生存。《三国志·华佗传》记载："人体欲得劳动，但不当使极尔。动摇则谷气得消，血脉流通，病不得生，譬犹户枢不朽是也。是以古之仙者为导引之事，熊颈鸱顾，引挽腰体，动诸关节，以求难老。"华佗通过模仿禽兽形态，从而创造出流传至今的"导引术"体系——五禽戏，就是天人合一思想的具体运用。

第六节 人为什么离不开水——水对养生的启示

在我国古代的帝王中，乾隆是最重视养生，也是最为长寿的。相传，乾隆年间，每天清晨在太阳升起之前，插着黄色龙旗的御用运水车就从宫门出发，前往玉泉山取水。因为，乾隆皇帝经过测量比较，发现玉泉山的水甘醇洌厚，"杂质"最少，长期饮用能祛病益寿，起到养生保健的作用，遂将玉泉钦定为"天下第一泉"。此后，乾隆非玉泉水不饮，出京巡幸，也要命人用车运载玉泉水，以供饮用。

水，在中国传统文化中有特殊的含义。《易经》中有"天一生水"的记载，五行学说又将水归为五行之一，认为水有滋润、濡润的作用。这种特性决定水对人的养生保健具有重要的意义。

在《本草纲目》中，明代医学家李时珍明确提出："饮食者，人之命脉也，而营卫赖之。故曰：水去则营竭，谷去则卫亡。"

水是生命之源

水滋润万物，哺育生命。人、动物和植物都离不开水。苔藓"遇水则活，遇土生根"，有关专家曾做过一个实验，发现苔藓在经高温炙烤一年后，浇水30秒后便可以起死回生。这无不得益于水的滋润作用。

古代先贤对水的研究可谓透彻，《管子》说"水者，地之血气，如筋脉之通流者也"，并将水分为"经水""枝水""谷水""川水""渊水"。南宋学者贾铭在其《饮食须知》中对自然界的各种天降水作了界定，如"天雨水，味甘淡，性冷"，"露水，味甘，性凉"，"冰，味甘，性大寒"，而"冰雹水，味咸，性冷，有毒"等。

关于水的趣闻，文学作品中有很多记载。比如《西游记》中孙悟空为朱紫国国王治病时，提出要用"无根之水"进行煎煮。何为无根之水？其实就是没有沾到地的雨水。再如《红楼梦》中，薛宝钗服用的"冷香丸"，就是用露水、霜水调和配制的。

另外，还有一种专门作为药引子的"甘澜水"。所谓"甘澜水"，就是用江水或河水二斗，用一个瓢不停地舀起，然后高高扬起，如此反复多遍，直到水面上的泡沫达到数千个为止。在古人看来，在江河之水不断扬起落下的过程中，水会产生某种温和的特性，从而对人体产生保健作用，再放入甘草、半夏等药一起慢煮，就可以治疗阴虚阳盛、夜晚失眠等病症。

水养生的五大秘诀

这些事例不论真假，但足以证明古人对水养生的钟情程度，因为爱得深，才会花精力去研究分析。如何利用水养生，其中有五条秘诀。

一是睡前热水敷脸，早起冷水洗脸。我们每天都会用水洗脸，但是绝大多数人只是停留在清除污垢上，并没有深入挖掘洗脸的保健功效。热水可以滋润皮肤，能打开毛孔疏通气血，晚上用热水敷脸有助于睡眠。睡前找一条干净的毛巾浸泡在热水中，拧干后迅速捂在脸上，用鼻子吸热气，毛巾凉了后再放入热水中烫洗，如此反复热敷几次，能起到熨眼、熨脸、熨鼻的作用，使面部皮肤更富有弹性。

白天，因为肌肤要对抗外邪，所以要锻炼肌肤的自卫能力，所以用凉水洗脸。用凉水洗脸的时候可以边洗边搓，直至皮肤有微热感。用手捧起冷水用鼻孔吸几次，然后用食指按摩鼻翼两侧的迎香穴，不仅可以有效预防感冒，增强身体抗寒御风的能力，而且可以使头脑清醒，眼睛明亮。

二是睡前热水泡脚。民语有"脚寒全身寒，脚暖全身暖"。人的脚就像人体的第二心脏，各路经脉汇聚一体，所以坚持每天晚上用热水泡脚可以温通全身血脉，振奋阳气，让气血流通加速，久之会使脸色红润、气色怡人。具体做法就是睡前倒一盆50℃左右的热水泡脚（水要完全没过脚踝）。泡脚时可用手搓脚面，也可以双脚互相搓。水温降低时，可适时添加热水。泡20分钟后，就可用毛巾将脚擦干。然后用手按摩双脚，按摩时右手搓揉左脚涌泉穴50下，抓住脚趾摇动50次；左手搓揉右脚涌泉穴50下，抓住脚趾摇动50次。

涌泉穴也称"健肾穴"。古代医家说"凡百病不离五脏，肾为五脏之本，故扶正固本多是从补肾着手"。热水泡脚是普通人最"贵"的保健药。

三是早晨醒来喝一杯温开水。经过一夜的睡眠，身体排出了许多废物，同时脏器也处于饥渴状态，这个时候温水进入体内，一来可以有效地给身体补充水液，二来可以使早晨起床后较为黏稠的血液得以稀释，让血液循环速度加快，促使废物尽快排出。需要注意的是，即便是炎热的夏天，早晨的温水也不能用凉白开代替，因为中医认为早上是阳气生发、阳火初萌的阶段，而凉水易浇灭阳气。对于体寒的人来说，还可以提前在温水里加一片生姜，泡一会儿，饮用姜水有助于阳气的生发。

四是坚持用温水漱口刷牙。牙好，胃口就好，吃嘛嘛香，身体特棒。牙齿虽然平时深藏不露，但在饮食中却扮演着重要角色。但大部分人并不注意对牙齿的保护，除非在冬天，很多人刷牙并不会选择温水，这种习惯是不正确的。中医认为，"齿为骨之余，为肾所主"，牙齿看似坚固，其实是靠肾精维持的，而冷水易对牙齿造成刺激，损耗肾精。为什么有的老人年过百岁了，牙齿还没有脱落，就是因为他们注意保护齿内的肾精。

五是每天补充足够的水分。水进入人体就会直接补充津液。现代社会生活、工作节奏加快，很多人总是忙到口干舌燥才想起来喝水，其实这个时候体内的津液已经快要枯竭了。临渊羡鱼，不如退而结网；临渴掘井，毋宁未雨绸缪。人每天对水的生理需要量为3000毫升，6～8杯。人不能等到渴了的时候才去补充水液，而要提前做好水分储备。冬天则可以用稀饭、米粥、牛奶等代替。

此外，养生还要学习水的精神。我国古代伟大的哲学家和思想家老子曾说"上善若水"。就是说：有道德的上善之人，就像水的秉性一样。为人处世要像水那样谦卑，内心要像水那样清静深沉，交友要像水那样彼此相亲，言辞要像水那样诚信不欺，为政要像水那样有条不紊，办事要像水那样无所不能，举动要像水那样待机而动。水不争而润万物，"心静则神安，神安则灾病不生"，养生要先养心，就是要学习水的平静，心静才能气顺，气顺才能身健。

第六章
神奇的太极生命钟寿数秘诀

第一节　太极阴阳与生命之钟的奥秘

南美洲有一种鸟叫"第纳鸟"，它有一个非常有意思的行为就是每过 30 分钟就会"叽叽喳喳"地叫上一阵，而且误差只有 15 秒，就像是钟表准点报时一样准确。于是当地居民就将它们养在家里，当作"活动的钟表"。

非洲有一种虫子，它每过一个小时身体就会变换一种颜色，当地的居民根据这种变色规律来推算时间，称为"虫钟"。

这样的例子，在自然界还有很多，比如南非有一种大叶树，它的叶子每隔两小时就翻动一次；阿根廷有一种野花，每到初夏晚上 8 点左右便纷纷开放。

人体有个看不见、摸不着的"生物钟"

对于这些生物来说，它们没有像钟表、沙漏、日晷这样的记时工具，但它们却能做到如此规律、精确的规律运动，就像它们体内有一个钟表一样，这种现象称为"生物钟"。

生物钟是一种自然周期规律，是宇宙普遍存在的现象。花开花落、潮涨潮落、太阳东升西落、人类生老病死，宇宙万物的运动都存在着周而复始的周期运动，无论宏观或是微观，因此无论是高级动物还是低级动物都有生物钟。

而且生物钟是不可磨灭的，比如地球一天自转一周形成昼夜节律，太阳黑子活动每十一年为一个周期，这种节律是不可更改的。有科学家将动物置于无明暗交替的环境里做实验，发现它们的身体特性仍保持着昼夜节律，有兴奋期和衰退期。

自然周期悄悄地影响着我们

人作为宇宙万物的一分子，自然也受到这种生物节律的支配。人体的生理指标，如体温、血压、脉搏，人的体力、情绪、智力乃至妇女的月经等，都会随着昼夜变化做周期性的变化。

根据研究，人的兴奋周期是 28 天，智力周期是 23 天，体力周期是 33 天，我们根据这种节律变化来安排一天、一周、一月、一年的作息制度，能提高工作效率和学习成绩，减轻疲劳，预防疾病，防止意外事故的发生。

假如突然一个时期不遵循体内生物钟的节律安排作息，人就会感到疲劳、不舒适等。相传，欧洲名酒威士忌的商标是一长寿老人的头像，这位老人活了 152 岁。当时，英国国王想见这位长寿老人，就请他到王宫来吃喝玩乐，以示隆重款待，谁知由于生活规律被突然改变，一周后老人便不治死去。

《易经》中的自然规律周期性

其实早在 3000 多年前，《易经》就已经阐述了这种自然运动规律，认识到自然界生物钟现象的存在。如《易传·系辞》说："日往则月来，月往则日来，日月相推而明生焉，寒往则暑来，暑往则寒来……"古人为什么将太极图设计成像钟表一样的圆形，很难说没有这一层认识。

自然界生物钟现象的基础其实就是阴阳消长的转化，所谓"物极必反，否极泰来"，事物发展到"极阴"或"极阳"时便会向性质相反的方向运行，如钟表转动一样，一圈又一圈地周而复始。

《易经》中的八卦和六十四别卦皆体现了阴阳消长转化的规律。以八卦为例，我们首先把八卦图比喻成一个时钟，坎卦位于时钟的六点钟方向，为阴极。九点钟方向为震卦，阴消阳长，阳气渐盛。等到阳气盛到十二点方向时为离卦，离卦主火，此时阳气最盛，为阳极。阳极则生阴，再往下发展阳气就该由盛转衰了，到三点钟位置的时候为兑卦，阳消阴长，阴气渐盛，再次回到坎卦位置。

宇宙有个"生物钟"——阴阳变化

这种阴极阳生、阴长阳消的规律变化，其实就是宇宙间生物钟的本质。宇宙间无论宏观的、微观的生物钟现象，实际上都是阴阳节律。例如，植物白昼花开、夜晚花闭，春天枝茂、秋天落叶，这些所表现的都是生物钟的阴阳交替。

通过学习在前文的阴阳理论，我们了解到，阴阳之间维持着动态的平衡关系，而相互消长就是这种动态关系的推进器。《易经》在对离卦的描述中有一句总结性的话，叫作"日昃之离"，意思就是离卦在后天八卦中犹如日正当顶，为一年之阳极，示意太阳即将偏离。

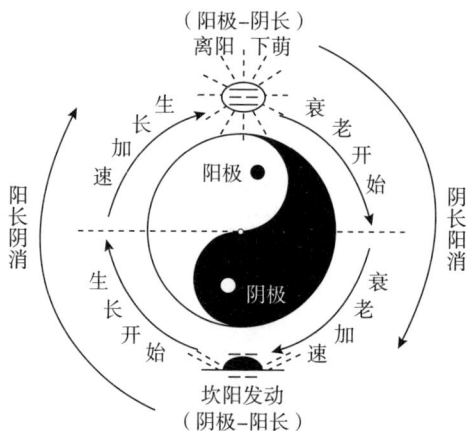

太极与阴阳消长图

太极图也是一个"生物钟"

大家观察太极图就可以发现，一边是阳、一边是阴，象征着阴阳平分天下，但阴和阳之间并不是用一根直线划分的，而是用"S"形曲线划分的，"极阴处阳生，极阳处阴藏"，阴和阳之间相互转化、相互制约，盛极必衰、衰极必盛，这便是太极生命钟的奥秘所在。如果阳到极致没有衰弱，就是没有遵守生物钟的节律，就会打破阴阳间的动态平衡状态，"阴阳失衡则百病丛生"

就是这个道理。

《灵枢·岁露论》说："人与天地相参也，与日月相应也。"人的生命运动与阴阳太极钟的阴阳运动在节拍上应该是一致的，也就是古人的"天人合一"思想。《素问·生气通天论》所载"平旦人气生，日中而阳气隆，日西而阳气已虚，气门乃闭"，体现的也是人体之气随着自然阴阳变化而变化的节律特点。

因此，有人将太极阴阳钟称为"生命时钟"，生命时钟的存在就像家里边挂了一个石英钟一样，帮助人类对自己生命的运行规律作出正确认识，知道什么时间该干什么事情。只要我们掌控了这种运行规律，并在此规律上作出有益于生命发展的调整就可以掌握健康的主动权。

第二节　太极生命钟对护阳的启示

《黄帝内经》在讨论男女生长的过程中分别指出，"女子七岁，肾气盛，齿更发长。二七而天癸至，任脉通，太冲脉盛，月事以时下，故有子。三七，肾气平均，故真牙生而长极。四七，筋骨坚，发长极，身体盛壮。五七，阳明脉衰，面始焦，发始堕。六七，三阳脉衰于上，面皆焦，发始白。七七，任脉虚，太冲脉衰少，天癸竭，地道不通，故形坏而无子也"；"丈夫八岁，肾气实，发长齿更。二八，肾气盛，天癸至，精气溢泻，阴阳和，故能有子。三八，肾气平均，筋骨劲强，故真牙生而长极。四八，筋骨隆盛，肌肉满壮。五八，肾气衰，发堕齿槁。六八，阳气衰竭于上，面焦，发鬓颁白。七八，肝气衰，筋不能动，天癸竭，精少，肾藏衰，形体皆极。八八，则齿发去。"

肾阳好比生命的太阳

肾气，即是身体的阳气，《黄帝内经》中的"天癸"作为促进生长发育的精微物质就是肾精所化。女子以"七"为基数，男子以"八"为基数，由此看出，在人的青少年时期，肾气渐盛，所以身体发育迅速，齿更发长，就像是早晨初升的朝气蓬勃的太阳。等到壮年的时候，肾气也就是阳气达到鼎盛，骨骼闭合，身体停止生长，但是肌肉最为丰满，骨骼最为健壮。等到了中年，肾气由盛转衰，此时面容逐渐憔悴，开始长出白头发，脏腑功能大不如以前。暮年时，阳气进一步衰竭，两鬓花白，形体皆极，腿也迈不开了，耳朵也听不清了。再往后发展，等到阳气完全耗尽，人也就寿终正寝了。

人的生命过程就是一个阴阳消长的节律运动，从太极生命钟的角度来看，人生、长、壮、老、已的生命过程其实就是生命的时钟完整地走上一圈，画上一个圆满的太极圆。

谁也不能阻拦时钟的前进，但是在不打破生物钟的前提下，如果我们放慢时钟前进的速度，是不是就可以延长周期的长度呢？比如原本 12 个小时就走完一圈，我们可以让它延长到 14 个小时或者是 20 个小时才走完一圈，这不就是长寿的秘诀所在吗？

长寿就是让我们的生命之钟慢下来

为什么人出生的时候都是呱呱坠地的婴儿，但有的人活到六七十岁就去世了，而有的人却可以活得很长，过百岁而不老，就是因为那些寿命短的人钟表跑得快，那些寿命长的人钟表跑得慢。

如何放慢钟表的行进速度？我们必须先了解它的工作原理。人的前半生是阳气从萌发到鼎盛的过程，后半生是阳气从鼎盛到衰竭的过程，由此可见，阳气是推动生物时钟前行的原动力。阳气消耗得快，钟表便跑得快；阳气消耗得慢，钟表便行得慢。因此，生命太极钟给我们的养生启示，便是要"护阳"，守护我们的阳气，避免耗散太快。

中医认为"有阳则生，无阳则死"，阳气是生命的根本，如果一个人阳气充沛，那他肯定身康体健，长命百岁。如果阳气不足，就要透支身体的阳气储备去维持脏腑机能，进而阳气越耗越快。如同小马拉大车，起初马儿攒攒劲儿还能拉得动，但坚持不了多久就会累垮掉。所以，古人养生都以"维护阳气"为第一要义。

养阳的两大秘法

其一，秉承天地之气而养阳气。以前没有暖气的年代，一到冬天太阳高照、天气暖和的时候，人们闲着没事就会靠着墙根晒太阳。暖和的阳光照在身上驱散了寒冷，十分舒服。

之前我们说过，宇宙间以阴阳消长为本质的生物钟无处不在，一天其实也是一个完整的生物钟，早上阳气升，中午阳气盛，下午阳气衰，傍晚阳气竭。我们讲"天人感应"或者说"同气相求"，人体的阳气和自然界的阳气是相通的，可以相互吸收，而借助天地之阳气来养身体的阳气，是一种四两拨千斤的绿色养生办法。

吸收天地间阳气的方法很简单，就是晒太阳。在一天之始，当太阳带着缓缓升腾的天地阳气从东方徐徐升起的时候，我们就可以晒晒早晨的太阳。你无须做什么，只需要面对着一轮红日宁心安神，做深呼吸。

到中午的时候，此时阳气最为旺盛，我们一定要把握机会，躺在椅子上，沏一壶热茶，听着小曲面对太阳睡一个子午觉（夏天的时候要注意避免太阳直射）。

注意，在沐浴阳光的时候，一定要脱掉帽子，即便是在冬天。因为人体头顶的百会穴为百脉之会，又处于巅顶，可以很好地吸收阳气，输送给人体百脉。

傍晚时分，在太阳还没有下山的时候，此时为阳气的弥留之际，我们不妨抓一抓阳气的尾巴，感受下晚霞的余晖。在晒太阳的时候手握半拳，叩击后腰的肾俞穴。肾俞穴在肚脐眼正对着的后背旁开一拳距离的地方。这样，就可以把太阳的最后一点阳气吸收到我们的肾里面，借助天地间的阳气来补充我们日渐减少的阳气。

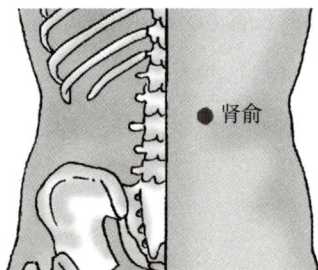

肾俞

其二，中医认为"动则生阳"，运动也是养护阳气的好办法。为什么越是在外劳作的人，身体就越健硕，越不容易生病，越是宅在家里不喜欢动的人，身体就越软绵绵的，弱不经风，就是因为适当的运动可以养护人体阳气。

为什么生命在于运动

运动是为了更好地静，只有我们身体运动了，生命的时钟才会慢下来。当然此处的运动要把握一个度，将运动量掌握在"形体虽劳而不倦"的合理范围内，不要将自己搞得筋疲力尽，这就不是在养阳了，而是在耗阳。我们可以做散步、慢跑、做操、放风筝、登山、游泳、太极拳等舒缓型的运动。

运动还有一个好处就是，它能调剂人的精神状态。阳虚体质者，本来个性沉静，长此下去，很可能发展成为抑郁症，精神状态差了，身体也很容易跟着衰弱下去。这就引出了下一条养阳的办法，就是以积极的性情养阳。

人的心态分为七情——喜、怒、忧、思、悲、惊、恐，分别对应着心、肝、脾、肺、肾。七情也分阴阳，因为喜属于阳，悲属于阴。一个人顺着阳气的属性，整天高高兴兴的，身体自然而然地就是生发阳气。但是一个人如果整天悲伤、抑郁，阳气也会消沉。有句话说"笑一笑十年少"，笑就是在振奋阳气，让阳气消耗得慢一点。

守住我们身体的阳气就是守住健康

《黄帝内经》说："精神内守，病安从来。"内守精神就是固守阳气，所以，调节情志也是养阳的重要手段。我们在生活中要努力做一个开朗、开阔、豁达、随和的人，学会正确面对和处理人生低谷与困境，学会大事情讲原则、小事情讲妥协、烦心事讲沉默、悲伤事讲忘记、违心事讲包容的处世之道。现实社会中，为什么没心没肺的人反倒是不生病、寿命长，就是因为他们不会为各种事务烦忧。

另外，还要在饮食上养护阳气。中医讲究"春夏养阳，秋冬养阴"，春季和夏季是阴消阳长的季节，自然界的五谷和蔬菜都秉承了这种特性，所以我们在春夏季节可以多吃一些时令蔬菜和水果。有的人认为补阳就是吃一些葱、姜、蒜、辣椒、狗肉、羊肉等热性食物，其实这样反倒会引起阳气过亢，导致阴不制阳，以致阴阳失衡，出现口舌生疮、咽喉肿痛、大便干结、小便黄赤等上火症状。阴阳互根互用，燥热伤阴，阴液的损伤反而会引起阳气的不足。所以，平日在进补的时候要兼顾阴阳平衡，平时可多食用药性较平和的桂圆、大枣、红糖、小米、山药、茯苓、莲子、薏仁等。

阴阳消长是自然界周期节律的根本，因此生物钟的关键在于阴阳消长的交替，至于多长时间进行交替则完全掌握在我们自己手里。自然界有些植物是一年生的，还有两年生的，植物学家通过科学的培育，可以改变植物的生长周期，比如将一年生植物延长生长周期，将两年生植物缩短生长周期。人类也可以充当自己的"植物学家"，通过人为干预延长阴阳消长周期以延长寿命，我想只要坚持，这并非什么难事。

第三节　十二时辰生物钟对养生的启示

《易经》中最为核心的观念之一就是"天人合一"，中医在其思想指导下认为，自然界与人是统一的整体，自然界的年、季、日、时周期变化，影响着人们的生理、病理出现相应的周期变化，如人的脉象，春弦、夏洪、秋毛、冬石。《灵枢·顺气一日分为四时》说"夫百病者，多以旦慧昼安，夕加夜甚"，也就是说人的病情变化存在着白天轻、晚上重的规律变化。这种变化恰与现代科学提出的生物钟效应相似。

时钟的作用是为了方便人们计时，知道自己什么时间该干什么事情。比如早上6点钟是起床的时间，12点钟是中午休息的时间。

人体的脏腑气血都存在着周期节律现象，而且这种节律和十二时辰的变化是合拍的，必须在一个频率上，不然就会出乱子。

一天二十四个小时，《易经》将其划分为十二个时辰，即子、丑、寅、卯、辰、巳、午、未、申、酉、戌、亥。人体运行每十二个时辰为一个周期，而且在每个时辰，身体的生理、病理特征都不一样。

中医歌诀曰："寅时气血注于肺，卯时大肠辰时胃，巳脾午心未小肠，膀胱申注酉肾注，戌时包络亥三焦，子胆丑肝各定位。"在这十二时辰当中，每一个时辰都有一个经、一个脏腑值班，在它们值班的时候我们就要养好它，这样养生就可以起到事半功倍的效果。

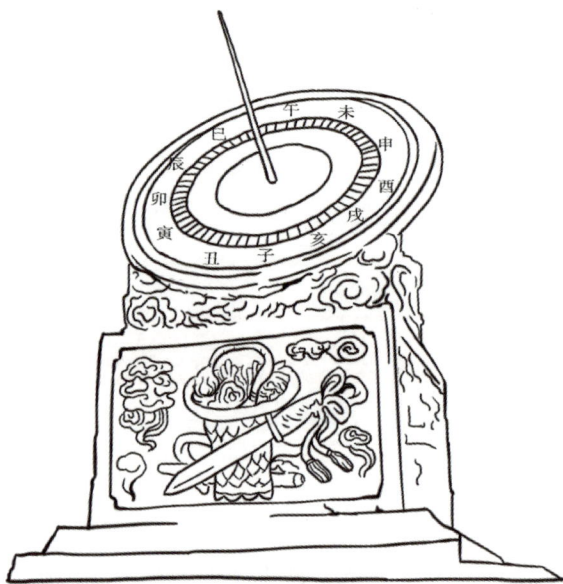

石晷

子时养胆之秘

夜半，又名子夜、中夜，为十二时辰的第一个时辰，相当于现代的半夜11点至次日凌晨1点。中医大家张景岳指出："子后则气升，午后则气降。"子时为一天当中太极生命钟的阴极，阴阳消长，阴气最重，阴主睡眠，所以这个时候人的身体已经相当困乏了，大多进入了睡眠状态。

子时属鼠，此时夜半更深，老鼠就会偷偷出来活动，将天地间的混沌状态咬出缝隙，因此民间有"鼠咬天开"之说。

子时正是夜深人静的午夜时分，正是今明两天的临界点，虽然阴气达到极限，但是按照太极生命钟的阴阳消长本质，此时阳气就像是一个婴儿呱呱坠地，但还没有长到壮年可以独当一面的时候。

所以，"子"在此处就是幼小的意思，告诫我们要像照顾婴儿一样养护阳气，要及时上床睡觉，而且要像分娩一样提前做好准备，在子时来临之际确保身体进入睡眠状态，否则阳气就会生发不足，导致第二天气色不佳，头昏脑涨，没有精神。

另外，子时足少阳胆经当令。当令就是"合时令、值班"的意思。《素问·六节藏象论》指出："凡十一脏皆取决于胆"。这里的胆，指的就是胆经。胆经在身体的两侧，从头开始，沿着身体的侧面往下走，一直走到脚的小趾处。胆经是人体两个重要的枢机之一，在太阴与阳明之间，人体的寒热往来皆由胆来调节，所以十一脏腑皆取决于胆。人体在疲惫的时候喜欢伸伸腰，高举手臂，其实就是在振奋手臂两侧的胆经。

但子时胆经刚刚长出来的阳气还很微弱，为了更好地养护胆经，人们要停止一切活动，安心睡觉。中医有句话叫作"少阳不升，天下不明"，如果少阳胆经在子时没有升发起来，那么在接下来的整个白天里人就如投在黑暗之中，昏昏欲睡。现代人生活、工作节奏加快，熬夜、吃夜宵，或参加各种娱乐活动，其实都是在浇灭刚刚燃烧起来的阳气，破坏了十二时辰的生物钟。

丑时养肝之秘

丑时，肝经当令。肝主生发，而这个时候子时的阳气已经进入"青少年"

阶段，生机勃勃，但依然需要呵护。丑时为十二时辰的第二个时辰，是晚上的 1 点至 3 点这个时间段。因为古人发现每到这个时候院子里的牛已经醒了，所以丑时属牛。

肝主藏血，中医认为"人卧则血归于肝"。如果人在丑时不能入睡，肝脏还在输出能量支持人的思维和行动，就无法完成新陈代谢。所以，丑时前未能入睡者，往往面色青灰，情志怠慢而急躁，易生肝病，脸色晦暗长斑。

睡觉可以给肝脏提供一个休养生息的条件。当人处于休息或情绪稳定的状态时，身体需要的血液会不断减少，大量血液储藏在肝脏。等到身体处于运动或者情绪激动的状态时，肝脏就会排出储存的血液，分配到身体的各个部位，以满足机体活动的需要。如果到了肝经当令的时候，我们不好好睡觉，怎么能保护好肝脏呢？

所以，丑时需要做的依然是保持熟睡，人们应尽量在子时前就寝，此时肝胆都可得到最大程度的养护。

很多人在晚上加班之后，特别是晚上 10 点之后喜欢吃夜宵。这种行为不是在给身体补充能量，而是在给肝脏增加负担。

还有人晚上的时候会失眠、烦躁，这是什么原因呢？其实这是肝火旺盛所致。肝胆互为表里，肝火旺则会连同胆经火旺。在太极生命钟中，丑时处于阴消阳长的阶段，虽然阳气开始慢慢旺盛，但整体上依然是阴气占主导地位，阴主静，阴不能制约肝胆之火，自然人就会无法入睡。这样，子时连同丑时，晚上的大部分睡觉时间就浪费了。

因此，丑时养肝的另一个关键点就是在白天的时候注意降肝火。中医认为怒伤肝，白天的时候要避免怒火中烧，因为烦躁的情绪不利于睡眠。工作压力大的时候用百合、蜂蜜、菊花冲泡饮用，能缓解烦躁的情绪，平复燃烧起来的肝火。

寅时养肺之秘

寅时又称平旦，为凌晨 3 点至 5 点这一时间段。此时是夜与日的交替之际，阴阳经过消长后达到平衡，而且阳气马上要占据上风，太阳已经微微冒了出来。

这个时候丛林里的老虎已经苏醒觅食，开始为一天的吃饭问题忙碌起来，所以，寅时属虎，有"寅虎"之称。

古代人喜欢在寅时号脉，称为"平旦脉"，因为这个时候根据太极生命钟，人体的气血应该处于阴阳平衡的状态，此时号脉可以很清晰地诊断哪里出了问题。

《易经》认为平旦时，阴阳平衡，肺经值班。肺主一身之气，这个时候人体的各个器官快要苏醒了，而让它们醒来的动力就是，肺要经过肺经将气血输送到各个脏腑。此刻是一天中养肺的关键时刻。

对健康的人来说，这时应该处于浅睡眠状态，通过浅睡眠来完成生命由静而动的转化过程。这个时候，即便你已经醒了也不要急着起床，而是闭目静养，争取睡个回笼觉。

如果不能，你就躺在床上做腹式呼吸：放松肢体，思想集中，排除杂念，由鼻慢慢吸气，缓缓鼓起肚皮，一呼一吸每口气坚持 10 ~ 15 秒钟，屏息 1 秒，然后再从口徐徐呼出，每分钟呼吸 4 次。这样做，可以养护肺气。唐代名医孙思邈极为推崇腹式呼吸，坚持不懈，相传活了 100 多岁。

生活中很多老年人猝死案例发生在早晨的四五点钟，就是因为肺气还没有完全发挥"肺朝百脉"的作用，这时如果急于起床，心脏、血管的运转能力还不能支撑身体，一旦它们不堪重负，特别是原本就患有心脑血管疾病的人，就很容易发生血管破裂，出现猝死的悲剧。

卯时养大肠之秘

卯时又名破晓、日始，意思就是白昼开始的时间，为早晨 5 点至 7 点，此时太阳冉冉升起，阳气完全压倒了阴气而取得主导地位。

卯时是大肠经当令的时候，此时天微微亮，中医称此阶段的自然特征为"开天门"，如同天空打开了门窗一样，阳光照射了进来。人类为了对应自然界的"开天门"，在生理特征上则表现为"开地门"。这个"地门"其实就是人的肛门。

卯时,大肠当令。大肠是转化糟粕的脏器。在解剖结构上,大肠上接小肠,接受小肠食物残渣,吸收多余的水液,从而形成粪便。而地门打开以后,人体就会排便,因此大多数人有早晨排宿便的习惯,如果没有,则说明你的大肠功能不够好。当然,还有一种情况是5点前后拉稀、大便不成形,中医称之为"五更泻",这是大肠虚弱的表现。

早晨排便是人体生物钟运行到卯时需要做的事情,为了帮助大肠排便,同时为了养护大肠,我们起床后宜先喝杯温开水。喝水的时候要遵循"小口慢饮"的原则,然后去卫生间把一晚上积攒的废物排出体外。

有民谚说"早晨的生姜暖胃肠,晚上的生姜如刀枪"。为了暖胃肠,早晨喝水的时候可以放两三片生姜。生姜有温中助阳的功效,不但可以辅助一天的阳气上升,还能保护肠胃。早晨起床前,我们还可以先躺着做腹部按摩:以右手掌贴近腹部,另一只手按在右手手背上,灵活运用右手掌的大小鱼际,以顺时针方向从右下腹往上推,推到升结肠的部位,然后横向往左推,此处是横结肠部位,再往左下方推,此处是降结肠部位。这样按摩30次左右,可以刺激大肠,有利于排除体内宿便。

起床以后,我们可以进行晨练。晨练可以锻炼肺气,肺与大肠相表里,大肠的排泄全靠肺气的推动,所以如果实在没有便意,可以先进行一番体育活动,振奋一下肺气。

辰时养胃之秘

辰时是一天中的7点至9点,这个时候人们已经洗漱完毕,开始做同一件事,就是吃早餐。

此时,人体为了顺应自然界阳长的节律,也要补充阳气,而补充渠道就是吃饭。辰时,胃气当令。人以胃气为本,《素问·五藏别论》指出:"胃者,水谷之海,六腑之大源也。"胃主受纳,腐熟水谷。胃是人体能量的源泉,就像汽车的油箱,到了辰时,就该往油箱加油了。

因此,辰时是养胃的好时辰。早晨胃经旺,我们应该及时给胃喂足食物。我们常说"早上吃饱,中午吃好,晚上吃少",吃早餐,你不要怕撑着,因为不会撑着。但是，现在的年轻人因为生活和工作节奏快，不少人有不吃早餐的习惯，这样有伤胃气。

现代医学认为，头天晚上吃的食物经过六个小时就从胃进入肠道，第二天若不好好吃早餐，胃酸及胃内的各种消化酶就会去"消化"胃黏膜层。长此以往，细胞分泌黏液的正常功能就会遭到破坏，很容易造成胃溃疡及十二指肠溃疡等消化系统疾病。早晨就像是四季中的春天，俗话说"春雨贵如油"，而早餐对于早晨来说也金贵如油。

早晨不但要吃饱，还要吃好。注意，早上不要吃辛辣、燥热、油炸、肥腻的食物，以防损伤胃阴。北方人早上有喝"胡辣汤"、吃"油条"的饮食习惯，这并不健康，应该吃一些甜粥、稀饭等松软易消化的食物，并兼顾营养均衡，牛奶、鸡蛋、水果等都可以适当吃一些，用现在时髦的话就是"雨露均沾"。

吃饱早餐后，不要急着上班，可以抽出十分钟的时间拍打胃经：双手虚掌拍打小腿外侧，从足踝一直到膝盖处，反复拍打 50 次，可以帮助消化。

巳时养脾之秘

巳时是一天中的 9 点到 11 点。此时阳气生发，犹如人的壮年，是增长最旺盛的时候。所以，这个时候人的精神也最为充足，是大脑最具有活力的时间段，不管是上班还是上学，效率都非常高。其实这也是要在辰时吃早餐的原因，如果没有足够的营养物质支撑，那么到了巳时人体就没有精力去维持身体机能的高效率运转。

巳时，脾经当令，是脾脏运化胃中食物的阶段。在五行中，脾属土，土位居中央，四方兼顾，能生化万物。脾与胃，一阴一阳，互为表里，脾与胃共同参与食物的消化吸收。《脾胃论》指出："内伤脾胃，百病由生。"可见脾胃不分家，养好脾的同时也要养好胃。

因为脾是运化、消化器官，不是受盛器官，所以巳时就不要再进食食物了，只要让脾将胃中的早餐彻底消化就可以了，不要再给它增加额外的负担。如果实在饥饿难忍，可以在 11 点左右吃一些水果，剩下要做的便是安心等待午饭时间到来。

此外，脾气宜升不宜降。在古代，人们劳作都是站着的，但是现代人大多室内办公，上班后屁股粘着凳子就站不起来，这不利于脾气的升清。所以，为了养护脾胃，上班族每工作40分钟就要站起来活动活动。比如"左三圈右三圈，脖子扭扭，屁股扭扭，早睡早起，咱们来做运动……"只要让身体动起来，脾阳自然就跟着自然界的阳气振奋起来，从而增强脾的运化能力。

另外，适当运动还可以调节情志，让人缓解工作的压力，使人精神愉悦。"脾在志为思"，思虑少了，脾才会舒服，脾舒服了，人也就轻松了。

午时养心之秘

午时和子时相对，子时为阴极，午时为阳极，它们是太极生命钟的阴阳两端。午时是指上午的11点至下午1点，午时一阴生，此时自然界的阳气达到鼎盛，蕴含了阳消阴长的趋势。

午时，心经当令，心气最为旺盛。按照中医学的传统观点，午时为"合阳"，此时应"少息所以养阳"。此外，"心主血脉"，"心恶热"，而此时正是太阳高照，气温即将达到一天中最高峰的时候，为了让心脏受到更好的照顾，此时小憩最为适宜。

古人特别强调子时和午时要睡觉，是因为这两个时间段是天地之气阴阳转变的乾坤挪移时刻，此时我们人类能干什么？答案是什么也做不了，老老实实地睡觉，等转变完了再说，歇一会儿总归对身体有好处。

现代医学认为，睡午觉不仅能让大脑和全身各系统得到休息，还可以有效帮助人们保持心理平衡，降低心肌梗死和心脑血管病的发病率。当然在阳气占主导地位的大环境中，午睡时间不宜过长，一般以30分钟以内为宜，不然下午会觉得更加困乏，晚上也会出现睡眠障碍。

如果不方便午睡怎么办？没关系，心主藏神，安神定志也是养心的好办法。只要找一个安静的环境，坐在椅子上，身体摆直、摆正，双脚放松平放在地上，从头到肩、脚全部放松一遍。然后用右手抓住左手的拇指放在脐下，同时头微微垂下，眼睛微微合上，静坐 5 ～ 10 分钟。

静坐期间不论是身体左右摇晃，还是想打瞌睡等，都不要去管它，时间到了，睁开双眼，这样做同样能起到养护心气的作用。

另外，为了缓解"心主血脉"的压力，中午要少摄取高糖、高盐、过于油腻的食物，特别是肥胖、"三高"人群，午饭宜清淡不宜太饱。

未时养小肠之秘

未时又名日昳，具体是指下午 1 点至 3 点这一时间段。之所以称为"日昳"，是从外在来看，此时太阳盛极而衰，从中央位置开始往西跌落。

此时是小肠经值班。小肠的功能是"泌别清浊"，就是对脾胃消化后的腐熟成分进一步消化吸收，把水液归于膀胱，糟粕送入大肠，精华输送于脾，用一个成语表述就是"取其精华，去其糟粕"。

未时人体以吸收为主，人们常说"早饭是金，午饭是银"，银虽然没有金价值贵重，但也是贵金属。因此，为了更好地发挥小肠的作用，午餐一定要在午时吃完，不然就会辜负小肠的最好时段。

而且吃好的意思不是让大家吃撑，而是吃精，营养元素一定要丰富。这里，大家要纠正一个误区，就是吃好并不是一定要吃山珍海味，而是要求食物质地暖软，不要吃生冷坚硬的食物。排骨、牛腩、鸡翅等食品营养丰富，但是如果人体对其吸收能力差，吃得再多也无济于事，因为小肠吸收不了，还是会当成糟粕排给大肠。

另外，小肠吸收的营养物质进入血液，通过经脉，输送至人体各部。如同上班路上易堵车，这个时候血液也容易出现"拥挤"。有的朋友每天下午两点多钟就会胸闷心慌，可到医院又查不出心脏有什么问题。其实就是血液浓稠，心脏推动乏力的表现。

所以，午饭过后半个小时，宜喝一杯水，一来稀释血液，二来为小肠补充水液，使其下传糟粕的时候更加顺畅。而且心与小肠相表里，心表为阳，阳出了问题，阴也会出问题，因此在午时腾出时间睡个午觉，也是对未时小肠的保护。

申时养膀胱之秘

申时是指下午 3 点到 5 点。古语说"朝而授业，夕而习复"，意思就是说，我们早晨学完东西，到太阳快要落山的时候，就应该好好地去练习来强化记忆。

申时是膀胱经当令，膀胱经从足后跟沿着后小腿、后脊柱正中间的两旁，一直向上延伸至脑部，是人体覆盖面积最大的一条经络。所以，此时气血正好运行到脑部，是继已时之后人体精神状态的第二个兴奋期，适宜记忆和工作。

膀胱在中医上还有一个名字叫"水府"，说白了就是储存尿液的地方，在肾气的作用下开合二便。这个时候，应该再给身体补充水液。这样做不仅可以帮助我们把体内的毒素加快排泄掉，还可以清洗我们的肾和膀胱，使我们不得肾结石或者膀胱炎。

另外排尿的时候，古人讲究用一个方法——"肾齿两枚如咬物"，就是在小便的时候咬住牙关。肾主骨，齿为骨之余，咬住牙关其实是一种敛气状态，防止排尿的时候泄漏肾气。

因为膀胱与肾互为表里，所以申时又是养肾的好时期。有人到午后，特别是到了申时，身体由内而外地潮热，腰部疲乏酸痛，嘴干舌红，脸颊就像是涂了胭脂，这是因为肾阴虚的症状在申时表现得更加突出。

此时，我们可以吃些滋阴的水果或者药膳粥，还可以拍打膀胱经。公园里的一些老年人会用后背撞树健身，这是民间刺激膀胱经的办法。我们可以借鉴一下，身体直立甩动双手，以虚掌交替拍打后背，以拍打约 50 次为宜。拍打完后背之后，坐在椅子上，把腿收起来，再以双手拍打大腿后侧，反复拍打 3 ~ 5 分钟。

经过锻炼疏通膀胱经，体内的气血津液也能顺畅地滋补肾脏。另外，下午工作久了，身体气血容易出现淤阻，站起来拍打身体，对气血运行也是有好处的。

酉时养肾之秘

酉时是指下午 5 点到 7 点。这个时候阳气已经衰微得和阴气相当了，处于阴阳短暂平衡的阶段，之后就要进入以阴为主的黑夜。

酉时肾经当令。肾的生理特性是"藏"，所以酉时是阳气收藏的时候，又恰值傍晚，正是工作完毕需要稍事休息之时，因此不宜过劳，也不要再扰动筋骨，以防扰动体内之阳气，打破这种平衡。

在饮食上，晚餐要少吃，因为这个时候人体的阳气已经准备同大自然一样进入休眠阶段了，阳气微弱，没有阳气的有力推动，脏腑的机能就大不如白天，为了减轻脏腑压力，所以就不要再大吃大喝了。

古人讲究"过午不食"，以前的人基本是一日两餐，晚上即便是饿了，也只是吃一点"点心"，并不算正餐。加之过咸伤肾，因此即便吃晚餐，也要以清淡的饭菜为主。

吃完晚饭之后要漱口，以利口齿。不要急忙出去活动，此时是阴阳转换阶段，最好不要轻举妄动，可以坐下来读读报纸、看看新闻，让身体阴阳安全无误地完成切换。

戌时养心包之秘

戌时是晚上 7 点至 9 点。此时是心包经当值。心包经主喜乐，故说"喜乐出焉"，在戌时，人们的心气会比较顺。

古人在戌时会干什么呢？因为没有娱乐活动，古人只能"夜话"，也就是聊天休闲。唐朝诗人李商隐在《夜雨寄北》一诗中就描述了此景：君问归期未有期，巴山夜雨涨秋池。何当共剪西窗烛，却话巴山夜雨时。

但对于现代人来讲，娱乐活动太丰富了，为了避免沉浸其中，所以最好的娱乐方式就是出去散步锻炼身体，看满天星斗当头，回家后再喝杯温开水，保持血流通畅，然后为睡觉做准备。

我们不要把白天工作中的烦劳和压力带到戌时，因为这个时候心气是舒畅的，如果生气、郁闷、烦躁，就违反了心包经当值的生物钟，这样在接下来亥时应该入睡的时候，就会睡不着。

当前，大家压力都很大，难免有抑郁寡欢的时候，此时怎么办？在心包经循行的位置有一个很重要的穴位叫膻中穴，位于双乳的正中间，也就是在胸口处。在不高兴的时候，我们按摩一下膻中穴，那么气就会顺畅了。

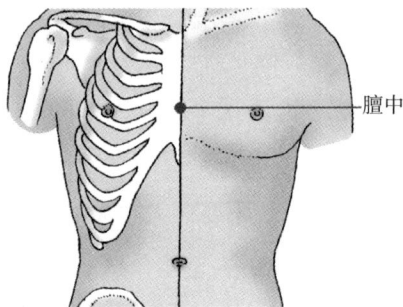

膻中

亥时养三焦之秘

亥时是晚上的9点至11点。亥时又叫人定，定就是静的意思，说明此时夜色已深，人们应该停止活动入睡了。

亥时属猪，猪的形象是吃饱了就哼哼唧唧地睡。古人以猪来比喻，就是告诫人们亥时一到，就应该老老实实地爬上床睡觉，为子时的深度睡眠做准备。

此时养生非常简单，就是收敛深思和情志，做到不生气、不狂喜、不大悲，心境平和地安然入睡。

因为亥时通三焦，三焦经掌管人体诸气，是人体血气运行的主要通道，这个时候人体的气血正经三焦通道回归百脉。此时，三焦经承担了很大的转运压力，所以此时就不宜大量饮水，如果饮水过多，三焦经无暇顾及，那么早上醒来眼睛、脸部就会出现水肿。特别是肾脏不好的人，睡前过量饮水只会给肾脏徒增负担。

关于十二时辰养生，有人专门总结了一首诗，对大家很有参考意义：

寅时天亮便起身，喝杯开水楼下行。

定时如厕轻如许，卯时晨练最宜人。

辰时看书戏幼孙，巳时入厨当灶君。

午时进餐酒少饮，未时午休要抓紧。

申时读报写诗文，酉时户外看流云。

戌时央视新闻到，闭目聆听好养神。

亥时过半快洗漱，子时梦中入画屏。

丑时小解一时醒，轻摩三丹气血盈。

脉络通畅心如水，一觉睡到金鸡鸣。

　　十二时辰是古人根据一日间太阳运行的自然规律、天色的变化以及人类日常的生产活动、生活习惯而归纳总结的灿烂文化瑰宝。它指导下的身体机能变化，与近代西方提出的人体生物钟有异曲同工之妙，但足足早了上千年。

　　《黄帝内经》有一句话叫作"天地合气，命之曰人"。我们人类就是自然界天地之气的化生物，人体的物质基础来源于自然，生活规律当然也要与自然同步。所谓"顺天者昌，逆天者亡"，跟着自然学养生，顺自然而行，寻求阴阳平衡，自然能强身健体，延年益寿！

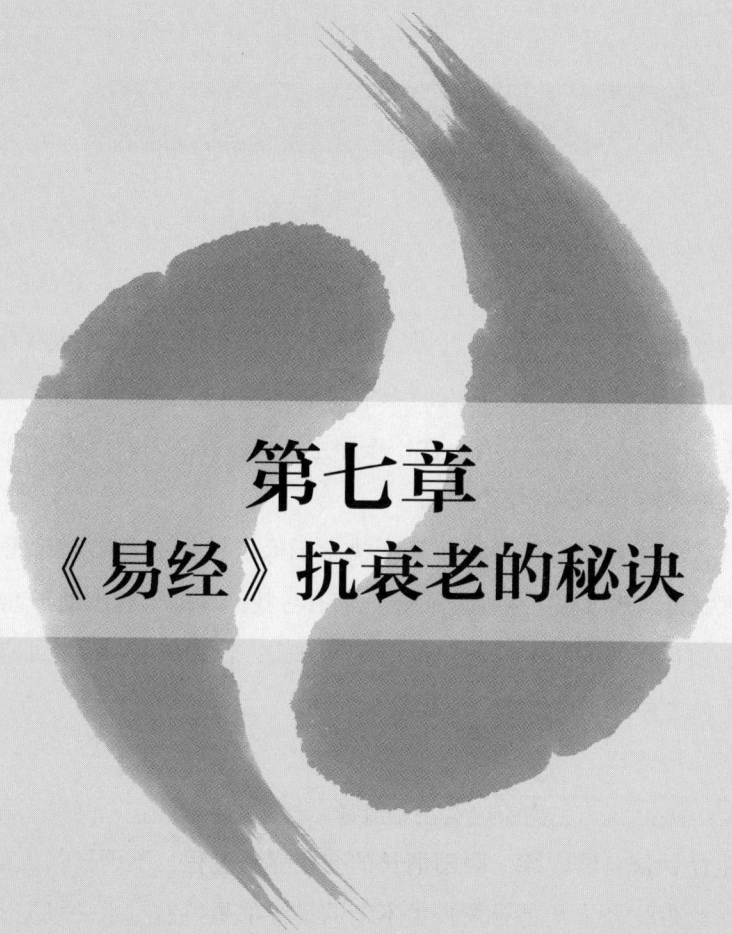

第七章
《易经》抗衰老的秘诀

第一节　人为什么会衰老

白昼黑夜可以更替，四季寒暑可以轮转，它们在阴阳消长的太极生命钟中一圈又一圈地周而复始。但是人的一生如果按照太极生命钟理论，就没有那么幸运了，因为人的生命只有一次，按照生、长、壮、老、已的生命历程，人生的这块钟表转上一圈就结束了。

在古代，为了长享富贵，很多皇帝执念于追求长生不老或者起死回生，秦始皇、汉武帝、唐太宗、嘉靖皇帝，他们有寻找仙药的，有求助于方士的，也有炼丹、服食丹药的，不管他们运用何种方式，目的只有一个，那就是妄图在人的生命之钟停止运作之后使其重新启动。

明白了太极生命钟，就知道了什么是衰老

太极生命钟是自然规律，阴阳消长的变化盛衰过程，不因任何人的意志为转移，所以古往今来凡是寻求长生不老的最终都是竹篮打水一场空，沦为历史的笑柄。

衰老是自然的必然规律，任何生命都逃脱不了衰老和死亡。人的生命过程是一个太极八卦阴阳消长的过程，呈现出太极八卦生命钟的固定程式。老子说"万物负阴而抱阳"，阳是生命的开始，阴是生命的结束，阴中有阳，阳中有阴，生与死和阴与阳一样，是一对矛盾的统一体。可以说，从人生命诞生的那一刻，衰老和死亡已经伴随而来，衰老和死亡是阴阳矛盾统一的结果。

《易经》说"阴极则阳生"，人出生后，阳气犹如星星之火逐渐燃起，所

以在太极生命钟中，人的出生对应着的是"子时"。至卯时，阳气开始加速，就像爬山一样，这个时候人已经爬到半山腰了，爬到山顶的时候，阳气已经登峰造极了，此时相当于"午时"。午时为阳极，此时为人生的壮年阶段，午时阳极则生阴，此时阴气生长加速，阳气加速衰微，人的衰老阶段也就来临了。等到回到子时，阳气渐亡，阴气盛极，则死亡将至。

人为天地阴阳和合而生，也就是说人身上的一切物质和能量都来源于宇宙，人死后按照"阴极则阳生"的理论，这些物质和能量就会尘归尘、土归土，归还于宇宙，转化为其他物质，但绝不会再生成原来的那个生命体，所以从人在世间走的这一遭来说，阳亡就意味着生命的终止。

为什么有的人寿高百岁，有的人早早离开

但是在现实社会中，每个人的寿命是不相等的，有的人能活到100多岁，而有的人则早早夭折，这是为什么？难道长寿和早夭的人的寿命钟一圈不是十二个小时？

事实确实是这样，人的一生如同一个太极钟，钟表的周长越长，指针的转速越慢，则阳极到来的时间越晚，阴长的速度越慢。现代人总喜欢以百岁来核定人的寿命，但古人却不这么计算，如《黄帝内经》称人的寿数为"天年"。天年，就是天赋的年寿，寿命具体是多少？答案是不清楚的，若是100岁的天年，则按照太极生命钟的理论，衰老时间点是50岁；如果是120岁的天年，则衰老的时间点是60岁；如果是60岁的天年，则衰老的时间点是30岁。

在中医看来，长寿和短寿的区别，就是因为衰老时间节点不一样。对于60岁甚至70岁才开始阳极而衰老的人来说，自然会长寿。

西方学者按照细胞分裂的理论推算，正常人的寿命应该是100 ~ 120岁，我国古代也以逾百岁者为"上寿"。随着医学的进步，有科学家推算未来人类的寿命很可能提高到150岁左右。

我们为什么不能活到天年

俗谚说："山中能有千年树，世上难逢百岁人。"为什么现代人的寿命平

均在 80 岁左右？就是因为现代人生活压力大，一般步入 40 岁之后，就要面临着上有老下有小的家庭结构，加之工作也很忙，生理、心理上的负荷都很重，这样就过分损耗了阳气，导致阳极提前到来，寿命自然就短了。

人的衰老不能阻止，但可以延缓。现代研究发现，绝大多数的人到老年时，脑细胞只利用了 20%，占全身血管总长度 90% 的微循环床也只是开放了 20%，基因的双链 DNA 分子几乎有一半基因还处于沉睡状态，内分泌系统、消化系统、心肌纤维等储备力也相当可观，这说明延缓衰老有着相当雄厚的物质基础。如果把人体比喻成一座矿山的话，我们还没有完全开发就草草结束了。

那么推动衰老的因素又是什么呢？几千年前的黄帝也提出了这样的疑问。在《灵枢·天年》中，黄帝问："其不能终寿而死者，何如？"

岐伯回答说：现在的人之所以中年而死，其原因是先天禀赋薄弱，后天不知调养。以前的人"法于阴阳，和于术数，食饮有节，起居有常，不妄作劳，故能形与神俱，而尽终其天年，度百岁乃去"。而现在的人是"以酒为浆，以妄为常，醉以入房，以欲竭其精，以耗散其真，不知持满，不时御神，务快其心，逆于生乐，起居无节，故半百而衰也"。

岐伯所指出加速衰老的原因，不就是我们现代人的生活写照吗？贪图一时的意气而违背养生的乐趣，差不多到了"半百"左右，身体就已经衰老了。

在湘西凤凰，有一位土家族老人，名叫田龙玉。老人已经 120 多岁了，依旧面色红润、头发半黑、皮肤柔软，没有一点老年斑，很难想象她生平经历过 13 次丧子之痛。而她的养生秘诀就是一天只吃两餐饭，每餐非常节制，只吃七分饱。早上 9 点吃早饭，傍晚 6 点吃完饭，晚上 7 点后准时就寝，无论冬夏从来没有中断。如此，她衰老的阳极时刻到来得就晚，自然也就能够长寿。

延缓衰老的秘诀是什么

由此可见，《黄帝内经》中的"法于阴阳，和于术数"，便是人体延缓衰老的秘诀所在。在延长阳盛极期之前的任何一个阶段，都有可能延缓阳极点的到来，从而减慢生命之钟行走的速度。正如名医张景岳说："然则人之气数，固有定期，而长短不齐者，有出于禀受，有因于人为。故惟智者不以人欲害其天真，以自然之道，养自然之寿，而尽终其天年，此圣智之所同也。"

第二节　五脏与衰老之秘

人体衰老是一个综合而复杂的过程，与五脏衰退、气血失和有着密切关系。《黄帝内经》在讨论人体衰老之谜时就有"其五脏皆不坚，使道不长，空外以张，喘息暴疾，又卑基墙薄，脉少血，其肉不石，数中风寒，血气虚，脉不通，真邪相攻"的论述。

中医中的五脏并不是指解剖学中的具体脏器，而是围绕心、肝、脾、肺、肾一系列的生理机能。比如，中医中的心并不单指心这个器官，还具体包括"主血脉""主藏神""开窍于舌""其华在面"等一系列由心主导的生理机能，以及和心互为表里关系的小肠，都可以归属于中医"大心"范围之内。

如果把人体比喻成一辆汽车的话，心、肝、脾、肺、肾就是汽车的各个功能系统，有的是动力系统，有的是刹车系统，有的是灯光系统，有的是悬挂系统，这些系统根据使用的频率和保养不同，老化的时间不同，比如经常走山路、烂路的车，它的悬挂系统或者刹车系统就可能先坏掉，这样即便是其他系统还能正常工作，但车辆已不能正常行驶。

所以，人体五脏系统，任何一个系统的衰老，都是身体衰老的开始。五脏的衰老不是同时开始的，而是有一定的先后顺序。《黄帝内经》认为，五脏衰老的先后次序，与五行的相生关系是一致的。

五行的相生关系是木→火→土→金→水。相生关系其实就是母子关系，木为火之母，火为土之母，土为金之母，如果母亲衰老，不能提供营养或能量，那么胎儿的衰老是必然的事情。因为肝属木，心属火，脾属土，肺属金，肾属水，所以五脏的衰老顺序依次是肝衰→心衰→脾衰→肺衰→肾衰。

根据《黄帝内经》的理论：50岁，肝气始衰，肝叶始薄，胆汁始灭，目始不明；60岁，心气始衰，苦忧悲，血气懈惰，故好卧；70岁，脾气虚，皮肤枯；80岁，肺气衰，魄离，故言善误；90岁，肾气焦，四脏经脉空虚；100岁后，五脏皆虚，神气皆去，形骸独居而终矣。

此处的具体岁数，是我们按百岁的生命钟来推算的，因为每个人的体质和禀赋不同，其脏器的衰老时间必定也各不相同，所以大家不要根据年龄去对号入座，而应关注脏器衰老的表现。

肝衰老之秘

中医认为，"肝开窍于目，其华在爪，其充在筋"。肝和则能辨五色，筋骨有力，指甲丰满、光洁、透明，呈粉色，所以从外在的生理表现来看，肝衰老的信号就是眼花、视物不明、指甲枯萎、四肢不灵等表现。俗话说"人老眼花"，这就是为什么人到中年首先会感到眼睛不舒服。

西医认为有人体"更年期"之说，特别是女性，进入更年期后身体各方面都会有不适感。中医将人体在更年期的各种表现归结于肝阴虚。肝的生理特性是"阳体而阴用"。肝阴，包括血液和全身筋与肌肉运动时所需要的润滑液。肝阴足，身体不温不燥，如玉一样润滑。肝阴虚，头晕眼花，腰膝酸软，筋张弛不利，失眠多梦，惊恐不安，烦躁、女性闭经或经血不止。所以，肝脏衰老是人体衰老的第一步。

心衰老之秘

中医认为，"心开窍于舌，其华在面，主血脉"。心主行血，而肝主藏血，若肝不藏血，则心无血可运，就像无源之水、无本之木，随之也会衰老。

人老的时候为什么会色衰？《素问·上古天真论》说："女子……五七，

阳明脉衰，面始焦，发始堕。"阳明经脉是多气多血之经脉，气血对身体发肤有滋润的作用，心无气可行，无血可润，自然肌肤就不好，最直观的表现就在面部，因为"心其华在面"，所以心的衰老征兆多见于面部。

中国人的正常面色是黄中透红，明亮润泽。如果面部皮肤松弛，出现抬头纹、眉间纹、鱼尾纹和唇纹，面色晦暗无光，则说明心之衰老已经来临。

脾衰老之秘

中医认为，"脾主运化，主升清，开窍于口，在体合肉，主四肢，其华在唇"。脾主运化，是指脾负责人体的消化系统。中医所说的脾还包括胃。

民以食为天，食物要靠脾胃消化才能化为营养物质。脾气源于心气，心气不足则升清无力。所以，一个人年纪增大之后，就会发现自己在吃饭上特别"挑剔"，过凉、过辣的食物年轻的时候吃着没有一点问题，但年纪大后吃一点脾胃就受不了，就是因为脾胃衰老了。人体的后天气血来源于对食物的摄取，脾胃衰老后消化不好，营养就跟不上，所以脾衰则口唇苍白无血色，嘴唇由厚变薄，肌肤失养而粗糙，所谓"人老珠黄"就是这个原因。

肺衰老之秘

中医认为，"肺主气，司呼吸，在体合皮，其华在毛，开窍于鼻"。随着年龄的逐渐增大，你会发现身体的抵抗力大不如以前，年轻的时候火力旺盛，大冬天穿一件单衣也没有问题，中年之后天气稍一降温，就会感冒咳嗽。原因就是肺衰老了，功能减退了。

肺主气，就是主一身之气。人衰老的时候，在肺的表现，就是气力不足，说话声音没有年轻时洪亮，容易气喘，容易感冒。而且因为肺在体合皮，其华在毛，所以皮肤会出现皱纹，毛发枯萎。

肾衰老之秘

肾为先天之本，所以当其他脏器衰老之后，肾才开始衰老。中医认为"肾在体为骨，主骨生髓，其华在发，开窍于耳及二阴，在液为唾"，而且"齿为骨之余，发为肾之华，腰为肾之府"，当肾衰老的时候，人体在腰、骨、耳、头发等各方面都会表现出入秋后的萧瑟景象。肾衰老的时候，先见于耳朵不灵敏，听力减退，性功能减弱，牙齿松动，头发变白。

人在步入老年之后会出现大小便失禁，就是因为肾气衰弱，无法正常地开阖二便。肾本来是为膀胱和大肠守门的，结果守着守着自己打起了盹儿，这样人的意识就不能正常地控制排大小便了。

从五脏的衰老过程，我们不难看出，人体的衰老其实是一个循序渐进的过程，先从肝，再是心，然后是脾，再然后是肺，最后是"生命之本"的肾。在这个过程中，如果我们从任何一个环节介入抵抗衰老，比如在肝衰老之前，保护好肝脏，推迟肝衰的到来，在心衰老之前，养护好心脏，推迟心衰老的到来，都可以在整体上延缓人的寿命。

生活中不免有这样的例子，某人被查出某个脏器存在疾病，如肺癌、肝癌等，医生告知其理论寿命只有四五年，患者在日后注意对病变脏器的养护，并没有在理论寿命内死亡，反而活得更长，就是因为他延长了脏器衰老的时间。所以，养好五脏对人"抗衰老"有非常大的帮助。

第三节　养好五脏抗衰老

《灵枢·天年》说："百岁，五脏皆虚，神气皆去，形骸独居而终矣"。人体的衰老是一个综合而复杂的过程，与五脏的功能关系密切。如果把人比作一台机器，衰老就是指机器的性能大不如以前，其中机器任何一个零件弱化，都会影响机器的整体性能，所以我们不可偏废任何一脏，养好每一脏，对于我们抗衰老都有着重要的意义。

养肝抗衰老的秘法

科学研究显示，男 25 岁，女 20 岁之后，肝脏循环血流量平均每年下降 0.3% ~ 1.5%，60 岁时肝内血流量比 20 岁时减少 40% ~ 50%，人在 60 岁后肝细胞数量随年龄增长而锐减，肝脏趋向硬变，重量明显下降。所以，肝的衰老最先到来，抗衰老的第一步就是保养好肝脏。

"血起于心而藏于肝"，肝主藏血，具有储藏和调节全身血量的作用。肝就是人体的血库，哪里缺血，就调配至哪里，以供人体活动所需。同时，血属阴，对肝脏还具有濡养和滋润的作用。

那么如何滋养肝血呢？《黄帝内经》所述"五劳所伤"中有一伤：久视伤血，这里的"血"，指的就是肝血。

肝开窍于目，用眼过度就会肝血亏虚，眼睛出现干涩、视物模糊等症状。所以，在少年时期我们就要保护好自己的眼睛，避免长时间地看手机、电视，使眼睛过度疲劳。

中医讲究"药食同源"，动物乃有情之品，平日里有针对性地吃一些猪肝、鸡肝等，可以滋补肝血。当然，如果患有脂肪肝、胆固醇高的朋友就不宜食用动物肝脏，可以服用枸杞子、当归、黑芝麻、桑椹、熟地黄等。

中医认为"人卧则血归于肝"，当人处于安静或睡眠状态时，机体所需血量会随之减少，部分血液回流入肝，并贮藏起来；而当人体在工作或剧烈活动时，机体所需血量增加，血液则由肝脏输送到经脉，以供全身各组织器官所需。所以，适当休息有助于肝血"休养生息"。

另外，在《易经》理论中，十二时辰中的丑时对应肝脏，此时肝经旺盛，开始召集全身的血液回流进入"血库"，以备白天使用。因此，在凌晨 1 点到 3 点，我们一定要保证身体处于深度睡眠状态，以便血液归肝。成年人正常的睡眠时间应为 8 小时，要想养肝就必须保证有充足的睡眠。

肝脏是血液的居所，我们在风尘仆仆地回到家里的时候，都会先洗洗手，换换衣服，目的就是不把外边的脏东西带进家里。穿耳洞，刺青，和他人共享牙刷、刮胡刀等都有使血液受到污染的可能，因此应该注意避免。

肝脏还有一项重要的功能就是排毒，像我们平常喝的酒、吃的药，其有害物质都必须经过肝脏解毒。过量饮酒和滥用药物都会影响肝脏的代谢功能。在生活中，我们要少饮酒，并尽量做到不乱吃药。

养心抗衰老的秘法

《黄帝内经》有一句话叫"主明则下安，以此养生则寿"。这里的"主"，就是指心脏。心主全身血脉，他对人体来说就如同一台"水泵"，而且这台水泵不是抽水的，而是抽血的，把血液通过脉管从身体各处抽回来，再输送出去。血液越是浓稠，心脏的工作压力就越大，性能减弱得也越快，所以，你看那些肥胖的人、三高人群，其共同的病理表现都是心脏不好，心脏的衰老在加速。

所以，养好心脏首先要控制体重、合理饮食。科学研究显示，人的体重增加 10%，患冠心病的危险就会增加 38%。因为人在肥胖之后，各器官所需要的血液就越多，但心脏并没有相应地强壮起来，在这种状态下，身体就如同小马拉大车，马早晚要被累垮的。

另外，烟草中的烟碱可使心跳加快、血压升高、心脏耗氧量增加，酒中的乙醇能降低心肌的收缩能力。所以，对于养护心脏来说，戒烟和戒酒是必不可少的。

因为心有主血脉的功能，如同整个身体的循环动力系统。想要保持动力不竭，就要增添动力，而心阳如同汽油，所以要维持心脏动力就必须保持心阳充足。

中医讲究"动则生阳"，《易经》又以"乾卦"为首、为君。生命在于运动，有氧运动的目的在于增强心肺功能，提高心肺的耐力。人在做有氧运动时，血液可以供给心肌足够的氧气，氧气能充分酵解体内的糖分，增强心肺功能，还可预防骨质疏松，调节心理和精神状态。像快步走、太极拳等运动对心血管系统大有益处。特别是传统中医推崇的能提高大小腿肌肉群功能的运动，如太极拳，使人体如同增加了许多"小水泵"，帮助心脏工作，减轻了心脏的负担。

除了心脏的动力充沛，血液流通顺畅也可以为心脏减负，比如冠心病是由动脉粥样硬化引起的，就是血液像粥一样黏稠，以致心脏泵血无力。所以，我们在饮食上要以低盐、低脂肪的清淡食物为主，努力把血压降下来，使浓稠的血液得到稀释。

中医认为"心藏神"，意思是心脏掌控人的情绪。同时，心脏也容易被情绪所伤，那些经历大喜大悲的人往往较短命，就是因为情绪波动太大。所以，善于静心调息的人才能长命百岁。

养脾抗衰老的秘法

中医认为，脾为后天之本，气血生化之源，肌肉充实、骨骼健康都依赖于脾的消化功能。所以，脾的衰老会对整个机体产生重大影响，会使人觉得身体在精、气、神各方面都大不如以前。

《素问·藏气法时论》指出："五谷为养，五果为助，五畜为益，五菜为充。"人的饮食以重要性来排列，依次是谷物、水果、肉类、蔬菜，其中五谷是立身之本，所以我们的饮食要以五谷杂粮为主，而不能让肉类、水果代替五谷的主食地位。

中医认为五谷杂粮，如粳米、粟米、高粱、糯米，多味甘、性平，有健脾和胃的作用。这些食物能壮气力、强肌肉，既易于消化，不伤脾胃，还能提供营养，保证人体正常的能量供给。现代社会，人的食物都以精致为佳，使鸡鸭鱼肉等本是锦上添花的食物取代了五谷的主食地位，虽然营养更为丰富，但是却透支了脾胃的精力，加速了脾胃的衰老。

人体的足太阴脾经有一个穴位叫商丘穴，位于内踝前下方凹陷中，当舟骨结节与内踝尖连线的中点处。它是一个主治消化系统疾病的穴位，如腹胀、肠鸣、腹泻、便秘、消化不良、急慢性胃炎、肠炎等，都可以按摩此穴得到缓解。饭后用手指按揉该穴位，保持酸重感即可，每次持续3分钟左右，两脚交替按揉，有助于饭后消化。

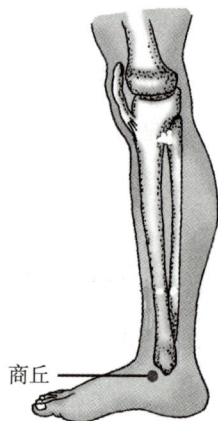

商丘

商丘

俗话说"饭后百步走，活到九十九"。三餐之后，散步半个小时，也可帮助脾胃消化，加快体内毒素排出。孙思邈是唐代著名医家兼养生家，以自身实践活到 100 多岁。他在《千金翼方》中指出："平日点心饭后，出门庭行五六十步，中食后，行一二百步，缓缓行，勿令气急。"孙思邈在《摄养枕中方》中还介绍说："食止行数百步，大益人。"由此可见，饭后缓行散步，是古代养生家对实践经验的总结。

清代名臣张廷玉，小的时候体质很差，时常生病遭灾，平时言谈举止无力，步行 500 米就感到疲惫不堪。其父张英，官至文华殿大学士、礼部尚书，常为儿子的性命担忧，以为他活不到成年就会夭折。张廷玉十分注重后天养生以弥补先天不足，动以养形，节欲养肾，注意饮食养生。他家虽说山珍海味应有尽有，参茸补品一点不缺，但他都不屑一顾，重视养护脾胃，保全后天之本，结果享年 84 岁。一个在外人看来生命之钟随时会终止的人，竟然靠养脾而活到了正常人也很难达到的年纪，由此可见，保持脾气强健对我们抵御衰老意义重大。

养肺抗衰老的秘法

在中医中，肺有"娇脏"之称，娇，就是娇弱的意思。其实，肺的娇弱并不是因为它的自我保护能力差，而是因为肺脏是正邪交战的"修罗场"，是抵挡外邪入侵的第一道防御体系。

肺主气，司呼吸。肺脏是外界自然清气和体内浊气交换的场所。在吸入空气的时候，外界病邪也易趁机潜入肺脏，这个时候肺就会奋起反抗，成为抵挡外邪入侵的第一战场，所以就特别容易生病，给人以娇弱的印象，其实它是在替人体的其他脏腑抵挡灾祸。肺就像是紫禁城的守门人，担负着护卫大内安全的重要职责，年轻的时候还能恪尽职守，而衰老的时候就会抵御无力，给外邪以可乘之机。

中医认为"正气存内，邪不可干"。人的一身正气，绝大部分是肺气，所以肺的衰老直接影响人的健康水平。当我们感觉身体的抵抗力大不如以前，比年轻的时候怕冷、怕寒，容易感冒的时候，就说明肺开始衰老了。

肺喜润而恶燥，养肺就要时刻让肺保持湿润的状态。肌肤需要补水，肺也需要补水，正常人每天所需水分大约为 1.5 升，一个 200 毫升的杯子，需要喝 8 杯。那么这 8 杯水如何喝呢？

一般来讲，这 8 杯水要分早、中、晚三个时间段饮用为好。早上睡醒之后，立即喝一杯温开水，早饭后再喝半杯蜂蜜水。午餐前和午餐后补水也极为重要，饭前可以喝一杯纯净水，饭后喝一杯果汁。晚餐之后补一杯水，睡前喝一杯脱脂牛奶。这样，既补充了水分，也滋润了肺脏。

秋季天气干燥，会使人体丢失大量水分，此时每日要比其他季节多喝水500 毫升以上，才能保持肺脏与呼吸道的正常湿润度。

除了通过喝水直接补水，有一个小技巧也可以为肺提供湿润的环境，那就是将热水倒入杯中，鼻子对准杯口吸入蒸腾的水汽，每次 10 分钟，每日 2～3 次。此外莲子、芡实、蜂蜜、百合、苹果、雪梨、山药等食材具有滋阴润肺的作用，不妨常食以润肺脏。

肺开窍于鼻，鼻翼的两侧有个穴位叫迎香穴。每天早晨，在空气清新的时候将两手拇指外侧相互摩擦，待有热感后，用拇指外侧沿鼻梁、鼻翼两侧上下按摩 60 次，然后按摩鼻翼两侧的迎香穴 20 次，每天早晚各做几组。这种方法可以舒畅胸中之气，有健肺养肺之功效。

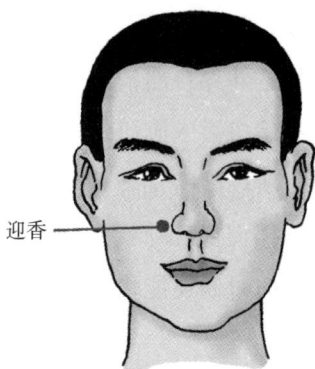

迎香

迎香

养肾抗衰老的秘法

中医认为，肾有促进人体的生长、发育和生殖的功能，因此，人体衰老的快慢与肾气的盛衰有密切关系。《黄帝内经》说"肾为先天之本"，肾就像是一棵大树的树根，虽然埋于土下默默无闻，但是树木能够长成参天大树全靠树根在地下提供营养。一根树枝的枯萎并不能代表整棵树木的枯萎，但若树根枯萎了，那树木就真的不能枯木逢春了。所以，肾脏的衰老才是真的衰老，养好肾才能真正地抗衰老。

提起补肾，不少人想到的是吃一些大补的食材，如腰子、牛鞭之类的。这并不可取，以动物的肾脏来补肾，只适用于病理状态下的肾虚，如果在无肾虚的情况下补壮阳之物，反而会打破肾阴与肾阳之间的平衡。

而且这些食材的脂肪和胆固醇含量很高，不但无益于补肾，反而会加重脾胃的负担。所以，肾的抗衰老重在养，而非补，即便是补也是温补，即食用一些温而不燥的植物性食材，如栗子、枸杞子、腰果、木耳、芝麻、核桃等。

"腰为肾之府"，将手掌搓至手心发热，双手上下按摩腰部，直至产生热感为止。每天坚持早晚各按摩一次，每次200下，也可以达到养肾的效果。

另外，古代有吞津养肾之说。"肾在液为唾"，人的唾液中，清稀的为涎，由脾所主；稠厚的为唾，由肾所主。你可以做一个实验，口里一有唾液就把它吐出来，不到一天时间，你就会感到腰部酸软、肢体疲乏无力。如果我们经常吞咽唾液，如同牛反刍一样，就可以反哺肾脏，起到滋养肾精的作用。

俗话说"日咽唾液三百口，一生活到九十九"。根据现代化学分析，唾液不仅含有水分，还含有酶、维生素、蛋白质、氨基酸和矿物质等，具有软化血管、杀灭细菌、助消化和健齿固肾等作用。我国历史上最长寿的皇帝——乾隆皇帝，他的长寿秘诀就是"常吞津"。

人的足底部有涌泉穴，此穴为足少阴肾经的常用腧穴之一，蜷足时足前部凹陷处即为此穴。涌泉之意，就是在此处肾气犹如泉水一样往外冒。找到了涌泉穴，就如同找到了肾脏的"七寸"，稍微下点功夫就可以收到养肾抗衰老的效果。

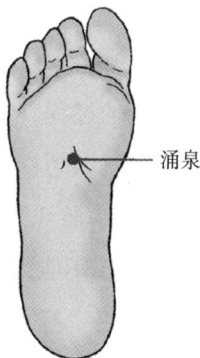

涌泉

下面教大家一个方法，经济实用，效果比吃人参、灵芝还要好，那就是每天晚上坚持用热水泡脚，泡过之后，盘腿而坐，先将两手掌搓热，然后用左手来搓右脚脚心，用右手搓左脚脚心，每日早晚各做一次，每次擦搓约300下，可以起到益精补肾、疏肝明目、助益睡眠、强身健体及防衰抗老的作用。

《易经》认为，木、火、土、金、水是组成世界的五种元素，而五脏分属五行，人的身体其实就是一个小型的宇宙，而五脏就是构成人体的五种元素，只要这些元素的功能正常，人体就不会衰老。

第四节　养好阳气抗衰老

为何人死如灯灭

按照太极生命钟理论，人体衰老的过程其实就是阳消阴长的过程。俗话说"人死如灯灭"，阳气对于人体来说，就如同氧气之于蜡烛，是支持人生存和生长的原动力。《易经》记载"精气为物，游魂为变"，即强调气是构成万物的物质基础，北宋思想家张载亦强调："太虚不能无气，气不能不聚而为万物。"

繁体字的"氣"上面是一个"气"字，下面是一个"米"字，即言气寓米之意。食物化生之气如同燃料，是生命的原动力，而阳气实际上就是生命之火的火种。只要火种不灭，生命就得以延续，所以养好阳气就可以延缓衰老、延长寿命。

古人十分重视养阳气以延年益寿，《素问·生气通天论》指出："阳气者，若天与日，失其所则折寿而不彰。"意思就是说，人体的阳气就像天上的太阳，若是天上没有了太阳，世界就没有了生命。长寿的人往往是阳气足的，相反，若阳失其所，则折寿短命。

如何养身体的阳气

既然《黄帝内经》说"阳气者，若天与日"，那阳气就和自然界的太阳一样也有升降出入的规律，白天阳气生发，晚上阳气潜藏。每天早上当我们醒来睁开眼睛时，体内阳气开始生发。到了中午，阳气生发至极限，然后渐渐衰退。傍晚时阳气入阴，到了夜晚则潜藏起来。阳气入阴，人就准备睡觉了。

人的生物钟实际上就是根据阳气的运行规律来运转的。

古人说"法于阴阳，和于术数"，而就一天来说，昼夜的交替就是阴阳之道，我们要想养护自己的阳气就要遵循阴阳变化的规律。

网络上流行一句话叫"感觉身体被掏空"，经常熬夜加班的人对这种身体状态的体会特别深刻，如果每天总是忙到凌晨两三点才睡觉，相信没过几天，身体就会感到疲倦困乏，而被掏空的就是身体的阳气。如果作息时间与阳气升降出入规律相违背，体内阳气就消耗得快，而阳气不足，人就没精神。黑眼圈、白头发、鱼尾纹等一系列衰老特征就出现得特别快。

所以，养护身体的阳气，首先就是要形成有规律的生活方式，仿照太阳的运行规律日出而作，日落而息，防止自损阳气，自毁长城。

《素问·生气通天论》说："苍天之气，清静则志意治，顺之则阳气固，虽有贼邪，弗能害也，此因时之序。"由此可见，顺应天时秩序而养阳是古人最为推崇的办法。

其次，要善于借助外力来养阳气。因为人体阳气每过一天就会耗损一点，要想不让阳气耗费得那么快，除了节流还要开源，毕竟有赚有花才是长久之道。中医将借助外力养阳的方法称为"扶阳"，也就是扶助阳气。

宋代著名医学家窦材把自己喻为扁鹊再生，写了一部医书《扁鹊心书》，指出"阳精若壮千年寿，阴气如强必毙伤"，说的就是要保命长寿，扶阳是不二法门。

艾灸补阳之秘

燧人氏在燧明国发明了钻木取火，开启了华夏文明的起源。火在《易经》中有特殊的意义，火性炎上，有通阳之功。古代医家就以火为媒介，通过燃烧艾炷、艾条熏烤人体穴位的办法，连通人体和外界的阳气。

而且，制作艾炷和艾条的艾叶本身也具有温阳散寒、暖宫、除湿、通经活血的功效。在长久的历史发展中，艾叶融入了中华传统文化，直到今天民间依旧有"端午插艾"的习俗。

那么应该用艾条熏灸哪个位置呢？人体的穴位多若繁星，总不能一个个都熏灸一遍吧？

当然不用这样，俗话说"擒贼先擒王，打蛇打七寸"，只要我们抓住要点，就可以做到事半功倍。人体有三个穴位，是温阳扶阳的通道，一是关元穴，二是足三里，三是涌泉穴。

1. 关元穴关乎一身元气

关元穴在下腹部，身体的正中线上，脐下三寸处。我们采用仰卧的姿势，将手四指并拢，置于脐下横量，在手小指的下缘处即是该穴。

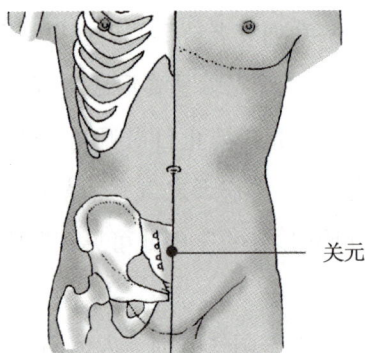

关元

关元

《素问·气穴论》说"上纪者，胃脘也，下纪者，关元也"，元，即人体的元气、阳气。中医认为，关元穴具有培元固本、补益下焦、壮一身之元气的作用。其他穴位只能补补树干、树枝，而关元穴则可以通达"树根"，直补肾阳。

很多人对艾灸有恐惧心理，觉得容易被烫伤，其实大可不必，就像冬天我们靠着煤炉取暖一样，只要你的手不直接触碰煤炉就不会被烫伤。

而且操作也非常简单，药店都出售艾条，去买几条，将艾条的一端点燃后，对准关元穴熏灸。注意，艾条与皮肤保持 2 ~ 3 厘米，使局部皮肤有温热感但又不灼痛为宜，每次灸 15 ~ 30 分钟，至局部皮肤产生红晕后停止。

2. 足三里是人体的长寿穴

此穴多气多血，主人的后天之气。足三里是抗衰老的有效穴位，经常按摩该穴，对于抗衰老、延年益寿大有裨益，民间有"艾灸足三里，胜吃老母鸡"之说。《针灸真髓》曰："三里养先后天之气，灸三里可使元气不衰，故称长寿之灸。"

足三里位于外膝眼下四横指、胫骨边缘。取穴时，由外膝眼向下量四横指，在腓骨与胫骨之间，由胫骨旁量一横指处即是此穴。艾灸足三里的方式和艾灸关元穴的方式一样。

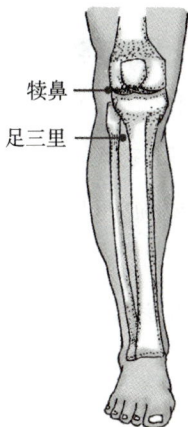

犊鼻

足三里

足三里

3. 涌泉穴是补肾要穴

涌泉穴是人体足底穴位，位于足前部凹陷处，第二、三趾趾缝纹头端与足跟连线的前三分之一处，为全身穴位的最下部，乃肾经之首穴。肾主藏精，主命门之火，为肾阳的封藏之所。我们曾多次提出要按摩涌泉穴，目的就是为了振奋扶助人体的阳气。

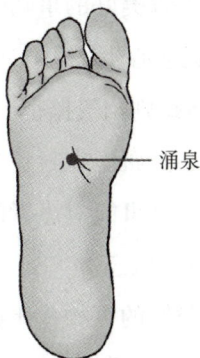

涌泉

涌泉

中医认为"阳气若足千年寿，灸法升阳第一方"，用灸法预防疾病、延年益寿，在我国已有数千年的历史。《庄子》曾提到圣人孔子"无病而自灸"，说明当时艾灸作为一种养生保健的手段，已经广泛存在。

多行善事，以养阳气

除了顺天道、借外力以养阳气，行善也可以养护人的阳气。有句话叫"阳光普照，阴霾自散"，自然界中阳气就是正气。《易经》的核心思想就是"天人合一"，所以我们为人做事就要顺应自然界的正气，多做善事，这样天人感应，就能生阳。

作为《易经》文化的继承和发扬者，东晋葛洪在道教名著《抱朴子·太上感应篇》中对"善"作出三个定义：一是语善，二是视善，三是行善。

1. 语善

语善就是非礼不言，劝人做好事，多说鼓励人、激励人、柔和的话，不要和人斗嘴，发怒只会令自己生气，而生气就是生病的开始。好的言语是阳性的，不好的言语是阴性的，如果一个人在充满阳性的语言环境中生活，那么他身体的阳气也会持续生发。古人讲"良言一句三冬暖"，讲的就是语善生阳的道理。

2. 视善

视善，就是要让眼睛经常去看美好的事物。人们看到真善美的事物就会心生欢喜，看到假恶丑的事物就会心生厌恶。古人说"喜则阳气生"，人在高兴的时候身体气血是活跃的，活跃则阳气振奋。

美好的事物有利于人的身心健康。在封建社会，对于久病不愈或长年身体不好的人，有意地为其操办些喜事能对患者的病情有一定的好处，就是借助改变外部环境来调整患者的身心状态。

所以，平日里我们要多看美好的事物，比如风景秀丽的名山大川、赏心悦目的字画、有益身心的书籍，都有助于人的阳气生发。

3. 行善

行善就是多做好事，日常生活中帮助他人的行为其实都是行善，别人对你行善，你会觉得心里暖洋洋的，这就是阳气在起作用；你对别人行善，别人的阳气也会得到生发。双方同气相求，都会觉得这个世界是美好的。

古人说："语善、视善、行善，一日有三善，三年天必降之福；凶人，语恶、视恶、行恶，一日有三恶，三年天必降之祸，胡不勉而行之！"

高明的人乐心向善，原本不是为了求福，而是为了养阳。尽其在己，顺受于天，则自然界的正气和身体内的正气互通有无，行善者长命百岁，子孙满堂，家道兴隆，这是不是最大的福气呢？

总之，人的身体就如同一家银行，阳气就是我们存在里边的存款。我们今天花一点，明天花一点，存款很快就会被花光。要想花得不那么快，就要善于理财，而上文提到的各种养阳方法，有助于帮我们"理财"，一方面"开源"补充阳气，另一方面"节流"延缓阳气损害，这样我们存在银行的钱就能花上很长时间。

《易经》六十四卦之中有一个泰卦，"泰，小往大来，吉亨。"古人发现冬至那天白昼最短，往后白昼渐长，故认为冬至是"一阳生"，腊月是"二阳生"，正月则是"三阳开泰"。阳气始生，冬去春来，万物复苏，所以"三阳开泰"是传统文化的吉祥话，相信我们养好自己的阳气，也可以吉祥亨通、好运相随。

第五节　调和七情抗衰老的秘诀

语言学家周有光被称为"世纪老人"，因为他于 1906 年 1 月 13 日出生，到 2017 年 1 月 14 日去世，活了 112 岁。

在周有光生活的一百多年里，他经历了清末、军阀混战、抗战等动荡的年代，依然能健康长寿，实属难得。有人向他请教长寿的秘诀，他总结说：心宽寿长，遇到什么事情都不生气。

情绪是人心理的外在表现，大家不知道的是，情绪也是加速衰老的重要因素之一。

从古至今，历史和文学作品中有不少人因不能控制自己的"情绪"而死，如《三国演义》中周瑜是气死的，《红楼梦》中林黛玉因悲伤而死，张国荣则因抑郁而自杀。《黄帝内经》有个词语特别好，就是"精神内守"，人的精神情志活动正常，正气就能保持正常，自然也就能少受甚至不受内外邪气的侵扰，长久地维持健康状态，寿命就能得以维护。如果精神外泄，人体的气血就会失去节制，白白丢失。

形容一个人的整体状态，我们会用到一个词，就是"精神"。中医认为，神衰标志人体的衰老已不可避免。人体是一个形神统一体，因此衰老是一个由形衰到神衰的过程，形衰先兆虽然较先出现，但在形衰先兆出现之前，神衰实际上已经潜在地发展着。因此，我们抗衰老除了要延缓"形衰"的进程，还要警惕看不见的"神衰"。

神是对人的精神状态的总称，具体来讲，一神化七魄，所谓七魄就是七种情志：喜、怒、忧、思、悲、恐、惊。《灵枢·本神》指出："心怵惕思虑则伤神，神伤则恐惧自失，破䐃脱肉，毛悴色夭"。七情偏激自然会影响到神，神伤则形衰，神失则恐危殆。

为何百病生于气

中医的病机理论有"七情内伤"之说，认为人情绪的波动会直接影响脏腑气机的正常运转。《素问》说："百病生于气也，怒则气上，喜则气缓，悲则气消，恐则气下，惊则气乱，思则气结。"

怒则气上：人生气的时候会头胀头痛，面红目赤，是因为气机上逆，有时甚至会气得吐血，则是因为血随气逆。《素问·调经论》说："血之与气并走于上，则为大厥，厥则暴死，气复反（返）则生，不反则死。"人生气时，身体如同汽车猛踩油门，这无疑加速了太极生命钟的运转。

喜则气缓：过度的高兴容易导致心气涣散不收，《淮南子·精神训》称"大喜坠阳"。精神病患者，凡是神志不能集中的，都是嘻嘻哈哈的，近乎癫狂的状态。

悲则气消：悲伤的人意志消沉、精神不振、乏力懒言、气短胸闷，这是气消不振的结果。《素问·举痛论》指出："悲则心系急，肺布叶举，而上焦不通，荣卫不散，热气在中，故气消矣。"人过度悲伤则气息郁结于肺，从而影响肺的宣发与肃降。

恐则气下：人在害怕的时候，气是往下走的，有的人在极度恐怖下忍不住尿裤子，就是这个原因。

惊则气乱：人在受到惊吓的时候心脏会突然悸动不安，行为则表现出慌乱失措，就是因为猝然受惊以致心神扰乱、气机逆乱。所以，《黄帝内经》指出："惊则心无所倚，神无所归，虑无所定，故气乱矣。"

思（忧）则气结：人若过度思虑，体内的气机也会如同"斩不断、理还乱"的愁丝，郁结在一起疏导不开。思虑过度之人不思饮食，就是因为气机结滞、脾失运化。

情志内伤可导致脏腑气机失调，而气机失调又会妨碍机体的气化过程，引起精气血津液的代谢失常，从而继发多种病证，直接损伤五脏，加速衰老。所以，中医认为"调神摄生，首贵静养"。

养神之道贵在一个"静"字，老子说"上善若水"，人要像水一样无欲不争，使自己的精神状态保持淡泊宁静的境界，使自己的精神情志做到摒除杂念，内无所蓄，外无所逐。在精神紧张、情绪激动、身心疲劳的情况下，我们不妨闭目养神片刻，往往能使人心平气和，思绪冷静，精神内守，坦然舒畅。

以情制情之秘

情志分属五行，根据五行生克的原理，我们可以采取以情制情的方式，调摄自己的情志。张子和在《儒门事亲》中说："悲可以治怒，以怆恻苦楚之言感之；喜可以治悲，以谑浪亵狎之言娱之；恐可以治喜，以恐惧死亡之言怖之；怒可以治思，以污辱欺罔之言触之；思可以治恐，以虑彼志此之言夺之。凡此五者，必诡诈谲怪，无所不至，然后可以动人耳目，易人听视。"

比如喜伤心者，以恐胜之；思伤脾者，以怒胜之；悲伤肺者，以喜胜之；恐伤肾者，以思胜之；怒伤肝者，以悲胜之等。《儒门事亲》中就有一则以喜制怒的病案。项关县令的妻子得了一种发脾气的病，不思饮食，经常大呼小叫地骂人，脏话不断，还要杀左右侍从。后来一位姓戴的医生找了两名侍女，让她们脸涂了红粉逗患者大笑；次日又让她们装角斗，患者又大笑；再让两个饭量大的妇女在患者旁边吃边夸食物味道鲜美，引得患者索要食物品尝。没过几天，患者的怒气大减，食欲增加，病全好了。

在古代，文人被贬后为了抒发悲愤不舒的情绪，往往寄情于山水诗画，所以留下了许多流传千古的文学作品，这就是移情调神法。中医认为，当思虑过度心情不快时，应外出旅游或锻炼，利用山清水秀的环境调节消极情绪，使人陶醉在蓝天白云、鸟语花香的大自然里，以舒畅情怀，忘却烦恼。西汉司马迁因罪下狱，惨遭腐刑，他并没有沉浸在悲愤之中，而是化悲愤为力量，全力投入《史记》的撰写之中，以舒志解愁，把身心创伤等不良刺激转变为奋发向上的行动。

所以，我们在情志不舒的时候，可以做其他感兴趣的事情，转移注意力。

古人说"五十而知天命"，人步入中年就会进入一种"明天理、顺天意"的境界。我们要及时调整自己的事业目标，学会给生活做减法，要服老，遇事不要逞强，当心有余而力不足时，要认识到并非己所无能，也非生性懒惰，而是"形气已衰"，虽有壮心而难遂。

人生不如意者十之八九，人的一生中，处于逆境的时间一般多于顺境的时间，我们要善于调整心理状态，不以物喜，不以己悲，让内心保持平衡状态，维持心理健康，这样才能健康长寿。

南宋诗人陆游给后人做出了榜样。陆游一生坎坷，历经磨难，面对山河破碎的南宋王朝心中难免会产生愤懑不平之情。但是他善于自我调适，不让不良情绪无限制地蔓延。他经常以诗来抒发胸臆，认为"人生由来不满百，安得朝夕事隐忧""本来只道千钧重，看破原无一羽轻。日月光明天广大，不妨啸傲过平生"。

因此，虽然陆游一生清贫，甚至有一段时间处于逆境，但是他却很悠闲、自在，就是得益于这样一种平和的精神状态，使他在动乱纷争的年代活到了85岁的高龄。

养德性为重，养口腹为轻；精神养生为重，物质养生为轻。精神内守，则人能"神安魂清，意安魄宁，精不走失"，有了这样健康的身心，又怎么会有疾病呢？

第六节　保养津液与抗衰老的关系

生命为什么离不开水

《易经》中有"天一生水"的说法。《易经》记载："天一、地二、天三、地四、天五、地六、天七、地八、天九、地十"。"一"为万数之首，且为水数，故水为万物之始、生命之母，万物皆源于水。

鱼儿离不开水，人更离不开水。研究证明，人可以17天不进食，但48小时不进水就会导致死亡。贾宝玉说"女人是水做的"，其实不论女人还是男人都是水做的，科学研究证明人体60%～80%的重量为水，水赋予了人第二个生命。

有学者注意到，人的体液失去平衡，会使血流变慢，细胞代谢滞缓，体内垃圾增多，加速人的衰老。

世界上有许多长寿老人辈出的地方，都得益于当地较好的水源。我国的五大长寿村大都位于南方，气候适宜，环境优越，山清水秀，既没有极端的恶劣天气，也没有极端的恶劣环境。尤其是居民日常的生活用水都是来自于周边无污染的山脉中流出的山泉水，泉水不仅洁净，呈弱碱性，而且富含多种矿物质。由此可见，水对长寿的重要性。

水，在中医中属于"津液"的范畴。中医中的津液，是机体一切正常水液的总称，包括各脏腑形体官窍的内在液体及其正常的分泌物，如胃液、肠液、唾液、关节液，以及机体在代谢过程中产生的尿液、汗液、泪液等。

中医认为，津液不只是水，还含有大量的营养物质。其中，津是人体水液中的清稀部分，有濡润皮肤腠理的作用；液是人体水液中的黏稠部分，有滑利关节、濡润孔窍、补益脑髓、滋养脏腑的作用。若人体津液不足，就会出现肠燥便秘、咽干口燥、口渴唇燥、舌干等，以及皮肤粗糙、面容憔悴、头眩耳鸣等症状。

如果把身体的阳气比作发动机的"燃油"，那么津液就是发动机的"润滑油"，两者相互配合，才能令人体这台发动机迸发澎湃动力。

所以，古人在养阳的同时非常注意滋养津液。清代医家吴鞠通指出："存得一份津液，便留得一份生机。"这句话高度强调了津液对人体的重要作用。

人体的津液主要来源于日常饮食中的水谷，所以通过食疗的办法来给身体补充津液是再好不过了。哪些"药食同源"的中药材具有养阴生津的效果呢？现在就看一看吧。

"药食同源"生津之法

1. 麦冬

麦冬常生于海拔 2000 米以下的山坡草丛阴湿处，具有趋阴的倾向性，喜欢温暖湿润的气候环境，生长过程中则需要大量雨水滋养，才能茁壮成长。

中医认为，麦冬味甘、微苦、性微寒，归肺、胃、心经，有滋阴润肺、益胃生津、清心除烦的功效。《神农本草经》将麦冬列为养阴润肺的上品，言其"久服轻身，不老不饥"。

我国北方气候干燥，特别是一到秋天，人喉咙干燥，甚至会咳血，这是肺脏缺乏津液润滑的缘故。所以，北方人对麦冬的使用很广泛，泡茶、煮粥都可以。清代温病学派代表人物、推崇"养津液"的代表医家吴鞠通在《温病条辨》里就以"麦冬"主药，配伍出一个专门养阴生津的方剂——五汁饮。

该方就是用梨汁 30 毫升，马蹄汁、鲜藕汁、麦冬汁各 20 毫升，鲜芦根汁 25 毫升。兑在一起用大火煮沸后放凉，加入蜂蜜搅匀后当茶饮用。

除此之外，麦冬入粥也是不错的办法，煮粥的时候，加入 2～3 克麦冬，3～5 粒枸杞子，最后加入适量冰糖，经常食用也有生津疗效。

2. 天门冬

天门冬在《神农本草经》中也被列为滋阴上品，和麦冬一样，也具有养阴润燥、清肺生津的作用。因为天门冬的甘润苦寒性较强，所以有"抗燥之王"之称。津液亏虚引起的肺燥干咳、顿咳痰黏、咽干口渴、肠燥便秘等症状，都可以用天门冬进行治疗。

天门冬既可以单味入药，也可以与食材相结合，只要善于烹饪，就可以制作成美味的佳肴，在日常饮食中把津液给补足了。

【天门冬】

取天门冬 15 克，粳米 100 克，冰糖适量。将天门冬煎水取汁，然后加入粳米煮成粥，待粥快熟时加入冰糖，煮至粥熟即可食用。

在熬排骨汤、羊肉汤的时候，为了中和肉汤的温热之性，也可以加入 15 克左右的天门冬，这样汤熬出来不温不燥，喝了也不会上火。

此外，天门冬和麦冬如同一对孪生兄弟，两者搭配使用可以增强养阴生津的效果。比较有名的方剂是"二冬膏"。

【二冬膏】

取等比例的天门冬、麦冬，放入砂锅中，加水浸泡 1 小时，开火煎煮，每 20 分钟取煎液一次，然后加温水再煎，共取煎液 3 次。最后合并煎液，以小火加热至黏稠如膏状时停火。放凉后加入适量蜂蜜搅拌均匀，装瓶密封，置于冰箱冷藏室内保存。每日早晚各取 1 汤匙，以沸水冲化饮服。

中医认为"秋冬养阴"，二冬膏特别适宜秋冬季节服用，能解渴、润燥、保持肌肤滋润。

药店都有天门冬出售，我们非常容易获得。那些外形如长纺锤形，完全去掉了外硬皮，表面呈黄白色或淡棕黄色半透明状，条肥大，断面黄白色，中央有白色中柱者，是质量上等的天门冬。大家在购买的时候一定要注意挑选。

3. 玉竹

爱美之心人皆有之，现代女性为了使肌肤滋腻润滑，会在化妆的时候抹一些补水液。古代女性没有名贵的化妆品，那么她们怎样给自己的肌肤补水呢？答案很简单，就是玉竹。

玉竹（外用）是滋阴养颜的佳品，古代很多女性就用它来保养容颜。现代研究分析，玉竹所含的维生素 A 能改善干裂、粗糙的皮肤状况，使之柔软润滑，具有美容护肤的作用。

既然玉竹外用可以补水，那么内服也可以"补水"。玉竹味甘多脂，质柔而润，是一味养阴生津的良药。玉竹内服补而不腻，不寒不燥，故有"补益五脏，滋养气血，平补而润，兼除风热"之功，常服玉竹可抗衰老、驻颜润肤、延年益寿、祛病延年。

玉竹有非常多的食用方法，其中泡水、煲汤、煲粥在日常生活中比较常见，也比较受老百姓的欢迎。

【玉竹山药黄瓜汤】

取玉竹 15 克，山药 15 克，黄瓜 100 克。把玉竹、山药、黄瓜切片后放入砂锅内，用武火烧沸，再改用文火煮 30 分钟，最后加入适量盐，作为餐桌上的养生羹非常不错。

南方一些地区流行一道名为"玉竹鸡"的菜品，就是将玉竹和鸡肉按 1 ∶ 5 的比例烹煮，加入适量料酒、精盐、味精、生姜，文火煮 40 分钟后食肉饮汤，常服可以消除疲劳，强壮身体，延缓衰老。

4. 石斛

石斛是我国传统的名贵中药，在古代，老字号的药店都会在橱窗中放上一棵数百年的老山参和一棵体形硕大的何首乌，还有就是用铁皮石斛卷成的铁皮枫斗，以此彰显店铺的实力。

唐朝开元年间成书的道家经典《道藏》称铁皮石斛为"九大仙草之首"，在提高人体免疫力、抗衰老、降三高、防治糖尿病等方面都有显著的功效。

乾隆皇帝是中国历史上年寿最高的皇帝。据历史文献记载，乾隆独爱用铁皮石斛滋阴养生，炖汤、饮酒、喝茶，大宴群臣，他都必用铁皮石斛。乾隆在 80 岁寿宴上，还用石斛炖汤宴请 2000 多名百岁以上老人，希望他们更加长寿。

石斛与玉竹均有养阴生津的作用，功能近似。但石斛甘咸而寒，补中有清，以养胃肾之阴见长。脾胃是后天之本，肾乃先天之本，一味石斛，既滋先天之阴又补后天之阴，你说它能不贵重吗？

据现代药理分析，服用铁皮石斛能促进胃液分泌，增强胃的排空能力，帮助消化，而且其养阴润燥的功效可以濡润脉管，扩张血管，从而促进血液循环。

药店里铁皮石斛的价格根据品质的不同，一般在每克 10 元到 30 元不等。当然，这味药也不是养阴的必需品，大家可以视具体情况而选购。

如果你有能力服用铁皮石斛也不要浪费，每天只需取 1 ~ 3 克泡水喝即可，充分利用直至泡得没一点味。

5. 沙参

沙参也是清热养阴的常用药，明代李时珍在《本草纲目》中说："沙参甘淡而寒，其体轻虚，专补肺气，因而益脾与肾，宜之。"

沙参之所以以"沙"命名，是因为一个传说。相传古代，某个沙漠地区气候干旱，连着好几年没有下雨，很多人由于不适应这种干燥的天气，出现了咽干口渴、咳嗽、声音嘶哑等病症。为了解渴，人们费力挖了一口井。没过多久，这口井旁边长出一种植物，这种植物的根茎细长呈白色，用开水烫后去掉外皮肉质细嫩，还有爽口的甜味。

一些人就用它的根茎来泡水喝。令大家没有想到的是，所有喝过它的人之前的干燥症状全部慢慢消失了。之后，每当人们出现咽痛、口干舌燥、干咳等症状就用它来泡水喝，症状都得到了缓解。由于这种植物外形如参类，又在沙漠中生长，所以就得名沙参。

虽然这只是传说，但从故事中不难看出，沙参生津解渴的作用在民间根深蒂固，素有"东方金色珍珠"之美誉。

沙参片除了经常在临床上用于治疗热病烦渴，平时经常食用还能起到养生保健、延年益寿的效果。

沙参的食用方式多种多样，首先沙参片可以嚼食。我们可以将从药店买来的沙参片洗净后随意取出一两片含到嘴里嚼食，就像吃糖果一样。

其次，沙参片还可用以冲茶、泡茶饮用。取沙参片四五片，倒入沸水并加盖闷 3 ~ 5 分钟后饮用。

再者，沙参可用以炖煮食品。将沙参和各种食物一起炖煮，也就是中医所说的"药膳"。如果秋燥咳嗽不止、气短言微、喉咙红肿，这是肺气阴两虚的结果，可以取北沙参 20 克、五味子 10 克、诃子 6 克、鲜猪肺 1 具，诸药洗净与切块的猪肺一块用砂锅炖煮，并佐以适量的调料，文火煮 40 分钟后食肺喝汤，有润肺止咳之功效。

此外，很多人有早晨吃一个鸡蛋的习惯，如果我们改良一下吃法，就能最大限度地提高鸡蛋对人体的益处。方法很简单，就是先取 20 克沙参，洗净后切成碎丁，然后将鸡蛋液搅打均匀，放入沙参丁、葱花，滴一滴香油，加少量的盐和味精，放入蒸锅内蒸熟食用，不仅能补血安神，还能滋阴润燥。

6. 黄精

黄精即黄土之精，寓指土德。葛洪所著《抱朴子》记载："昔人以本品得坤土之气，获天地之精，故名。"黄精以根茎入药，具有补气、养阴、健脾、润肺、益肾之功能。

土孕万物，故《名医别录》将黄精列于草部之首，古代养生家认为食用它能延长寿命，使人长命百岁。

相传明代高僧海玉大师在九华山百岁宫山洞内苦修，不进米饭，只食黄精，却能活到了 110 岁。李时珍在《本草纲目》上称赞黄精有"补诸虚，填精髓"的作用。有人专门研究黄精的抗衰老作用，以幼蚕为例，将黄精煎煮后浸泡桑叶，并以浸泡后的桑叶喂养家蚕，发现能明显延长家蚕的幼虫期。

我们虽然不是家蚕，但是这对养生却很有启发。仿照以黄精汁浸泡桑叶，我们可以用黄精汁煮饭。取黄精 30 克、粳米 100 克，先将黄精煎水取汁，然后加入粳米煮至粥熟，加冰糖适量，经常食用可延长寿命。

黄精饭历史悠久，金地藏在九华山修炼时，就以黄精饭充饥，他在《酬惠米》中说："而今飨食黄精饭，腹饱忘思前日饥。"现在在九华山一带，当地人还有吃黄精饭的传统。

除了做饭，黄精还可以泡酒，以 5 克黄精配 500 克白酒，黄精洗净后切片，装入纱布袋，然后放入白酒内浸泡，密封，5 天后启封就可以服用。

黄精是老年人较理想的补养之品。因为老年人不仅阳气较弱（特别是秋冬季），而且阴气多有不足。黄精性平和，作用缓慢，可作久服滋补之品，既能补脾气，兼补脾阴，又有润肺生津、益肾补精的作用。需要注意的是，喝酒千万不要贪杯，一天最多喝 2 两，凡事过犹不及，超过这个量反倒会损害健康。

以上介绍的，都是比较常用且功效明显的中草药，生活中像百合、雪梨、荸荠、莲藕、萝卜、银耳、葡萄、椰肉等，凡是多汁、水润的食物，大多具有滋阴的功效。

睡觉是最好的不花钱的养阴法宝

除了以饮食滋补津液，还有一个最为经济简便的养阴方式，就是睡觉。气血属阳，而津液属阴。中医认为，动则生阳，静则生阴。也就是说，养阳气的最好办法就是活动，而养阴的最佳途径则是安静地休息。因此，养阴莫过于在夜晚睡一个舒坦的安稳觉。

如何才能睡一个安稳觉呢？根据十二时辰生物钟的规律，人到亥时，也就是晚上 9 点到 11 点之间，就应该着手准备入睡了。古人讲"先睡眼，后睡心"，如果在亥时你不能上床，不能让自己安静下来，做到"先睡眼"，那么到子时你就不可能熟睡，也就谈不上"睡心"了。

为什么有的人即便睡够了8个小时，白天依旧没有精神？就是因为没有做到亥时"睡眼"。虽然早早躺在了床上，却是拿着手机看视频，往往11点多才能入睡，这样就不能保证子时进入深度睡眠，即便第二天睡到日上三竿，也依旧无精打采，甚至更加犯困。如果你尝试夜里10点就入睡，即便是早上五六点钟起床，第二天也会神采奕奕，因为你身体内的津液已经得到了充分的补充。

随着生活水平的提高，物质生活极度丰富，一日三餐营养丰富，所以现代人在生理特征上往往表现出"阳常有余而阴常不足"，就是阳过于旺盛，而阴不能滋养制约，阴虚阳亢，则百病丛生。

所谓"独阳不生，独阴不长"，《易经》认为阴和阳之间是互根互用的关系，阳中含有阴，阴中寓有阳，滋阴的根本目的是为了养阳。如果没有充足的津液，那么阳气就失去了化生的基础。乌龟经常趴着不动，反倒能长命百岁，就是因为它们善于养阴，知道长寿的秘诀就是让生命的蜡烛燃烧得慢点、久一点。

第八章
太极阴阳与脑养生之秘

第一节　人脑也是一个太极图

《易经》说："一阴一阳之谓道。"世界万物都是阴与阳组成的。天地之间有一个大太极图，人体之内有一个小太极图，而我们的大脑中也隐藏着一个太极图。

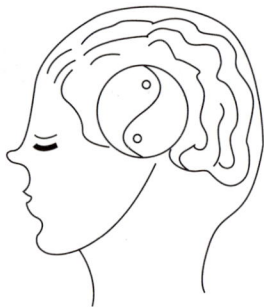

大脑太极图

从大脑的解剖结构来看，人的大脑呈球形体，一左一右各为一个半圆，而且中间的脑部纵裂恰如"S"形曲线。

从功能来说，人的左半脑被称为"学术脑""意识脑""语言脑"，其主要负责逻辑、语言、记忆、分析等，思维方式具有分析性、连续性和延续性。右半脑被称为"创造脑""潜意识脑""本能脑"等，其主要负责直觉、空间形象记忆、身体协调、顿悟等，思维方式具有直觉性、无序性和跳跃性等。左半脑主阳，右半脑主阴，两者相互作用，犹如太极的阴阳运动。

脑是主管人的思维、记忆、意识和神经的器官。中医称脑为精明之府，精明即精细明察、聪明的意思，简单来说就是智力水平。我们在生活中经常形容聪明的人"脑子好使"，就是因为人的大脑主管各项意识活动。

同样拥有大脑，为什么有的人聪明，有的人愚钝，有的人能当科学家，而有的人连基本的算术都学不好，就是因为他们没有掌握阴阳太极变化的奥秘。

人的大脑分阴阳，等同于人的意识也分阴阳。阴和阳之间是互根互用的关系，两者共同作用构成一个人的智力水平。

想必大家都听过木桶定律。木桶定律告诉我们，一只木桶能盛多少水，并不取决于最长的那块木板，而是取决于最短的那块木板。一个人的智力水平也是这样，其阴和阳的任何一方存在短板，他的智力水平就没有完全被开发出来。

人脑潜、显意识的奥秘

意识层面的阴和阳分别属于什么呢？在人体大脑的太极图里，阴极部分表示潜思维，阳极部分表示显思维。

什么是显意识？什么是潜意识？

显意识就是我们后天通过学习、模仿、锻炼获得的大脑思维能力。比如我们的计算能力，"1+1=2"的思维能力，就属于显意识。又如我们过马路的时候，知道"红灯停，绿灯行"，看到月亮会联想到上边住着嫦娥和玉兔，这就是显意识。

而潜意识则是与生俱来的，是在人类进化的很长时间里，祖祖辈辈的人积累下的智慧。比如刚出生的婴儿饿了就会张嘴找吃的，从来没有人教他，这就是潜意识。

显意识是人们可以自觉认识，并有一定目的控制的意识现象和心理过程。而潜意识则是一种本能、冲动，是藏在沙漠之中的暗河，古老而神秘，但却有可能在你需要的时候喷涌而出。比如牛顿在苹果树下被苹果砸了一下脑袋，发现了万有引力定律。被砸中那一刻的灵光一现，就是牛顿的潜意识，而后期经过科学实验和论证，则是牛顿运用显意识的过程。

又如，发现化学元素表的俄国化学家门捷列夫，冥思苦想了很长时间，揭示更多元素之间更为科学的排列规律的工作始终没有进展。过度的疲惫，使门捷列夫不知不觉地睡着了。睡梦中，他觉得元素之间排列的规律清晰了。他一下子清醒过来，按照梦中的提示，反复排列标有元素符号的卡片，最终元素周期表排列成功了。

世界上很多伟大的文学作品，最初都来源于文学家脑海中的"灵光一现"，这就是触发了文学家的潜意识。当然若是只有潜意识，而没有后期显意识的思考、运算、加工，也不会产生完整的智力成果。如果只有显意识，而没有潜意识的激发，人们在面对许多难题的时候也会寸步难行。这不正是"孤阴不生，独阳不长"的《易经》道理吗？

人的大脑的意识水平，犹如一座海上冰山，一小半在海面之上，一大半在海面以下。人们关注的往往是显现出来的外在部分，而隐藏在海面以下的部分很容易被忽视，这也就是智力的短板所在。

近年来，科学家研究发现，人脑左半球主管语言和抽象思维，右半球主管音乐艺术形象，显意识在左半脑，潜意识在右半脑。一个人要想提高智力水平，就要左右脑交替开发，也就是让阴和阳发生"气化"反应，而很多科学家、作家、诗人创造性的发现和作品，都得益于阴阳的交感气化。

左撇子为什么聪明

为什么左撇子相对于正常人比较聪明呢？人的左手对应右脑，右手对应左脑，而惯用左手的人在无意识中开发了自己的潜意识，锻炼了自己的抽象思维能力。

若想真正开发自己的大脑，就要左右脑都予以开发、交替使用。伟大的科学家爱因斯坦除了醉心于科学研究外，还有一项爱好就是拉小提琴。爱因斯坦常常是在一番激烈的脑力劳动之后，练一会儿小提琴，然后工作灵感就出现了。这是什么原因呢？其实这是左右脑交替运用的结果。

我国著名的科学家钱学森，他的夫人钱英是一位歌唱家，钱学森喜欢听夫人唱歌，有时候也会跟着一块唱。钱学森的很多重要科学理论其实并不是在他工作的时候想出来的，而是在听他夫人的歌唱之后才冒出来的。

由此可见，动静结合、阴阳交感才是提高大脑水平的正确方法。"死读书"只会让自己"读死书"，我们要在开发左脑的同时激发右脑，在一段时间紧张的思考、运算、记忆等脑力活动之后，听听音乐、弹弹琴，这样显意识和潜意识才能沟通，也就是阴和阳之间发生交感反应，最终孕育出新的灵感。一旦调动了深层次的潜意识，我们的思路就会变得清晰明快，灵感也源源不断地迸发出来。

第二节   "生生之谓易"与脑养生

《易经》上说："生生之谓易。"

生生的意思就是指生生不息，循环往复，革故鼎新。唐代儒学大家孔颖达在《周易正义》中说："《易》卦六十四，分为上下：上篇三十，阴阳之本始、万物之祖宗；下篇三十四，男女之始、夫妇之道也。而无分阴阳与男女，均以'生生'为第一要义。"

所以，古人设计的太极图，其实就是一个动态图，阴和阳有彼此向对方流动的趋势。世界万物包括人在内，皆由阴阳二气交感而成，而促成阴阳交感的途径就是"运动"。而人的大脑也是一个太极图，大脑里也存在着阴阳二气，养脑健脑最有效的一条方法就是勤用脑，让阴阳二气活跃起来。

宋代著名历史学家司马迁曾说："精神不用则废，用之则振，振则生，生则足。"人的大脑和肢体一样，多用则灵，不用则废。

现代医学研究表明，给大脑以良性刺激，能使大脑皮层中主管思考领域的神经细胞之间形成新的联系，使思维活动更加敏锐灵活，能够推迟和延缓脑细胞的老化过程。同时，勤于用脑的人，能使大脑增加释放脑啡呔等特殊的生化物质，脑内核糖核酸的含量也会比一般人要高。

不知大家留意过没，就是高级知识分子群体很少患有老年痴呆的，就是因为他们的大脑经常使用，无时无刻不处在"生生"的动态思考过程中。

我们常说一个人如果经常不思考学习，这脑子就锈顿了。确实这样，就像是机器，你不用它就会生锈，用得越勤，打磨得反倒越光滑。所以，要想脑子不生锈，就应该"活到老学到老"，增强脑力活动的强度。

运脑之秘

那该如何锻炼大脑呢？

有个益智小游戏叫"数独"，它是一种运用纸、笔进行演算的数字逻辑游戏。在国外，很多报纸上会有一块版面专门为"数独"设立，然后供买报纸的人在休闲的时候玩，这样在乐趣中锻炼了大脑。为了保持脑细胞的活跃，我们也可以每天坚持做数独游戏，相信用不了多长时间，你的记忆、智力等能力就会得到很大的提升。

此外，古人主张博学强记，博学可以增强记忆，强记又可以促进博学。坚持每天读书、看书、背书也是大脑锻炼的形式之一。聪明的脑子不是等来的，而是锻炼出来的。有句话叫"笨鸟先飞，勤能补拙"，历史上很多天生愚笨的人经过后天的刻苦学习而成就一份伟业，而不少天性聪慧的人，依仗天赋，不知勤奋读书，反倒是碌碌无为。

提高大脑工作效率的秘法

大脑是信息处理的中枢，如同电脑的 CPU，电影、图像、文字等数据的处理全是靠它来运算处理，并最终在显示器上呈现出来。眼睛是我们接触外界信息最直观的途径，而人处理信息的过程就是"眼睛看—头脑想"。提高眼的反应能力，缩短眼睛识别事物到传递信息给大脑的反应过程，就能提高大脑的工作效率。

而要达到这种效果也很简单，我们在看书的时候，有意识地快速阅读文字，不要让目光一个字一个字地移动，甚至一行一行地移动，而是让书本离眼睛远一点，争取"一目十行"，让大脑尽可能接触更大范围的文字。大脑的理解速度其实比眼睛看文字的速度要快，读得慢反而会造成大脑怠工。其实大脑的潜能远比我们想象的要强大，研究显示，很多人到生命结束时也只耗掉了 20% 的脑细胞，尚有 80% 的脑细胞处于未开发状态。

多动手指就是健脑

还有一个锻炼大脑的方法非常重要，也非常易于操作。俗话说"十指连心""心灵手巧"，中医认为"心主藏神"，这里的心也包含脑，所以，十指连心连的其实是脑。

大脑皮层是神经中枢的"司令部"，不同的感觉神经纤维从全身各部延伸，最终汇聚于此，我们的手指之所以能握、能伸、能拿，全靠大脑的支配。反过来，我们多动手指也能刺激大脑更加活跃。古人喜欢手托两个铁球或者两个核桃，不停地在手中运动，其实不是简单的玩耍，而是健脑益智的方法。

在几万年前，人类的祖先开始用手制作简易的工具，随着手指的功能越来越精细，极大地促进了大脑发育，所以催生了繁荣的人类文明。进入近代社会后，人们依赖的工具越来越多，手指做精细活动的机会越来越少，结果加速了大脑的衰老，越来越多的人很早就患上了老年痴呆，这和不经常活动手指也许有一定关系。

要锻炼自己的手指，就要经常进行精细活动，做一些如织毛衣、盘布扣、缝补袜子、修理钟表、编织、模仿等手指运动。平时尽可能多地做手指伸屈运动、握拳运动、拉拽运动，以及双手十指交叉相握、相击、相推及相拉等运动，因为这些动作在增强手指及指关节柔韧性的同时，也锻炼了大脑。我们还可以学学玩手影、翻手花等技艺或以手技为主的戏法，尽可能并用两手，这样对同时开发大脑两个半球十分有效。

研究显示，人到 60 岁以后，记忆力、注意力会逐渐变差，生活效率也随之下降。这是什么原因呢？除了大脑的生理机能开始退化，还有一层社会因素就是，步入这个年龄段的人群，一般要么已经退休了，要么准备安心养老，大脑活动懈怠，思维能力开始下降。

你知道打麻将的养生乐趣吗

这个时候，建议老年人适度地跟朋友打打麻将。麻将本身就是数字的排列组合，需要调动大脑的计算能力、逻辑思维和推理能力，而且锻炼了双手，是老年人养脑的不错选择。

最后也是非常重要的一点，就是上文提到的阴阳调和，高强度用脑之后要注意休息。大脑的阳主动，主思考，大脑的阴主静，主冥想，和人的身体一样，大脑也需要劳逸结合。我们要善于调节大脑的状态，长时间用脑之后听一听音乐，呼吸一下新鲜空气，仰望一下蓝天白云，放空自己，缓解紧绷的神经，这样有张有弛，大脑才能得到全方位的开发。

第三节　养脑必养肾的奥秘

脑髓源于肾

虽然经常用脑可以延缓大脑的衰老，但是依旧抵不过不断增长的年龄。从年龄的纵向比较来说，70岁的脑子明显不如20岁的脑子好用。人一旦上了年纪，就会爱忘事、注意力不集中、反应迟钝，用一个词形容就是"有精无神"。

中医认为，人的生、长、壮、老、已全依赖于肾这个"先天之本"，而脏腑功能的运转也靠着肾气来推动。《黄帝内经》记载："肾主骨，生髓，通于脑。"中医认为，髓分为骨髓、脊髓、脑髓三部分。其中，骨髓藏于全身骨骼之中，起到营养骨骼的作用，最终汇聚到脊髓。同时，脊髓又和脑髓相通，皆由肾精所化生。

《医学心悟》也有"肾主智，肾虚则智不足"之说，反映了肾之精气盛衰对大脑认知功能的影响。由此可见，肾和脑存在一荣俱荣、一损俱损的关系，肾功能的好坏会影响到大脑的功能。

补肾益脑秘法

因此，古人养脑、健脑，提得最多的就是"补肾益脑"。不信，你看那些标明补脑益脑功效的中成药，其成分大都是人参、鹿茸、大枣、枸杞子、五味子、茯苓、熟地黄、龙眼等滋补肝肾的药物。

所谓"一滴精，十滴血"，肾主司人的生殖器官，过度纵欲最易耗伤肾精。我们经常用"油尽灯枯"这个词语来形容一个人的死去，肾精犹如灯油，当灯油耗尽的时候，灯就熄灭了，所以灯油弥足珍贵。男子分泌的精液由肾精所化，耗一滴则少一滴，纵观历朝历代荒淫无度的皇帝，没有一个是长寿的。现代科学发现，精液成分和脑脊液成分是一样的，所以纵欲伤脑，我们一定要注意节欲养脑。

我们的肾精来源于哪里？中医认为肾精由先天之精和后天之精混合而成，其中后天之精由平常摄入的饮食水谷所化，所以充足的营养是保证大脑正常工作的基础。自唐代孙思邈提倡食补食疗之后，历代医家都十分重视通过膳食补肾养脑。

1. 补脑的食品

比较好的补脑食品有核桃、黑芝麻、花生、豆制品、玉米、小米、大枣、南瓜子、蜂蜜、海藻、鱼类等，特别是鱼类，是健脑补脑的首选食材。研究证明，鱼类含有丰富的不饱和脂肪酸，比普通肉类高约10倍，是健脑的重要物质，其中海鱼中含二十二碳六烯酸和二十碳五烯酸，是促进神经细胞发育最重要的物质，具有健脑作用。另外，各种脂质、蛋白质、糖类、维生素等，都是大脑日常必需的食粮。

2. 养脑的穴位

人体有两个部位对肾非常重要，一个是头部，一个是脚部，它们就像是天和地，为肾提供立足之地。

中医认为"头乃诸阳之会"，就像武侠小说中明教总坛所在地光明顶，是肾阳所分化的各种阳气最终聚集的地方。经常按摩头部可以促进诸阳上升，促进百脉调顺，肾阳充沛。具体按摩方法是，手心向内，手指张开，如抓痒自前额抓起，经头顶至后发发际，再从后向前，循环往复，来回梳理，就像梳"大背头"一样。梳理的时候，手指指面轻揉头皮，如此进行约 30 次，最后两手拇指用较强的力量旋转按摩太阳穴 30 次即可。

每天晨起、午休及晚睡前各做 1 次，每次 10 分钟左右，长年坚持，可收到提高智力、养神健脑的效果，对于神经衰弱患者更有益处。

3. 双脚是人体的第二个大脑

足与脑之间有很多看不见的经络联系着，它们就像光纤可以传递信息。因此，脑部疾病很多情况下会在脚上反映出来，如脑部损伤、脑梗患者都可能出现腿脚不利、行动不便的症状。脚和手一样同样存在六条经络，其中足三阳经从头走足，足三阴经从足走胸腹且上连头部，所以头部和足部联系密切。比如，脚掌中心的涌泉穴，是肾经的发源处，而脑和肾是一家，肾精充足、肾气旺盛，脑就思维敏捷。所以，做好足部保健可以补肾养脑。

做好足部养生，总结起来就是"摸、按、搓、温、走"五字要诀。

（1）摸：就是用手指触摸。人的脚掌就像是缩小版的身体，脏腑出现问题，对应的脚掌脏腑反射区也会出问题。我们要防患于未然，平时经常用手指触摸双脚，看有没有结节、硬块、疼痛感。如果有异样，则说明脏腑存在着功能病变。

（2）按：就是按摩。根据中医理论，人体有几百个穴位，仅脚面就集中了 60 多个。现在的养生馆都有足底按摩养生项目,效果如何很难下定论,但价格不菲。

其实要想按摩双脚,自己动手的效果绝对不比养生馆差。也许你会问,自己不懂中医知识,更不认得位,怎么操作呢?没关系,光脚走石子路是非常好的足底按摩方法。

石子路的高低不平,正好刺激脚底的不同穴位,不是和用手按摩的效果一样吗?根据宇宙全息理论,人的脚掌也是一个小八卦,每个脏器在脚掌都有对应的反射区,走石子路,就是利用石子按摩足部反射区,刺激该反射区相应的器官,促进血液循环。中医认为"不通则痛",血液循环通畅则血行旺盛、新陈代谢正常,这样可以将体内的杂质、沉积物借助泌尿系统、消化系统及皮肤汗腺及时排出体外,缓解肾脏代谢的负担。每天晚上吃完饭,到公园里找条铺满鹅卵石的小路,脱下鞋子,光着脚丫在上边走上一二十分钟,你会觉得第二天神清气爽,脑袋瓜转得也会比平常快。

(3)搓:就是搓涌泉穴。前边已经多次提到,涌泉穴是肾经的发源处,而补肾即是养脑。《外台秘要》说:"按涌泉,养生之要也。"睡前搓搓脚心,不仅可以强肾补肾,还可以安神补脑,让你晚上睡得香,白天有精神。

(4)温:就是勤用热水泡脚。中医认为"诸病从寒起,寒从足下生",脚接于地阴,所以最怕冻着、凉着,冬天的时候感受寒邪也是以手脚冰凉为先兆的,所以要注意给双脚补暖,坚持睡前用热水泡脚。最好能在家里备一个能没过小腿的洗脚盆,用50℃的水泡脚。相信用不了几分钟,你就会觉得全身暖暖和和的。

(5)走:就是经常地走路。西医认为"生命在于运动",而中医讲究"动则生阳",其实都是强调运动对养生的重要性,而运动就必须依赖双脚的活动。为什么爱动的孩子相对聪明,就是因为他们用双脚开发了大脑。

现代,西方科学家大多以"脑衰老"作为评判人衰老的标准,认为人的衰老是由脑细胞的逐渐减少决定的。中医认为,人的衰老是由肾决定的。中医的肾是功能概念,并不单指具体的肾脏,肾主骨,生髓,而脑又为髓海,肾与脑的这一层关系,就足以证明早在一千多年前,古代先贤就认识到脑对衰老的影响，并将它纳入"肾主生殖"的大概念，这种先知先觉的智慧足以让我们这些后人感到惊叹和骄傲。

第四节　守静对养脑的好处

"生生"是《易经》的核心精神。"生命"这两个字提示我们，"命"是在"生"的基础上产生的。随着婴儿的第一声啼哭，一个新的生命就此诞生。由此，"动"就伴随着我们的一生，生生则不息，不生则死亡。

但是，"立天之道，曰阴与阳；立地之道，曰柔与刚"。万物负阴而抱阳，动为阳，静为阴，当我们审视整个人生时，会发现它又与静有密切的联系。

我们在剧烈运动之后，身体会进入疲惫期，需要静止休息才能恢复；我们在辛苦劳作一个白昼之后，需要充足的睡眠以保证第二天能够精力充沛。

所以，老子说："重为轻根，静为躁君。"生命不仅在于运动，也在于静止，守静是古人重要的养生观之一。

一个人除了身体上的静，还需要思想上的静。守静是一种意念，而这种意念就来源于人体的大脑。

静生慧

守静是一种简单而有效的养脑办法。正如佛家所说的"定能生慧"，即安定守静可以改善脑功能，让人更加聪明，历史上很多伟大的发明就是在科学家冥想中产生的。

国外有项针对环境对大脑影响的实验，研究人员通过比较噪声、白噪声、小狗叫声和寂静环境对小白鼠大脑的影响，发现每天给小白鼠两个小时的安静环境，有利于小白鼠大脑的海马体长出新细胞。

不知道大家留意过没有，在噪乱的环境中，人的大脑往往高度紧张，而紧张过后则是心烦意乱、精神疲惫，无法集中注意力解决问题。而在寂静的大自然中，人的警觉度会有所下降，精神处于恬静虚无的状态，注意力反而会容易集中。所以，古人说"水静极则形象明，心静极则智慧生"。

练习静功的目的，就是让大脑达到清静无欲的澄清程度。所谓静功，是以站、坐、卧等外表上静的姿势配合意念活动和各种高速呼吸方法的一类功夫，有独步静功和静坐功两种。

独步静功

独步静功的特点是外动内静，动中有静，比如在黄昏或者月下，以缓慢而有节奏的步伐结合深而慢的吐纳功，独自漫步于幽静之处，视而不见，听而不闻，然后慢慢想象一个美好的愿望以排除杂念。

独步静功非常适宜现代社会的白领阶层。白领阶层多是脑力劳动者，白天长时间久坐缺少活动机会，但大脑却处于高速运转的状态，所以到了晚上就比较适合把身体和大脑的动静状态颠倒过来，让身体处于活动之中，而让大脑处于守静状态。

静坐功

静坐功即以身体静止而使精神内守的方法。具体做法是，身体取自然舒适的位置，头后靠，眼半闭，然后开始慢而深的吐纳功或结合默念，逐渐诱导入静，就像佛家的"坐禅"，犹如忘掉自己的身体而入静，这和《易经》中"坤静柔顺"的理论有异曲同工之妙。

静坐功适宜于兼有一定体力劳动的脑力劳动者，如教师在三尺讲台上除了耗费脑力，也耗费着大量的体力。他们就可以在课间，有效运用静坐功，靠在椅子上放空大脑，做深呼吸或想象美好的事物，再睁开眼睛的时候就会感觉到大脑得到了充分的休息，能感觉到清新之气油然而生。

对于过度用脑人群来说，入静看似简单，却十分困难，就像是失眠一样，越是瞌睡越是睡不着，因为大脑就像是橡皮筋，若一直处于紧绷状态，就很难放松下来。这种情况可以用古人所创的听息法解决。

所谓"听息"，就是听自己的呼吸之气。听息方法，就是两耳内听，即屏除外界一切干扰，如入万籁俱寂之境，去听自己的呼吸声。类似于睡不着的时候"数羊"，听息法就是数自己的呼吸声。

"听"的意思，就是集中精神，随着肺部的一呼一吸，慢慢地使自己处于似听非听的境界。呼吸的快慢、粗细、深浅、长短等，都要顺其自然，不要用意念去强行支配。

此外，如果条件许可，在做脑静功的时候应尽量选择环境清静、空气清新的地方，以使阴阳调和，勿使偏胜。

传统医学认为，脑与十二经脉相连，具有宜封藏、喜静恶躁等生理特点，有总统诸神、主十二宫、五官七窍、司运动等功能，是生命活动的主宰。养静功可以让大脑得到充分的休息再投入新的工作，这样工作效率往往更高。所以，古人曾曰：恬淡无为，敛神内守。盖以静功调养真气。

第五节　养脑要多吃属于乾卦的食物

根据《易经》的原理，在人体小太极中，头部位居高位，为"诸阳之会"，所以应属乾卦。《易传》说："同声相应，同气相求。"所以，饮食补脑，我们应该多选用属于乾卦的食物。

乾卦为纯阳之卦，它的爻辞不管是"飞龙在天"还是"见龙在田"，其总体形象都是龙。所以，在选择乾卦食物的时候就要结合这一特点，用高巅清空的温阳之品来补脑，如鹿茸、枸杞子、桂圆、板栗、大枣、鸽子肉等。

鹿茸

鹿茸是指梅花鹿或马鹿的雄鹿未骨化而带茸毛的幼角，富含磷脂、糖脂、胶质、脂肪酸、氨基酸及钙、磷、镁、钠等多种营养成分。李时珍在《本草纲目》中称鹿茸"生精补髓，养血益阳，强健筋骨。治一切虚损，耳聋，目暗，眩晕，虚痢"。鹿茸性温而不燥，具有振奋和提高机体的功能。此外，鹿茸还有补脑的作用，市场上的一些补脑液就含有鹿茸成分。

鹿为灵动十足的动物，善于奔跑，阳气十足，而且鹿在古代是帝王、政权的象征，"逐鹿中原"的意思就是争夺天下。鹿茸生长在鹿的巅顶之上，汲取自然精华，所以是阳中之阳，善于养脑。

因为鹿茸是名贵药材，食用时可搭配其他食材，每次只需少量。下面介绍一款药膳方——鹿茸怀山竹丝鸡汤，制作方法是：取鹿茸4克，怀山药40克，竹丝鸡120克。竹丝鸡肉去皮，洗净切块，放入开水中煮5分钟，取出过冷水。把各料放炖盅内，加适量开水，隔水慢火炖2～3小时，汤成趁热服。

鸽子肉

俗话说"天上龙肉，地下驴肉"，这"天上龙肉"估计是寻不得了，不过有一种可以和龙肉媲美的飞禽肉类，那就是鸽子肉。

民间有"一鸽胜九鸡"的说法，鸽子肉营养丰富，有补肝壮肾、益气补血的功效，是术后患者的最佳补品，鸽子汤能加速伤口愈合。现代医学证明，鸽肉能够壮体补肾、健脑补神，有利于提高记忆力，延年益寿。

《本草纲目》记载"鸽羽色众多，唯白色入药"，白色应金，而且鸽子在天空翱翔，吸收天之阳气，所以属于乾卦食物。

鸽子肉最好以炖汤的方式食用，炖汤后的鸽子肉软烂，我们喝汤吃肉能够加速吸收鸽子肉的营养成分。具体做法是将鸽子肉洗净置于砂锅中，加水没过鸽子肉，加葱姜等调料，先开大火煮沸，然后调中火煮 20 分钟，最后调小火炖煮 2 ~ 3 小时，加少许食盐调味。

桂圆

《易经》说：南方是先天乾卦、后天离火之地。桂圆生长在南方，结在树上，性甘温，能益心脾，补气血，安神补脑，又有"龙眼"之称。

桂圆肉含有丰富的葡萄糖、蔗糖及蛋白质等营养物质，铁含量也较丰富，可在提高热能、补充营养的同时，促进血红蛋白再生以达到补血效果。科学研究还发现，桂圆肉除对全身有补益作用外，对脑细胞特别有益，能增强记忆、消除疲劳。

每晚睡前吃 10 个桂圆，可以养心安神，治疗心悸失眠。另外，干果店有卖桂圆肉的，大家可以在家中备一些，熬粥的时候放点桂圆肉和红枣，可以养心增智，老年人尤为适宜。

桂圆还有一个不常用的名字，就是"益智"，顾名思义，就是能增强智力。《开宝本草》指出，桂圆肉能"归脾而益智"，且性质平和。所以，想要让自己变得更聪明，不妨多吃一些桂圆肉。

板栗

板栗树生长于海拔 370 ~ 2800 米的崇山峻岭，位居高巅。而且，板栗树还有一个习性就是特别喜爱阳光，如果光照不足就会导致枝条枯死或不结果实，所以，板栗属于乾卦食物。

板栗有"干果之王"的美称，气味芳香，甘甜可口，是健胃补肾的上等果品。中医认为板栗能补脾健胃、补肾强精，对肾虚有良好疗效，故又称"肾之果"。肾与脑密不可分，脑为髓海，肾藏精，精生髓，肾精充沛则髓海满盈，补肾即补脑。

板栗熟食，老少皆宜，还可将板栗仁蒸熟、磨粉，制成糕饼，饮食少、身体瘦弱的儿童食之，可增进食欲、调理肠胃。

必须注意的是，板栗一次吃得太多会伤脾胃，每天最多吃 10 个。

大枣

枣树在我国已有八千多年的种植历史，而大枣自古以来就被列为"五果"（栗、桃、李、杏、枣）之一，具有补中益气、养血安神的功效。

大枣性温，能补血补气，而且表皮火红通透，就像是熊熊燃烧的小火苗，所以也属乾卦食物。

有项研究证明，连续吃大枣的患者，其康复的速度要比单纯吃维生素的患者快3倍以上。红枣含有的环磷酸腺苷，是人体细胞能量代谢的必需成分，能够增强肌力、消除疲劳、扩张血管，对防治心脑血管疾病有良好的保健作用。民间说"三核桃两枣"，讲的就是每天吃两个枣有益于身体健康。

大枣的食用方法很多，既可以生吃，也可以做成药膳，民间有用红枣和面粉混合做成枣糕，味道不错，有兴趣的朋友可以试试。

枸杞子

枸杞子是宁夏特产，很早就被列入中医典籍，《本草纲目》记载："枸杞，补肾生精，养肝……明目安神，令人长寿。"

枸杞子一年四季皆可服用，冬季宜煮粥，夏季宜泡茶。泡茶的时候可以与红枣搭配：取枸杞子一小把，红枣5颗，冰糖适量。砂锅里注入适量清水，放入枸杞子和红枣，大火煮沸。转小火，放入冰糖，煮5分钟即可。

这款枸杞红枣茶不但可以安神健脑、缓解疲劳，还具有明目的功效，非常适合用脑和用眼过度的学生和上班族饮用。

除了上述几种乾卦食物，在中医看来，性温、具滋补肝肾功效的药食同源食材都属于乾卦食物，我们可以适当进补。此外，《易经》还有取象思维，也就是人们常说的"吃啥补啥"，我们还可以多吃核桃、鱼头等来养脑补脑。

第九章
《易经》堪舆养生奥秘

第一节　堪舆奥秘

易经堪舆学是中华民族传承五千年的文化瑰宝，它向人们揭示了堪舆的奥秘和真谛，从远古到当代，从帝王到平民，多少仁人志士用以造福人类，趋吉避凶。

历朝历代的都城都是堪舆宝地。比如北京北依山险、南控平原，早在先秦时期就作为燕国的国都；南京虎踞龙盘、依山傍水，它的西面有座石头城，像一只蹲着的老虎，东面有钟山，则像盘曲的卧龙；西安南阻秦岭，北滨渭河，西汉张良赞誉说："夫关中左崤、函，右陇、蜀，沃野千里，南有巴蜀之饶，北有胡苑之利，阻三面而守，独以一面东制诸侯。"

一国选都会考虑堪舆，普通人买房子也会考虑堪舆。比如我们多会选择南北通透、阳光充足的房子，因为这样的居住环境可以使我们少受阴气侵袭，如果选居不当，就会影响健康。

堪舆图

堪舆不可不信

有一位朋友，买了新房子非常高兴，装修没多久就住进去了，但是没住多长时间问题就来了。这位朋友平常有高血压的毛病，一直靠降压药调节，还算平稳，但乔迁新居之后血压就控制不住了，反而出现了失眠、易怒的症状。

为什么呢？原来，他的新宅对面矗立着一座写字楼。写字楼盖得非常气派，表面全是玻璃幕墙。这样一来，上午的时候朋友家的光线就特别强烈。

有人就疑惑了，采光充足不是好事吗？这里需要注意的是，这位朋友家的采光不是直面采光，而是折射采光，这在堪舆上就犯了"反光煞"的禁忌。

正常的采光以自然柔和的阳光为宜，而反射的光线经过镜面折射会非常刺眼，产生不稳定的晃动的波影，如果长时间有意无意地接触，必然对人产生刺激，使人精神紧张。所以，古书中说：反光入室不利感情，也不宜孕妇。

现在高昂的房价让购房一族的选择余地并不多，居住在"反光煞"的堪舆环境中怎么办呢？我们可以放一些属阴的绿色盆栽加以遮挡，既美化了室内环境又可以化去反光煞，可谓一举两得。

堪舆有其道理

一说到堪舆，很多人觉得它很玄，更有人认为它是一种迷信思想。其实不然，所谓迷信，是打着堪舆的幌子骗人钱财，而真正的堪舆是以选择环境和创造环境为手段，让人们赢得天时、地利、人和的居住环境。

在地球上，最大体积的物质就是风、水、地。人类赖以生存的最基本的物质也是风（空气）、水、地（土地）。所以，人生下来就离不开堪舆，人的健康也与堪舆有着不可分割的关系。

中医认为，气候中蕴含风、寒、暑、湿、燥、火，称为"六气"。生活中，六气正常则起居正常，六气失常则会演变成"六邪"，反噬身体。比如，沿海渔民容易患风湿性疾病，就是因为靠近大海，水气过多，湿邪旺盛。如果用堪舆的知识巧妙地加以规避，就可以避免这种情况。

所以，堪舆不是迷信，而是一种指导我们健康养生的有效方法。

第二节　养风、养水与养气之秘

堪舆涵盖了"风"和"水"，但其实质就是气。《易传·系辞下》曰："天地氤氲，万物化生。"《易经》认为，气是人体的本源，天地合气，万物自生。

天地之间就是一个大气场，任何环境空间又有一个小气场，每个气场都有良性场和非良性场，而好的堪舆就是选择一个良性的气场位置，选择最适合自己的位置。

有人做过实验，把一只乌龟放到一间空房子的任意一个角落，任乌龟在里边随意爬行，最后发现乌龟在一个地方待着不动了。随后的几天，他每天都把乌龟挪到不同的位置，而乌龟总会爬到最初待着不动的位置。

乌龟是灵物，对天地间的气场感应灵敏，而它选择的位置就是最佳气场。

《难经》说："气，人之根本也。"《黄帝内经》说："人以天地之气生。"我们利用堪舆的目的就是选择对人体最适宜的天地之气。

对于我们的起居环境（堪舆上称之为"阳宅"）来说，气分为生气和死气，生气就是气顺、气聚、气乘之地，死气则为气散、气逆、气乱之地。

选好生气，避开死气、煞气

堪舆择居就是择生气之地，养风、养水归根结底就是养生气。生气是富含正能量的气场，是向阳的、温煦的，有利于人的健康。死气则是阴气、煞气，是充满负能量的气场，黑暗、潮湿、不通风、不见光的位置都属于死气。

一般来讲，生气的位置适合放置床、书桌、沙发、饭桌等人经常接触的物件，而死气的位置适合安置家用电器等人相对不经常接触的器具。

任何房间都有一个气场，都存在着生气和死气。通晓《易经》的人可以通过天干地支、堪舆罗盘来辨别何为生气之地，何为死气之所，但对于普通人来说，进入一个房间如何分辨生气和死气，就有些困难了。

家庭堪舆小妙招

下面教大家一个非常简单的辨别堪舆的方法，就是在房间里按照九宫八卦的方位同时摆上八盆（门前位置无须放置）生长程度差不多的绿植，然后在以后相同的时间都添加相同量的水，观察 3 个月左右。哪盆绿植长得最为茂盛，那么它所处的位置便是生气的位置，哪盆绿植长得最差，那么它便是死气的位置。

这个方法非常适宜于那些刚装修好房子，不知如何摆放家具的人。最好每个房间都观察一下，这样就能大概知道室内吉凶位置的分布状况了。

当然，就目前的经济形势来看，房子依旧是非常稀缺的商品。很多人碍于空间有限，不能很好地在生气与死气之间做出取舍。如果避不开死气怎么办呢？我们可以通过人为的方法来冲淡死气的浓度，比如增加窗户、光照，选择颜色明亮的墙漆、地板或是家具，加强空气流动，不要放置大型家具或有碍于气运行的物品。只有这样，才能减少或减轻死气对人持续不断且能累积的伤害。

第三节　中外长寿与堪舆之秘

长寿村的秘密

20世纪末，中国新闻社记者与科学家受世界卫生组织委托来到位于广西壮族自治区巴马瑶族自治县的"长寿村"进行跟踪采访。

科学家首先对当地居民的生活习惯进行了调查，发现长寿村居民的起居、饮食与其他地区人的生活习惯差异不大。

随后科学家从地理环境方面开始考察，其中有一个小插曲，科学家拿着罗盘做实验，通常情况下指针总是指向南北方向，但在这个地方，指针会突然向某个方向偏转。这件事非常怪异，后来他们请教了懂堪舆的人，原来这里就是所谓的堪舆宝地。

其实，不只是广西巴马的长寿村是堪舆宝地，中外其他长寿之地从《易经》堪舆的角度来看都是堪舆宝地。

原来长寿村是块堪舆宝地

地球有南极和北极之分，很久以前，西方科学家一直以为人类世代生活的地球是一个均匀磁力球，直到后来才发现由于磁化物质组成的不均匀，地球各地区的地磁场强弱并不均衡。比如巴西里约热内卢的地磁强度很低，该地区孩子比美国同年龄的孩子要矮一些；非洲卢旺达的地磁强度较高，该地区土丝族男子的身高超过欧洲男子；巴基斯坦罕萨地区的水源含磁量高，成为天然的磁化水源，当地百岁寿星比比皆是。

西方人称地区内的能量物质为"磁场"，而中国人则称之为"气场"。我们的祖先很早就认识到区域间的气场是不一样的，所以就创造了堪舆理论。因为选择了强磁场的地方，就是选择了堪舆好的居所，身体状况和抗病能力就会比生活在其他区域的人强得多。在这样的环境下，不仅身体发育好、智力发育好，而且精力充沛，干什么都比别人容易。

"风水"一词出自晋代风水鼻祖郭璞所著《葬书》，其源头是《易经》八卦的巽卦和坎卦，其含义是藏风聚气得水，说白了是人类生态环境的最佳选择。中国传统文化的核心是"天人相应"，非常重视居住地的自然生态环境，包括房屋建筑对人的影响。

当今社会，人们的居住环境发生了天翻地覆的变化，原来的独家小院变成了如盒子般的楼房。虽然堪舆学说发挥的空间不大，但是楼盘与楼盘之间、房屋与房屋之间也有堪舆的优劣。那么如何选购堪舆气场较佳的住所呢？

怎样选堪舆好的房子

首先是看楼盘的形状。所谓"三角不稳舌招尤"，三角形状的土地为三角地，在此地块建设的楼盘属于火型盘，这类楼盘象征着不稳定。楼盘呈长条形布局也不太好，这在堪舆上称为"算盘地"。除了楼盘形状要避开三角形和长方形，户型也是这样。市场上最流行的户型是方正的，就是这个原因。

然后要"观山望水"。古代依山傍水、山环水抱的地方多为堪舆宝地，现代人占到其一便是幸运。堪舆上有"山管人丁水管财"一说，观山，就是看北面是否有山，山即靠山，背后有靠山自然事事都顺利。水能生财也能聚财，临水而居能给人带来财富。古人说"玉带环腰"，如果楼盘前有水环抱则非常吉利。

但需要注意的是，这水必须是清水、净水、静水，污水、急促的水流、喧哗的水则属于"无情之水"。无情之水不但带不来福气，反而会招致灾祸，一些水流湍急的河，如果发生洪水，则很容易冲毁房屋。

最后要注意房子的朝向。坐北朝南的房子都比较抢手。"东南方向利文昌"，东南朝向的房子可以作为备选。西南位代表包容，西南朝向的房子也是可以选择的。一般来讲，正西的房子不要考虑，西方在五行中属金，金主肃杀、肃降，朝西的房子到下午的时候会"西照日头"，阳光照射峻猛，煞气重。

另外，在挑选楼层的时候也要结合自身情况。一般来讲，年轻人重养阳，老年人重养阴，天为阳，地为阴，所以年轻人住得高较好，而老年人则是住得低较好。

选户型的根据是"四象生八卦"

楼盘、朝向、楼层选定之后就应该确定户型了。堪舆有"四象"之说，四象在中国传统文化中指青龙、白虎、朱雀、玄武，分别代表东、西、南、北四个方向。前朱雀、后玄武、左青龙、右白虎，朱雀的位置在南，有"明堂"之别称。优秀的设计师会把这里设计成一个阳台，我们要留意的就是阳台的格局是否开阔，采光是否明亮。

房子中心点为中宫坤卦之位，这里不能是厨房或者是洗手间，应以居住为主。

门口是纳气口，所以居室与居室之间的门最好不要相对，而且要留有足够宽敞的过道。房屋正门不要正对着阳台，所谓"前通后通，人财两空"，如果存在这种情况，可以用玄关隔开。另外，厨房和洗手间不能挨着，不然容易水火相冲，同样不利于健康。

堪舆的学问远不只这些，因为《易经》是一门十分深奥的学问。其实从本质上讲，堪舆源于人内心的理想居住环境，源自天人合一的吉凶感应。比如，当面对峡谷时人会有压迫感，面对急流时人会有恐惧感，身处明亮时人会有优越感，四壁晦暗时人会有紧张感。正是这种本能的景观感知和吉凶判断能力，让我们对居住之所有了一定的选择，懂得抛弃那些不好的，而寻找理想的堪舆之地。

第四节　家居堪舆与养生

何为堪舆

风者，气也。水者，形也。

堪舆学就是研究"形"与"气"的学问。人们通过对内外环境的改造和利用，使其充分发挥环境气场的作用，从而达到趋吉避凶、安居乐业的目的。家是我们生活的主要场所，也是休息的港湾，家居堪舆的好坏和养生健康有着密切的联系。

有些人或许不以为然，那我举个例子大家就明白了。抛开堪舆不讲，单从房屋格局来说，现在的楼房往往都装有电梯，而有的房屋大门正对着电梯门口，到了晚上休息的时候，屋里的人还能听见电梯上上下下、来来往往的声音，影响室内安宁，久而久之休息不好，就会出现神经衰弱。

堪舆圆图

怎样选好的堪舆，避开恶性环境

如果每天一开门正对着黑乎乎的电梯，你的精神能振奋、能舒畅吗？其实，用堪舆理论解释，这就是犯了"门冲"，是不吉之相。

门，就像是人体的鼻喉，主纳气，所以为了纳气方便，门前应该避免堆放杂物，也不应对着电梯。门口应该宽敞明亮。假如门口空间比较小，可以通过在门口设置灯光或用浅色装饰来进行视觉上的调整。

所以说，一所好的房子，不只要解决住的基本需求，还应该提高住的质量。好的居住场所，大到房屋选址，小到桌椅摆放，都有讲究。一般来讲，房屋地址和室内布置的选择有十个禁忌，一定要尽可能规避。

1. 城市的立交桥旁边

高速通行的车辆会造成噪声和螺旋气流，对堪舆产生非常大的破坏和冲断作用，而且会对居住者身心健康产生不利影响。住在这种地方的人容易患神经衰弱、十二指肠溃疡。

2. 十字交叉的大路旁边

如果把道路比作河道，把车辆比作流水，那么十字路口就是水流汇聚的地方，是"无情之水"，所以不宜居住。而且这个地方噪声大、尾气污染严重，在这里居住的人容易患胃病甚至胃癌，以及肺、支气管疾病。

3. 高压电塔和电视塔旁边

电视塔的发射功率很强，电磁波会打乱正常的气场，造成人的免疫机能下降，引起白血病、精神分裂症，严重的还会引起各种癌症。

4. 加油站旁边

加油站为离火之位，应该远离。而且汽油含有大量的有害物质，如铅等，对人体健康危害极大。这些都是堪舆学中的煞气。

5. 玻璃幕墙对面

玻璃幕墙会产生"反光煞"，对人体健康非常不利，长期生活在这种环境中的人易患青光眼、白内障、慢性结膜炎、角膜炎，其神经也经常处于紧张状态。

6. 铁路旁

火车发出的噪声和震动非常大，而且会扰乱气场，居住在铁路旁边的工人非常容易得耳聋，听力不好，寿命相对而言也比较短。

7. 院子围墙太高

如果围墙太高，会使居住者感觉自己困在一个封闭的环境中，特别不舒适，容易得抑郁症。

8. 靠近坟场或者墓地

坟场和墓地阴气较重，如果靠得太近，使人在心理上产生副作用，长时间的精神压抑会造成机体功能紊乱，容易引起脑血管疾病、脑肿瘤。

9. 阳台和主卧对着尖角

尖角属于堪舆上的"尖刀煞"，就像一把匕首，而阳台和主卧是室内活动的主要场所，应该避开尖角，否则易给居住者造成精神压力，使其出现精神分裂。

10. 入门正对灶、厕、镜

室内需要注意的事项就更多了。从进门开始讲，堪舆上有"入门三不见"：

一是入门不见灶：就是大门不能和厨房相对。灶为离火，门为气门，风火相冲易生灾祸，堪舆学称为火气冲人，会间接影响家人的饮食健康。

二是入门不见厕：就是大门不能和卫生间相对。厕所是污秽之地，不管是主人还是客人想必都不太喜欢开门的一瞬间秽气迎人。

三是入门不见镜：就是大门不能和镜子相对。现在很多家庭会在户门口设置一个更衣镜，但最好不要摆放在与户门正对的地方，镜子有反射的作用，堪舆学中有镜子会将室内的福气反射出去之说。

客厅是会客之所，是家与社会衔接的纽带，一般处在住宅的中心位置，属九宫的中宫之位，应坤卦。地势坤，地载万物，方正有德。所以，客厅格局应该方正，不可有缺角。按照"天圆地方"的说法，吊顶要少些棱角，多些圆润。客厅的装潢要明亮，多开窗户通风，风生才能水起。如果客厅不方正，我们则可以用家具将其合理分割。

家中鱼缸怎么摆是门大学问

《易经》指出："润万物者，莫润乎水。"现在很多家庭在装修的时候喜欢在客厅摆放鱼缸，这无可厚非，从堪舆学上讲也有益于提升整体气场。但是鱼缸的选择和摆放也是有讲究的。首先，鱼缸不宜过大，水固然重要，但太多、太深则不宜。

其次，鱼缸不宜和厨房在一条直线上。鱼缸多水，而厨房的炉灶属火。鱼缸与炉灶对冲，便犯了水火相冲之忌。

再次，鱼缸也不宜放在沙发后边，因为自古以来人都"靠山"，而不是"靠水"，因为水性无常，倚之为靠山，难求稳定。

睡眠不好，也许是卧室堪舆出了问题

除了客厅，我们待的时间最长的地方就是卧室，因此卧室的堪舆环境也非常重要，直接影响着我们的睡眠质量。

卧房形状不宜斜边凸角，这一点和客厅的要求一样。卧房应有窗户，除了能使空气得以流通，还可以采光，使人精神畅快。窗户应备有窗帘挡住户外灯光，使人容易入眠。

卧室内不宜摆放镜子，人在半清醒半睡眠之间，容易被镜中影像吓到，精神不得安宁。卧房不宜摆过多的植物，植物于晚间吸收氧气，释放二氧化碳，会影响人体健康。卧室也不宜摆放鱼缸，鱼缸容易聚集阴气。卧室中带角的装饰物不宜过多，床单和枕巾也应避免使用三角形或箭头图案。因为这类图案五行属火，会使卧室阳气过盛，破坏安详气氛。

床头应该紧靠墙壁，给人以踏实的感觉。床面离开地面最好在50厘米左右，不可贴地，否则不通风，易藏湿气，使人腰酸背痛。现在很多家庭在装修时采用日式"榻榻米"风格，但这种居住方式并不适合国人。

厨房和厕所有堪舆大忌

民以食为天，而厨房为食之所。因为厨房在烹饪食物的同时也产生污秽，所以很多人不注重厨房的环境清洁，垃圾、杂物随意堆放在厨房里，以致厨房变得狭窄、昏暗、潮湿，这样就给病菌和害虫提供了滋生的温床，对居住者的健康造成很大威胁。

灶炉是人的养命之源、健康之本。《解凶灶法》指出："灶乃养命之源，万病皆由饮食而得，灶宜安生气、天乙、延年三吉之方，不宜凶方。"在坐北朝南的住宅中，生气即指东南方，称为上吉；天乙即东方，称为中吉；延年即正南方，称为上吉。这三个方位都是吉方，利于安置厨灶，也就是我们做饭用的燃气灶。

灶台不可背靠厕所，也不可正对厕所之马桶，也不可暗对厕所之马桶。这其实就是之前所说的"厨房"和"卫生间"不能离得太近的缘故。

浴厕五行应水，所以不宜设在西南或东北方，因为东北方为艮卦，西南方为坤卦，其性皆属土，而浴厕的卦象为水，将属水的浴厕设在属土的艮方和坤方，就会发生土克水的不利之象。

另外，《易经》讲究阴阳平衡，水多的地方阴气就重，为了达到平衡，应该多开窗户。现在一些住宅的浴厕是全封闭的，没有窗户，所以只能通过安装排气扇的方法让浴厕中的浊气排出，保持空气的新鲜，增加阴阳之气互通。

人的一生，约一半的时间在住宅内度过。因此，如何从实际出发，因地制宜地选择住宅或营造房屋，创造一个科学合理、舒适宁静的居住环境，对保障身心健康、延年益寿是非常重要的。

第五节　堪舆与健康的奥秘

好堪舆就是好生态环境

　　堪舆之关键在风和水，"风"与"堪"指天道，是人周围的天文条件；"水"与"舆"指地道，是人周围的地理环境。风水，就是中国人的天地观或自然观，它强调人与自然的和谐相处，而不是一味去"改造"环境。

　　自古以来，人们都希望自己能健康长寿。在我们的印象中，长寿之人似乎都生活在深山老林里，吞风饮露。寺庙、道观也多建在深山、海岛等风景秀丽、环境优美的地方。这是因为古代中国人十分强调人与自然的和谐关系。

　　"天人合一"思想是易学学说中表现人与自然的一个核心命题，它强调人与自然、人类主体与自然客体之间的协调统一。所谓"顺天者昌，逆天者亡"，与自然和谐相处则可以健康长寿。

　　西方文化认为人和宇宙是对立的，山川、河流、大地都是死的、机械的，是没有生命的，需要人类去征服它们。而我国古代圣贤们则认为，山川大地都是强大的生命体，人类在它们面前太渺小了，只能顺从。《易传·文言传》说："夫大人者，与天地合其德，与日月合其明，与四时合其序，与鬼神合其吉凶。先天而天弗违，后天而奉天时。"圣明德备之人，其德性与天地相合，其圣明与日月相合，其施政与四时顺序相合，其吉凶与鬼神（阴阳之气屈伸变化）相合，遵循自然变化的规律，顺应而动。

　　"象天法地，师法自然"。堪舆学说也遵循这个道理。你看那些山环水抱、背山面水的宝地，就像是母亲双臂环抱着婴儿，而乳汁就是潺潺细流的小河。婴儿在母亲的怀抱里能够茁壮成长，而我们居住在这样的环境下也能够健康长寿。

让药王孙思邈寿达 140 岁的好堪舆

中医学认为自然环境、起居环境的优劣直接影响人的身体健康。《黄帝内经》曾指出居住在空气清新、气候寒冷的高山地区的人多长寿；居住在空气污浊、气候炎热的低洼地区的人多短命。孙思邈在《千金翼方》中也提到，只要住在背山邻水、气候清爽、土地肥沃、泉水清洌的地方，就能保证住户安宁，身体康健。

史料记载，药王孙思邈活了 140 多岁。他常年隐居山林，晚年的时候更是选择在山清水秀的五台山（今陕西省铜川市药王山）归隐定居，造屋植木，种花修池，至百余岁方驾鹤西去。这一切，得益于孙思邈对环境的选择。

《黄帝内经》以人道来见天道，《易经》推天道以明人道。易经风水理论要求人们主动选择适宜的居住环境或改造居住环境，从而提高健康水平，减少疾病的发生。

人的身体有一个巨大的经络系统，大到天地、小到房屋也存在着类似的经络系统。寻得一处好的居住环境，就像在经络上找对穴位。你在穴位上一下针，马上就体会到能量流动，这种感觉被中医称为"得气"。而人要想居住在好的位置，也要得气。

天有天气，地有地气。风水学常以九宫八卦、五行生克论"气"。无论是九宫九星之气、八卦八方之气或是五行生克之气，若所来"气"的方位对房屋住宅是有利的，与居住者的五行命格是相生的，则不但房屋吉利，居住者也可受其护惠；若所来的"气"是相克的，则房屋及居住者都可能受到不利的影响。所以，风水学无论是寻龙、看水，还是察砂、点穴，都是在寻找对人体最有利的气。

第十章

《易经》与性养生的玄机

第一节　《易经》与传统性文化

　　食色，性也。饮食和情欲都是人的本能。人类得以繁衍不息，靠的就是男性和女性的本能交合。正是出于对生命的敬畏，所以早在远古时期人类就产生了生殖崇拜。比如，在我国神话传说中，伏羲和女娲在黄河和渭水的交界一个有着太极模式旋涡的地方结合，从而诞生了人类。

　　《易经》中也有大量描写男女性爱的语句，如"男女媾精，万物化生""云行雨施，品物流形""天地感而万物化生""天地不交而万物不兴"等。

　　《易经》讲："男女媾精，阴阳有体。"就是说，人不是上帝创造的，而是男女媾精而来，先有男女，然后才有父子，才有君臣。由此可见，《易经》把男女看得比皇帝还重要，把人的生命来源看得高于一切。

　　而且《易经》所谓的阴阳，其实就是生殖文化延伸。郭沫若就指出《易经》中的阳爻和阴爻，很可能就是男女生殖器的孑遗。比如，八卦中的坎卦"☵"，即为形象的男女交合象征。《易传·序卦传》记载"夫妇之道，不可以不久也，故授之以恒，恒者久也"，强调夫妻关系在人类社会中的重要意义。由此而演化出男女、父母、阴阳、刚柔、天地的观念。《易经》对人类的性以及生活的其他方面都有相当大的影响。

　　"天地不交而万物不兴"，房事是人类的正常生理需要，是自然之道。古人以为，男女房事十分重要，不仅关系到双方的身心健康，而且影响到子孙后代。如《千金要方·卷二十八》说："男不可无女，女不可无男，无女则意动，意动则神劳，神劳则损寿。"房事对成人来说，不可绝无，无亦生病。在《易经》

阴阳理论的指导下，人们如果要快乐、长寿，就必须效法自然，使自己生命中的阴阳两种成分像自然界一样和谐地交互作用，同时借阴阳接触，彼此吸取从而互根互用。

不过，《易经》学说又讲究阴阳平衡，相济有序。所以，男女交合不是单纯地发泄欲望，而是阴阳两种宇宙力量在人类身上的具体反映，因此古人非常重视房事养生。如《黄帝内经》就强调保精的重要意义，认为"精者，身之本也"，不可纵欲过度。《抱朴子·内篇·释滞》论述了绝欲的危害及适度行房的重要性，并指出："人复不可都绝阴阳，阴阳不交，则坐致壅阏之病，故幽闭怨旷，多病而不寿也。任情肆意，又损年命。唯有得其节宣之和，可以不损。"

房事养生的重要性

如果不注意房事养生，就会打破阴阳平衡。在中医看来，纵欲过度会得"蛊惑病"，春秋时晋平公因为贪恋女色就患过此病。秦国名医医和引用《易经》的"蛊"卦来解释蛊疾。"蛊"卦是上艮下巽，艮为山，巽为风，"蛊"卦是风吹落山木之象；同时，艮为少男，巽为长女，所以"蛊"卦又是女惑男之象。

总的来讲，古人认为男女性生活有以下几点注意事项。

一是性生活不可禁绝。《遵生八笺》上说："黄帝曰一阴一阳之谓道，偏阴偏阳之谓疾，阴阳不和，若春无秋，若冬无夏，因而和之，是调圣度。至人不绝合之道，但安于闭密以守天真也。"性是人的本能、天性，正常的性生活，使男欢女畅，阴阳调和，有益身心健康。禁欲、绝欲都不利于身心健康。

二是性生活不可过早。《素问·上古天真论》说："女子二七而天癸至，任脉通，太冲脉盛，月事以时下，故有子……丈夫二八，肾气盛，天癸至，精气溢泻，阴阳和，故能有子。"男子十六岁时肾气旺盛，以肾精为物质基础，促进生殖机能的天癸产生，精气满溢而能外泄。女子到了十四岁天癸产生，任脉通产生月经。此后，两性交合，就能生育子女。若是性交过早就会损伤精气，犹如园中之花，早发必先枯萎。

三是性生活不可过度。"阴阳之道，精液为空，谨而宁之，后天不老"。古人认为保养精气是延年益寿的重要措施之一。《黄帝内经》云："不知持满……务快其心，逆于生乐……故半百而衰也。"纵欲过度，会耗损肾精。而肾为先天之本，肾精如同灯油，用一点少一点。实际上，每一次交合，即使不泄精，双方精气皆已暗耗。

四是性生活当有所避忌。古人认为，大醉、忿怒、恐惧、金疮未愈、新病等之后行房事，都会损伤身体，甚至引起各种疾患，应当有所避忌。《千金要方·养性·房中补益》指出："人有所怒，血气未定，因以交合，令人发痈疽。"在忿怒、惊恐、忧思等情志不调的状态下，体内气血运行紊乱，脏腑功能失调，若复行房事以耗精血，必将进一步损伤机体。所以，情志不调时不宜行房事。

《千金要方·伤寒方下·劳复》指出："病新瘥未满百日，气力未平复，而以房室者，略无不死。"患病之人，气血不足，阴阳失调，脏腑功能衰弱，若病中行房，可损伤正气，加重病情，所以患病期间不能行房事。醉酒入房是房事养生之大忌，酒可乱人情性，又易损伤内脏，酒醉入房，极易耗竭肾中精气，贻害无穷。

此外，女性有特殊的生理特点，即经期、孕期、产期和哺乳期。此阶段，女性机体往往呈现冲任亏虚、气血不足、抵抗力低下的状态，所以在此期间也要节欲房事。

现代医学认为，妇女在月经期，子宫腔内有创伤面，如果行房，会将病菌带入阴道，引起月经失调、痛经或生殖器官炎症等疾病。孕期性交，会引起子宫收缩而出现腹痛、流血，甚至流产。由此可见，古人的担心并不是没有道理的。

性是一种本能，但房事却需要后天学习，不然与动物无异。古代房中术专著《天下至道谈》指出："人产而所不学者二，一曰息，二曰食。非此二者，无非学与服。故贰生者，食也，损生者，色也。是以圣人合男女必有则也。"意思就是说，人出生后不需经过任何学习就懂得怎样做的事有两种：一是呼吸，一是进食。除这两种以外，都无非是经过学习和见习实用后才懂得的。故饮食能增加生命的活力，而不适当的性色活动则可耗损生命。所以，善于养生的人，在男女的性事方面必然会遵守一定的法则，使符合性卫生而致长寿。

古人又说"房中之事，能杀人，能生人"，就像水能载舟亦能覆舟一样，色欲无度也会影响人的健康和寿命，所以古代圣贤之人在男女交合时都遵循一定的规律，这便是房事养生。男女交接之道，顺之者益寿延年，逆之者早衰早夭。

第二节　《易经》与优生"种子"

自国家施行计划生育以来，优生优育是我国长期倡导的一项基本政策，也是每个家庭的迫切心愿。我们都希望自己的宝宝一生下来就是健康、聪明、可爱的，甚至最好能赢在起跑线上，长大以后成为国家的栋梁之才。

其实"望子成龙，望女成凤"的心理自古有之，古人也非常重视优生优育。《易传·系辞上》说："夫乾其静也专，其动也直，是以大生焉。夫坤其静也翕，其动也辟，是以广生焉。"乾坤两卦对应到一个家庭就相当于父母、夫妻，无论是乾卦的"大生"还是坤卦的"广生"，首先生的还是人。

《灵枢·天年》说：人之始生，"以母为基，以父为楯"。所以，人始生的健康与否，与父母有很大关系。父母健壮，则子女健康；父母损羸，则子女羸弱多病。

古人认为"广子嗣，续纲常"，婚后不但要有正常的性生活，而且要在最佳的条件下种子怀胎，以孕育健康的子女。一对夫妇生宝宝是天地氤氲和谐的应有之义。天地氤氲有其自然规律，这是天道，而男人和女人的结合也遵循这种规律，就像是农民播种的时候讲究天时地利，格外呵护，为了达到优生目的，人类在播种的时候也有许多忌戒。

种子忌戒是我国古代优生学的一个重要内容。如《褚氏遗书》说："合男女必当其年……皆欲阴阳气完实而后交合，则交而孕，孕而育，育而为子，坚壮强寿。"唐代医学家孙思邈在《千金方》中也强调，受孕的时候要避开大风大雨、大寒大暑、阴晦月蚀等恶劣天气，应选择良辰吉日交合。

我国古代的房中术权威书籍《玉房秘诀》曾总结出合阴阳的七忌。

一忌"晦朔弦望以合阴阳损气，以是生子，子必刑残，宜深慎之"。晦朔弦望是指月亮从亏到盈再到亏期间的四种状态和对应的日期。这句话的意思是指农历每月三十、初一、初七、初八、二十二、二十三和十五（有时是十六、十七）不宜交合。这几天受孕而生的孩子容易被杀戮或致残。

二忌"雷风天地撼动以合阴阳，血脉涌，以是生子，子必痈肿"。古人认为性爱要美满、和谐，有益身心健康，所以非常讲究天时、地利、人和，认为恶劣天气下并不适合行房事。孙思邈还认为大风、大雨、雷电、霹雳等特殊情况，可能对男性性功能产生不良影响。若夫妻双方在柔情蜜意、水乳交融之际，突然窗外雷声大作，很容易对男性心理造成不良影响。而且恶劣天气是天地阴阳不平衡的表现，此时行房，可能引起脏腑功能失调，耗损精气，使邪气乘虚而入，从而诱发疾病。

三忌"新（刚）饮酒饱食，谷气未行，以合阴阳，腹中彭亨，小便白浊，以是生子，子必癫狂"。饭后，人体的大量血液流向了消化系统，特别是胃肠，以保证消化时所需的氧气和养料的供应。此时如果行房事，大量血液就会流向四肢，这样胃肠得不到足够的血液，蠕动就会减慢变弱，影响气血蕴含，降低精子质量。而且人体在运动时，交感神经的兴奋度提高，迷走神经的兴奋度减低，使消化液的分泌受到了抑制，影响了消化和吸收过程，严重的会导致胃痛、消化不良、溃疡等胃肠疾病，还会引起呼吸系统和心血管系统疾病，对身体健康造成了更大的伤害。

另外，小便白浊也不适宜行房事。白浊不是正常的尿液颜色，出现这种情况则提示泌尿系统可能存在感染等问题。

四忌"新小便，精气竭，以合阴阳，经脉碍涩，以是生子，子必妖孽"。这句话的意思是，刚刚解完小便，就去性交，生的孩子性格会很古怪。人的小便依靠肾精开阖，每一次小便都是肾精的释放，肾精又靠肾元和气血滋养。所以，刚解完小便是身体元精和气血的空窗期，在这个时候男女交合，会导致全身的筋络和血脉涩滞，不利于生子。

五忌"劳倦重担，志气未安，以合阴阳，筋腰苦痛，以是生子，子必夭残"。人在劳累的状态下，气血相对不足，必定影响精子质量。而且人过度劳累、未经适当休息就过性生活，可能造成血液供给不足，难以支付性交所需要的体力。这样草草种下的"种子"，必定会先天不足。

六忌"新沐浴，发肤未燥，以合阴阳，令人短气，以是生子，子必不全"。刚洗完澡，头发和皮肤还没干的时候，也不适合行房事。人体的血液总量是基本恒定的，在特殊情况下机体会进行适当分配。洗热水澡会使全身皮肤广泛性充血，皮肤内囤积了大量血液，此时若进行性生活，性器官需要及时充血，故两者发生矛盾。一方已获得了较多的血量，另一方的充血量必然会减少，长此以往则会造成体内血液循环失衡，不利于性健康，男性可造成勃起功能障碍，并会导致阳痿或射精缓慢等。

七忌"兵坚盛怒（指阴茎勃起状），茎脉痛，当合不合，内伤有病，如此为七伤"。这一条的意思是，如果生殖器在勃起的时候十分痛苦，应当交合而不交合，则说明有内伤存在，此时也不宜行房事。

古人特别看重天人感应，认为生子是上天降福，所以男女交合要顺天道、尊伦理。除了《玉房秘诀》所总结的合阴阳七忌，古人还认为在丧事祭日，如鬼节、服丧期等，还有在宗祠、祖堂、庙宇、宫观、神龛、井灶旁、坟墓地、棺柩处等都是严禁行房事的。否则都是大不敬，易遭天谴。

除了所禁忌的，古人还有所提倡。明代名医万全曾写了一首《种子歌》，意在说明求嗣之道和种子之法。一曰健体，即选择夫妇身体健康不疲无疾时，谓"父母坚实，子女亦壮"；二曰"养精"，即男子保养精液充盈，女子调燮阴血旺盛，谓"旷久情浓，积久精厚"；三曰"伺时"，即选择最佳怀胎时间，谓"贵当其时，不失其候"；四曰"怡心"，即男女心平气和、情深意笃，性心理协调，谓"利身便躯，情动神交"。

第三节　《易经》与胎教

生命越小，灵性越高

生命在混沌之初就开始孕育，而母亲的子宫就是一个小型的宇宙。《易经》认为，天地万物在互相交感中发生变化，如《易传》上说："天地感而万物化生，圣人感人心而天下和平；观其所感，而天地万物之情可见矣。"

从"天地人"大系统中来审察人的生存变化，在这个天人统一的整体中，天、地、人之间的任何变化，都对其他事物有所影响，并能在对方身上找出相应征象。不仅孕妇本人，其腹内胎儿也自受其感化。

所以，古人十分重视胎教，认为妊娠期中良好的胎教可以促使胎儿心身发育，《妇人大全良方》还专设"胎教门"以示重视。如《妇人秘科》要求："受胎之后，喜怒哀乐，莫敢不慎。"

国外曾有研究者用多普勒测定仪监测孕妇子宫，发现胎儿眼睛能随送入的光而眨动；不同声响传入胎儿听觉器官，也可引起胎心的变化；触及胎儿手足可产生收缩反应。这些说明，胎儿在子宫之内对外界发生的事情是有感知的。研究证明，胎儿从第6个月起就具备能听到外界声音的生理条件，从第8个月起，其听觉器官已经通过听神经与脑建立起了联系，把从外界听到的信息传到大脑储存构成记忆。

胎教时的记忆会被唤醒

那么古人是如何对孕妇进行胎教的呢？司马迁在《史记》中有一则故事，周文王的母亲在怀孕时不看不正经的颜色，不听淫秽的声音，不说狂傲的话语，不吃辛辣生冷的食品。相传她有一天到外面散步，正在游览风光时，突然听到前方传来嘈杂的训斥人的声音，便立即折返回家，原来是不想让肚子里的孩子听到暴戾的声音。所以，文王出生后"龙颜虎骨"，十分聪明，学习时能"举一反三"，长大之后更是"益行仁政，天下诸侯多从"。当时人们都认为这是其母实行"胎教"的结果。

中国古人的胎教虽然没有现代胎教的方法丰富，但更重视从儒家礼乐的角度进行胎教，简单说就是"非礼勿视，非礼勿言，非礼勿听，非礼勿动"。唐代医书《千金方》说："凡受胎三月，逐物变化，禀质未定。故妊娠三月，欲得观犀象猛兽、珠玉宝物，欲得见贤人君子、盛德大师，观礼乐钟鼓俎豆，军旅陈设。焚烧名香，口诵诗书、古今箴诫。居处简静，割不正不食，席不正不坐。弹琴瑟，调心神，和性情，节嗜欲。庶事清净，生子皆良，长寿、忠孝、仁义、聪惠、无疾，斯盖文王胎教者也。"

也就是说，你想让孩子成为什么样的人，你自己先得成为什么样的人。如果你的品格和素养一时难以达到这样的要求，也要在诗、书、礼、乐各方面多进行接触，比如多接触犀象猛兽、珠玉宝物这些高贵、充满正能量的东西。虽然你不是孔子、孟子这样的人物，但通过阅读《大学》《中庸》《论语》《孟子》等书籍，其实就是让孩子接受圣人的熏陶，让这些文字蕴涵的巨大能量给孩子起到护佑、开智、教化的作用。

易经学说认为，同声相应，同气相求。中医则说"外象而内感"，宇宙间万事万物都存在着细微的联系，怀孕之后，胎儿是非常柔弱和敏感的，他带着父母的基因，与父母之间有着冥冥的联系，父母的言行、情绪、所见所闻，都会对他的成长构成影响。所以，父母望子成龙、望女成凤的心理，不只是要求孩子达到某些标准，而是在妊娠期父母也要以身作则，以自己的言行来感染、教育孩子，那么胎儿便会秉承父母优秀的基因、良好的习惯。

第四节 "七损八益"的房事秘诀

古人认为淫声美色是破骨之斧锯，需要用之有道。八仙之一吕洞宾有一首戒淫名诗："二八佳人体似酥，腰间仗剑斩凡夫。虽然不见人头落，暗里教君骨髓枯。"

夫精者，生之本也。精是构成人体的基本物质，是维持人体生命活动的物质基础。精乃肾之主，纵欲太过，可伤肾精，进而伤及其他脏腑，影响身体健康，甚至促人早衰或短寿。所以，中医房事养生有着悠久的历史，丰富的内涵。

《黄帝内经》说："能知七损八益，则二者可调，不知用此，则早衰之节也。"又说："年四十而阴气自半也，起居衰矣。年五十，体重，耳目不聪明矣。年六十，阴萎，气大衰，九窍不利，下虚上实，泣涕俱出矣。"

所以，在房事养生过程中，如果不了解"七损八益"之法，那么人到了40岁性机能就会减半，50岁生活起居能力就明显衰弱，60岁时就完全阴萎不振。而如果能避免七损，又采用八益来补益精气，就能使人恢复健壮，不知衰老。

七损八益是古人在房室养生过程中总结出来的各种性保健措施和性禁忌经验。七损八益的理论基础是《易经》的损益理论。《易传·象传下·损》说："损益盈虚，与时偕行。"《易经·杂卦》说："损益，盛衰之始也。"这些对损益理论进行了精辟论述。

1973 年长沙马王堆三号汉墓出土的简书《天下至道谈》记载了"七损八益"之术，即把《易经》损益理论应用于房事养生之中。

何谓七损

《天下至道谈》提到的"七损"，即"一曰闭，二曰泄，三曰渴（竭），四曰勿（费），五曰烦，六曰绝，七曰费"。

一曰闭。闭就是指在两性交合时动作粗暴，鲁莽而发生疼痛，可能会导致精道不通，甚至内闭会导致无精可泄。

二曰泄。泄就是指性交的时候虚汗淋漓，导致精气外泄。中医认为汗精同源，都是由津液所化，所以性交时如果大汗淋漓就会导致精气走泄。

三曰渴（竭）。竭就是指房事没有节制，纵欲无度，气血耗竭，叫作"竭"。

四曰勿（费）。勿就是指虽然有强烈的性欲冲动，却因阳痿不举而不能进行，就是性交时心有余而力不足，十分费力，此时性交则对身体有损。

五曰烦。烦就是交合时心中烦乱不安，情绪低落。

六曰绝。绝就是指一方无性欲要求而对方强行交合，这对双方特别是对女方的身心健康非常不利，犹如陷入绝境，故而叫作"绝"。

七曰费。费就是交合时过于急速，既不愉悦情致，于身又没有补益，徒然浪费精力，这叫"费"。

以上七条便是在房事中有损身体健康的七种情况。若犯有上述七损，则往往事与愿违，适得其反，且招致疾病。

何谓八益

《天下至道谈》提到的"八益"是指房事生活中对人体有益的八种做法，即"一曰治气，二曰致沫，三曰智（知）时，四曰畜气，五曰和沫，六曰窃气，七曰寺（待）赢，八曰定顷（倾）。"

"治气"就是调治精气；"致沫"就是唾津内生；"智时"就是掌握恰当的交接时机；"畜气"就是引气蓄积于下；"和沫"就是彼此茹吞津液；"窃气"就是蓄积精气于下；"寺赢"就是保持津液盈满状态；"定顷"就是防止阳痿

早泄。

这简短精辟的八个词对正确性交有很好的指导作用。如何才是正确行房事的步骤呢？具体来讲就是行房事之前要伸直脊背，放松臀部，徐缓呼吸，导气下行。然后舌抵上颚，待津液涌出后徐徐吞咽舌下津液，臀髋下垂，伸直脊背，收敛肛门，使气机通畅。然后男女双方嬉戏爱抚，使彼此神气和畅，情意相感，在双方都有感觉的时候才开始交合。

交合的时候放松脊背，收敛肛门，导气下行，聚至前阴，此谓蓄养精气。交接时，动作不要粗暴与急速，宜和缓轻柔。结束时，应趁阴茎未完全变软时即退出。这便是完整的、有益于身心健康的交合行为，通过将气功导引与性行为或者交合方法相结合，入静调神，放松导气，和缓保精，可以达到养生祛病的目的。

性生活有愉悦情致、增进夫妻感情的作用，既能使男女双方获得肉体上的愉悦，又能使双方的感情得以升华。但性生活又是一把双刃剑，我们应该学会获得益处，规避坏处，而"七损八益"就是古人在交合时总结的应遵循的法则，我们要善于利用"七损八益"的方法来调摄房事生活。使房事生活服务于养生保健，并通过房事来达到补益身体、延年益寿的目的。

第五节　四季房事养生

《易经》思想讲究顺应天时，以近福远祸，趋吉避害。古代中医理论在这种思想指导下认为人体与周围环境是一个整体，自然界有什么变化，人体也就有相应的变化。房事生活是人类活动之一，和人体其他生理功能一样，也受到自然界气候变化规律的制约和影响。

如果气候变化急剧，超过了人体机能的调节能力，就会打破人体阴阳平衡，发生气血逆乱现象，此时行房事对身体不利，若此时受孕则不利于男女双方及婴儿。因此，人类的房事也应该随着春夏秋冬四季阴阳的不同特点，作出相对应的调整，以达到天人合一的和谐状态。

春季

春季天气逐渐转暖，和煦的东风吹拂大地，万物复苏，一片欣欣向荣。春天的特性是生发，人的身体和意志都充满活力。古诗有云"云眉忘注口，游步散春情"，此时少男少女春心萌动，甚至春梦一刻，有梦交之情，这并不是邪念，而是春季生发之气促动。春季，健壮的夫妻对于房事生活不要过分地加以制约，房事频率应该较冬天有所增加。这样才能有助于机体各组织器官的代谢活动，增强生命的活力。

虽然春季适宜行房事，但并不意味着可以放纵，保养精气依然是延年益寿的重要措施之一。只是相对于其他季节，我们可以更遵从内心的情欲。

夏季

夏季是"蕃秀"季节，此时天地之气交合，到处都是万物开花结果的景象。人们应该心情愉快，并像那些植物成熟一样，使体内阳气不受任何阻碍地向外宣通发泄。

但是，夏季性爱应该注意"过度阳亢兴奋"的现象，也就是说夏天更容易让人欲望高涨，如果这时不注意节制，就会让身体新陈代谢加速，精力消耗也快。特别是在气候炎热的三伏天，阳气有浮长、开泄的特点，所以虽然夏季阳气盛，但是人体的阳气却相对不足，因为出汗就是在耗散阳气。所以，夏季应该降低房事频率，特别是大汗淋漓的时候更忌性爱。

当然，现在家家户户都安装了空调。许多人喜欢在空调环境中过性生活，但在性生活过程中，特别是获得性高潮后，人体会发热出汗，全身毛孔会张开，此时如果有凉气入侵就很容易生病，所以夏季行房事的时候不要贪凉。

如果使用空调，应让室内外温度相差5℃左右，室温最低不超过27℃。性爱之后如果感到口渴、浑身黏腻，不要急匆匆地去冲冷水澡。

秋季

秋季天气转凉，万物萧瑟，性生活应加以收敛，克制欲望，减少性生活的次数，使体内的阴阳不再向外发泄。

秋季的气候特点是"燥"，而女人是水做的，这个时候女性身体津液会处于相对匮乏的状态，在性生活的时候易出现干涩现象，是秋季燥邪当令所致。干涩不仅影响行房的情绪和欢悦，还可能带来疼痛和损伤。此时应多给身体补水，选用甘寒滋润之品，如百合、银耳、山药、秋梨、藕、鸭肉、柿子、芝麻等，以润肺生津、养阴润燥。

另外，秋季也是泌尿系统疾病高发的季节，不卫生的性行为会增加尿路逆行感染的概率，以致出现血尿、尿潴留等一系列症状，所以更要特别注意阴部卫生，定期用温水洗澡，以洁净身体。

冬季

冬季主"藏"，百虫蛰伏，阳气藏封。人们也相应减少活动，尽可能减少性生活的频次。所谓"善保精血者多高寿，过损精血者必早衰"，中医认为精充、气足、神旺是健康的保证，其中尤以精血充沛为根基。如果在冬季屡屡恣情，纵欲无度，则容易导致气弱肾虚，动摇人之先天根本。

而且冬季气温很低，从机体本能保护的角度来看，活动应相对减少并摄取更多的热量，所以这个季节人变得懒洋洋不愿意多活动。

不过需要注意的是，虽然冬季应养性，但这并不意味着让人禁欲。水满则溢，月满则亏，适当的房事生活可以使人身心愉悦，增进双方感情。有些人为了达到"藏而不泄"的目的，往往会在最后一刻忍住不射精，这是一种错误的做法，半途而废会使精液逆流，形成的高压也会导致逆流感染，增加发生前列腺炎的概率。

此外，冬季适合养阳，可以多吃温补肾阳的食物，如羊肉、核桃、海参、猪骨髓、泥鳅等，有助于藏精御寒。

《黄帝内经》说："阴阳者，天地之道也。"即是说，宇宙间万事万物皆要以阴阳为法则来分析和认识，房室活动，即人们的性生活亦是如此。《玉房秘诀》也指出："男女相成，犹天地相生，天地得交令之道，故无终竟之限。人失交接之道，故有夭折之渐，能避渐伤之事而得阴阳之道也。"

由此可见，房室生活本乎自然之道，是养生延寿的重要内容之一，也是健康长寿的基础，我们的房事生活应该顺应春夏秋冬四季的变化。

第六节　仿生房事

"仰则观象于天，俯则观法于地。观鸟兽之文，与地之宜……"

三千多年前，古人通过观察日月星辰、山川河泽的变化规律，从而创造了易经学说。

自然界就是人类的老师，比如古人结绳而为网，效仿的就是蜘蛛；刳木为舟，剡木为楫，效仿的是鱼；服牛乘马，制作牛车马车，车轮效仿的则是圆形的果实和圆木等。这些都是仿生思维的具体应用。

老子说："人法地，地法天，天法道，道法自然。"作为天地间的人类，就应该学习生生不息的大自然。

性，是动物的本能行为。古人通过近取诸身，远取诸物，认为一些动物的交合方式有益于房事养生，一些姿势的运用更能增加夫妻间的情趣。

战国时期有一本书叫《素女经》，是我国古代颇为重要的性学著作。书中记载了九种模仿动物的性爱动作：龙翻法、虎步法、猿转法、蝉俯法、龟膝法、凤翔法、兔吮法、鱼接法、鹤交法。这些动作除了可以提升性爱趣味，对患有一些疾病之人来说，还可以达到强身健体的目的。比如蝉俯法最适于有心肺疾病的男性患者；鱼接法适合于有轻度阳痿的男子；鹤交法适合于冠心病患者。

中医说肾，技巧出焉。唯有巧者，才能善用房事养生。所以，世上男女交合不能只当作性欲的发泄，而要注重一定的技巧。唐代名医孙思邈说，人到四十岁应该养生了，这无非是食补、药补、气功修炼、体育锻炼等，但这些是后天养生，不能保证健康长寿，想要长寿就应该养先天。所谓先天养生就是婚姻、房事这些方面，因为这关系到子代的健康和生命的素质，亦即遗传基因的问题。所以，房事养生学是养生学重中之重。

第十一章
《易经》象数营养奥秘

第一节 食物的象形、象义与养生之秘

《易经》认为"万物类象"。"象",就是事物的表象,即马克思主义哲学中的感性认识。这里所说的象,是象征的意思。其中,八经卦象是基础物象,分别象形八大事物。如乾卦象天,坤卦象地,震卦象雷,巽卦象风,坎卦象水,离卦象火,艮卦象山,兑卦象泽。

天地之五行八卦

天、地、水、火、雷、山、风、泽,这些东西是上古时代人类接触的几种重要的自然物象。每一种物象又有各自基本的特性,如中国人认为,天是刚健的,地是柔顺的,山是宁静的,水尤其是洪水孕育着危险和灾难等。这些特性都是从物质世界与人的关系着眼的。由此,八卦的卦象和外在的物质世界便建立了联系,八卦成为外在物"象"的替代物。

古人以八卦五行为核心,或取形,或取义,这样诸如天干地支、方位、时间、人物、人体器官、动物、植物、静物、食物、建筑场所等世界万物都能与五行八卦对应起来。比如,乾卦的代表性象义是阳中之阳、强中之强,所以凡是大、宽广、尊、贵、运动不止、明亮、纯净、纯粹、健全、圆满、完美、完整、完善、稳定、结实、坚实、坚固、刚健等事物和现象都属于乾卦。

自然界存在着这样的普遍规律,食物也存在这样的象数归属。如《易经》说:"干为天……为玉为金,……为老马,……为木果""离为火,为日……

为甲胄""艮为山，……为小石""坎为水，为耳痛……为月……其于木也为坚多心。"

人体之五行八卦

天地有五行八卦，人体也有五行八卦。因为自然界的动植物等食材可以归属于卦象，所以和人体存在属性相通，也就有了五气互补的基础。

《素问·藏气法时论》说："五谷为养，五果为助，五畜为益，五菜为充，气味合而服之，以补精益气。"利用饮食养生，也就是药膳，是老祖宗流传下来的养生妙法。在没有显微镜，无法了解食物营养成分的古代，人们了解食物作用的手段主要来源于易经学说中的取象法。

《易经》的卦象取义在中医药饮食方面有很大的启迪意义。比如红色的食物多性热，可用以温补，绿色的食物多性寒，则可以清热。在中医理论中，有象形食物和象义食物之分。

"吃啥补啥"有没有道理

象形食品源于《易经》的观象取义原理，就是长得像什么就补什么。我们老百姓常说的"吃啥补啥"，就是象形之意。因为核桃长得像脑，所以可以补脑；腰果长得像肾，所以可以补肾。

按照中医的"以脏补脏"观点，吃动物的血肉脏器可以补人类的血肉脏器，吃猪心可以补人之心，吃猪肝可以补人之肝。比如，眼睛不好的人可以吃一点鱼眼；如果肾虚则可以吃一些腰花；如果血虚可以通过吃动物的血制品进补。以脏补脏是一种十分简便有效的养生方法，因为以动物血肉滋补人之五脏最为直接，食物进入脏器之后，无须进行转化就能够直接被脏器吸收，从而能够获得很好的滋补效果。中医的这种以脏补脏方法，就是从"象形食物"理论发展而来的。

那么什么是象义食品呢？象义食品就是指某种食物与人体的联系取自卦义。比如，生长在北方的、背阴的、水里的食物，具有滋阴的功效；生长在南方的、向阳的、陆地的食物则具有养阳的作用。再如，莲藕、鸭子、鱼类生活在水中，属于坎卦，冬天成熟的水稻、白菜和萝卜等都具有养阴的功效。而向阳的食物，如向日葵，生长在高山的飞禽等则是养阳佳品。

药补不如食补

一般而言，食物性寒凉，那么就养阴；食物性温热，那么就养阳，这就是象义食品。一旦发现自己有了阴虚或阳虚的情况，就可以根据这个原理，用饮食来调理自己的身体。

再如，肝属木，青色也属木，所以患有肝脏疾病的人可以多吃一些青色食品，如青菜、黄瓜、芹菜等；肺属金，白色应金，所以患有呼吸系统疾病的人可以多吃川贝、雪梨等白色的食物；肾属水，黑色应水，所以需要补肾的人可以吃乌鸡、黑豆、木耳、紫菜等黑色食物。这便是象义食品的具体运用。

从前有个人出现了脱肛的症状，十分痛苦。医生告诉他一个食疗方，就是回家之后把大肠、糯米放在一起蒸，然后加入一些黄芪，就能缓解脱肛的症状了。这位患者将信将疑地用了这个方子，果真把脱肛症治好了。此法对老年人大便憋不住也有效。

中国人认为："药补不如食补。"外国人认为："食物是最好的药物。"实际上，通过饮食调节就能够使我们远离一些小病小痛，甚至在一些大病上也有着很好的辅助治疗效果。近代医家张锡纯在《医学衷中参西录》中指出：食物"病人服之，不但疗病，并可充饥；不但充饥，更可适口，用之对症，病自渐愈，即不对症，亦无他患"。

第二节　食物的性、味、色与人体脏腑的关系

明朝才子唐伯虎有一首诗说："左持蟹螯右持酒，不觉今朝又重九；一年好景最斯时，橘绿橙黄洞庭有。"

重阳节正是蟹肥菊黄的时候，古人重阳登高归来，自是疲惫，于是边喝酒边吃蟹边赏菊，解解乏，轻松轻松，甚是快活。但是蟹肉有一个特性，就是它具有寒凉之性，吃多了反倒不利于肠胃。

富家弟子比赛吃螃蟹，华佗为何忙制止

话说东汉末年一日，恰逢九月九日重阳节，一群富家子弟在一所酒家比赛吃螃蟹，一会儿工夫，餐桌上就叠起了高高的蟹壳。此时，恰巧名医华佗带着徒弟也到这里吃饭，他看到对面饭桌上的少年们螃蟹越吃越多，便好心劝说："年轻人，你们比赛吃螃蟹可没有好处。"

这伙年轻人却不以为然，便说："我们吃的是自己花钱买的东西，有何不可？"

华佗又说："螃蟹性寒，吃多了准闹肚子，到时候可有生命危险啊！"

喝得醉醺醺的年轻人根本不听华佗之言，并不认为这美味的蟹肉能给自己带来生命危险，便吼道："去去去，别在这里吓唬人，螃蟹是美味，谁听说过能吃死人？咱们放开肚子吃咱们的，馋死那个老头子！"

华佗看他们闹得实在不像话，就对酒店老板说："不能再卖给他们了，会闹出人命的。"酒店老板正打算从那伙少年身上多赚些钱哩，哪里听得进华佗

的话。他把脸一板，说："就是出了事也不关你事呀。你这人少管闲事，别搅了我的生意！"

华佗叹息一声，只好坐下吃自己的酒。不料刚坐下没一会儿，对面一个小伙儿就突然大喊肚子疼，疼得冷汗直冒，翻倒在桌下不停打滚。这时华佗忙起身赶过去说："我是医生，让我来看看。"

华佗号了脉，便让徒弟去田野间取一点紫苏，然后煎汤让小伙儿服下，不一会儿小伙儿就不疼了。少年们千恩万谢，告别华佗，回家了。华佗又对酒店老板说："你以后千万不能光顾赚钱，不管人家性命啊！"酒店老板连连点头。

吃饭要懂点寒热温凉

紫苏是一种野菜，在日本和我国沿海都有用紫苏配海鲜食用的习惯。这是因为紫苏性温，紫苏叶能散表寒，发汗力较强，可以温暖食蟹后造成的脾胃寒凉之证。

紫苏性温，而蟹肉性寒，温和寒都是紫苏和螃蟹作为食物各自的特性。生活中每一种食物的寒热温凉特性都不尽相同，比如西瓜性凉，在炎夏时节可以解渴；羊肉性温，严冬季节可以用来御寒；狗肉性热，吃多了容易上火；苦瓜苦寒，可以用来降火。

寒热温凉是我们对食物特性最基本的认识，这便是食物的四性。除此之外，食物的特性还包括五味和五色，每一种特性所对应的功效也不相同。

四性：寒热温凉的应用法宝

寒热温凉虽然是四性，但归结起来就是两类，凉性虽然较寒性弱，但同属于寒性。温性虽然较热性弱，但同属于热性。寒凉性食物属于阴性，有清热、泻火、凉血、解毒等功效；温热性食物属于阳性，有散寒、温经、通络、助阳等功效。

所以，凡具有缓解热性病症的食物，都属于寒性或凉性；凡有助于缓解寒性病症的食物，都属于温性或热性。

比如，生姜、葱白、香菜可以缓解风寒感冒，能让人体发汗，就具有温性特征；辣椒、胡椒、肉桂、鹿血可以令人燥热，则具有热性特征。再如，能够清热去火的菊花、栀子、苦瓜、薄荷因可以缓解烦躁、上火症状，所以具有寒性特征；能够滋阴润燥的雪梨、百合、银耳、川贝等，则具有凉性的特征。

四性之外还有一类"平性"，也就是说寒热温凉的特性不明显，特性平和，不显著偏向任何一方。一般来讲，寒凉食物、温热食物、平性食物有以下几种。

寒凉食物：属于寒、凉性的食物有苦瓜、番茄、茭白、荸荠、菱肉、百合、藕、竹笋、空心菜、马齿苋、蕨菜、苦菜、荠菜、香椿、莼菜、黑鱼、河蟹、文蛤、蛏子、海蜇、海带、紫菜、田螺、河蚌、蛤蜊、豆豉、桑椹、甘蔗、梨、西瓜、香蕉等。

温热食物：属于温、热性的食物有辣椒、花椒、胡椒、肉桂、干姜、酒、醋、小茴香、蚕豆、香菜、羊肉、狗肉、猫肉、鹿肉、南瓜、大葱、洋葱、大蒜、韭菜、胡萝卜、生姜、桃、荔枝、桂圆、柑橘、橙、木瓜、李子、莲子、砂糖、大枣、葡萄、糯米、胡桃仁、乌梅、花茶、乌龙茶、蜂蜜、牛肉、鸡肉、鸭肉、鹅肉、虾、鲫鱼、鳝鱼和鲢鱼等。

平性食物：属于平性的食物有大豆、芝麻、山药、花生、百合、黄豆、玉米、豌豆、红薯、南瓜、葫芦、扁豆、小麦、粳米、糯米、苹果、枇杷、西红柿、香菇、蜂蜜、食糖、鲤鱼、乌龟、甲鱼、鸡蛋、鸭蛋、猪肉、蛇肉等。

这些归类是基于几千年古人智慧的总结。如果从《易经》象数理论来分析，一般颜色偏绿的植物，接近地面，吸收地面湿气，故而性偏寒，如绿豆、绿色蔬菜等；颜色偏红的植物，果实能吸收较多的阳光，如辣椒、枣、石榴等，故而性偏热。

味苦、味酸的食物因为有下和泄的特性，如苦瓜、苦菜、芋头、梅子、木瓜等，故而特性多偏寒。味辛、味甜的食物，因为有发散、濡润的特性，如大蒜、柿子、石榴等，所以特性多偏热。生长在水里的如莲藕、海带、紫菜等植物多属于寒性，而长在陆地上的食物，如花生、土豆、山药、姜等，由于长期埋在土壤中，水分较少，故而性热。

了解食物寒热温良的特性，就可以指导自行进补了。比如平素畏寒的人可适当选用温热属性的食物；平素身体较弱但无明显畏寒怕热的人可选用属性平和的食物，或寒热温凉食物相互配用，使其属性趋于平和。当然，即便是正常的人，随着四季阴阳的变化消长，食物也应当适当调整，如夏季要避免多吃热性食物，冬天要避免吃寒凉的食物。

五味（辛、甘、酸、苦、咸）的应用秘诀

有个词语叫"五味杂陈"，五味即食物的五种味道：辛、甘、酸、苦、咸。辛，就是辛窜之感，如葱、姜、蒜这些食物。苦，就是苦涩之感，如苦菜、苦瓜、卷心菜、香椿、蒲公英等。

但是中医的五味理论并不局限于口感能直接感觉到的味道，而是将其归结为辛、甘、酸、苦、咸五种特性。《素问·藏气法时论》指出："辛散，酸收，甘缓，苦坚，咸软。"这是对五味作用的最早概括。

辛味能散、能行，即具有发散、行气行血的作用。即便有些食物在口感上没有辛窜之味，如果具有发散的功效，如苏叶发散风寒、木香行气除胀、川芎活血化瘀，那它们也属于辛味食物。

甘味能补、能和、能缓，即具有补益、和中、调和药性和缓急止痛的作用。具有滋养补虚作用的食物都具有甘味的特性，如牛肉、鸭肉、大枣、饴糖、人参等。

酸味能收、能涩，即具有收敛、固涩的作用。酸味具有敛汗、涩精、收缩小便、止喘、止泻的作用，如酸枣仁可以敛汗、治疗失眠，乌梅可以敛肺止咳，山茱萸可以涩精止遗。

苦味能泄、能燥、能坚，即具有清泄火热、泄降气逆、通泄大便、燥湿等作用。比如苦瓜、栀子、菊花能清热泻火，就是苦味，杏仁能降气平喘，所以也属苦味。

咸味能下、能软，即具有泻下通便、软坚散结的作用。所以，要想治疗

痰核、痞块、热结便秘、阴血亏虚等病症，就可以吃紫菜、海虾、海蟹、海蜇、龟肉等。

一般来讲，西红柿、木瓜、醋、红小豆、马齿苋、柑橘、橄榄、柠檬、山楂、石榴、乌梅、柚、芒果、李子、葡萄、佛手等都属于酸性食物。

苦菜、苦瓜、大头菜、香椿、蒲公英、槐花、荷叶、茶叶、杏仁、百合、白果、桃仁、李仁、猪肝等都属于苦味食物。

葱、生姜、香菜、芥菜、白萝卜、洋葱、白芥子、香花菜、油菜籽、油菜、萝卜籽、青蒿、大蒜、芹菜、芋头、韭菜籽、肉桂、花椒、辣椒、茴香、韭菜、香橼、薤白、陈皮等都属于辛味食物。

莲藕、南瓜、芋头、羊乳、牛奶、银耳、甘蔗、柿子、橄榄、苹果、柑、杏子、荸荠、梨、百合、白砂糖、甜瓜、西瓜、西瓜皮、菱角、桃、香蕉、罗汉果、桑椹、樱桃、荔枝、芡实等都属于甘味食物。

盐、大酱、苋菜、大麦、小米、紫菜、海带、海藻、海蜇、海参、蟹、田螺、猪肉、猪心、猪血、猪蹄、猪肾、猪髓、淡菜、火腿、鳆鱼、蛏肉、龟肉、白鸭肉、鸽蛋等都属于咸味食物。

五色（青、赤、黄、白、黑）的应用玄机

五色是指食物的五种颜色。中医五色理论最早源于《黄帝内经》，是五行学说的组成部分。在五行理论下，五色对应着五味，即辛应白色，甘应黄色，酸应青色，苦应赤色，咸应黑色。

中医讲究五行。所谓五行，就是金、木、水、火、土。在五行学说中，人体还被划分为五脏。所谓五脏，指的是肝、心、脾、肺、肾。而这里所说的五脏与西医的器官概念并不完全相同，它还包含了人体脏器的生理机能。食物也根据味道和颜色被划分为五类，与人体的五脏相互对应，相互滋养，也就是五色和五味都有相互对应的脏腑。

《素问·宣明五气》说："五味所入，酸入肝，辛入肺，苦入心，咸入肾，甘入脾。"这就是说，食物消化后，酸味为肝胆所吸收，苦味为心脏、小肠所吸收，甜味为脾、胃所吸收，辣味为肺、大肠所吸收，咸味为肾脏、膀胱所

吸收，各种不同性质的食物进入人体后，分别成为各个器官的营养。

五色与五味相应，所以红色食物养心，黄色食物养脾，绿色食物养肝，白色食物养肺，黑色食物养肾。

绿色食物养肝：肝属木，在五味中，酸味与肝胆之间的关联最大，酸味食物有增强消化功能和保护肝脏的作用。常吃酸味食物不仅可以帮助消化，杀灭胃肠道内的病菌，还有防感冒、降血压、软化血管之功效。

五色之中，青色（绿色）食物能疏肝养肝。肝具有调节情志的作用，而春天绿色的景象，即便只看一眼，也能让我们心情愉悦，更何况是吃了。现代营养学发现，绿色蔬菜中含有丰富的叶酸（维生素B9），而叶酸已被证实是人体新陈代谢过程中最为重要的维生素之一，可有效消除血液中过多的同型半胱氨酸。

另外，绿色食物还是钙元素的最佳来源，对于正处在生长发育期或患有骨质疏松症的人，常食绿色食品无疑是补钙佳品。

红色食物养心：心属火，火性上炎。于五味来讲，苦味入心。心开窍于舌，心火大的人，往往出现口舌生疮、红肿疼痛等症状。这时可以吃点苦味食物，因为它既能泄心火，又能养心阴，如苦瓜、苦丁茶、莲子心等，这样就能把心火给降下来。

五色之中，红色的食物可以养心。中医认为，心为火脏，而红色入火，为阳，故进入人体后与心同气相求。研究表明，如胡萝卜、红辣椒、番茄、西瓜、山楂、红枣、草莓、红薯、红苹果等红色的食物，能为人体提供丰富的优质蛋白质、维生素、微量元素，能大大增强人的心脏和气血功能。因此，经常食用一些红色果蔬，对增强心脑血管活力、提高淋巴免疫功能颇有益处。

黄色食物养脾：脾属土，甘味能濡养脾脏。性甘的食物可以补养气血、补充热量、解除疲劳、调胃解毒，还具有缓解痉挛等作用。如红糖、桂圆肉、蜂蜜、粳米等，都是很好的甘味食物。

于五色来讲，黄色入脾。五行中黄色为土，如同承载万物土地的颜色。以黄色为基础的食物，如南瓜、玉米、花生、大豆、土豆、杏等，可提供优质蛋白质、脂肪、维生素和微量元素等，常食对脾胃大有裨益。

白色食物养肺：肺属金，中医认为辛味食物有发汗、理气之功效。人们常吃的葱、姜、蒜、辣椒、胡椒均是以辛味为主的食物，这些食物既能保护血管，又具有调理气血、疏通经络的作用，经常食用，可预防风寒感冒。

于五色来讲，白色入肺。白色的食物多具有滋肺润肺的作用，如银耳、雪梨、百合、川贝等。据科学分析，大多数白色食物属于安全性相对较高的营养食物。因为它的脂肪含量比红色食物类低得多，十分符合科学的饮食方式。特别是高血压、心脏病、高血脂、脂肪肝等患者，食用白色食物会更好。

黑色食物养肾：肾属水，五味中咸味入肾，所以吃盐过多会加重肾的负担，对肾造成伤害。《素问·生气通天论》曰："味过于咸，大骨气劳。"因此，若日常习惯过食咸的食物，则容易伤肾伤骨。

五色之中，黑色的食物则可以对肾脏起补益作用。研究发现，黑米、黑芝麻、黑豆、黑木耳、海带、紫菜等食物的营养保健和药用价值都很高，它们可显著降低动脉硬化、冠心病、脑卒中等疾病的发生率，对流感、气管炎、咳嗽、慢性肝炎、肾病、贫血、脱发、少白头等均有很好的疗效。

这便是食物特性与身体脏腑的对应关系。"医圣"张仲景曾经说过："所食之味，有与病相宜，有与身为害；若得宜则益体，害则成疾。"别看我们一日三餐从不间断，但真正了解食物的人却并不多，而能够将食物特性与自身身体状况匹配适宜的人，则是更少了。

我们常讲"病从口入"，其实入口的病并不是单指不洁净的食物，还包括没有选对的食物，比如脾胃虚弱的人如果吃了寒凉的食物，就会产生腹泻、便溏，这就是饮食错误对健康的危害，所以什么才算"美味佳肴"，只有适宜自己体质的才属于美味佳肴。

第三节 《易经》损益理论对饮食养生的启示

何为损益

损益思想是《易经》的重要思想之一。损益，就是得失。《易传·象传下·损》记载："损刚益柔有时。损益盈虚，与时偕行。"人的一生，不能一日无损伤，也不能一日无修补，正如《易经》所说："损而不已必益，益而不已必决。"就是强调人的一生既要注意补，也要注意泄。

中医学进一步发挥《易经》的损益思想，提出了"虚则补之，实则泄之"的补益思想。《素问·生气通天论》说："阴平阳秘，精神乃治。"秉承《易经》的阴阳思想，中医认为人体最理想的状态便是阴气平和，阳气固密，两者相对平衡而和谐。

气为阳，血为阴，身体阴阳状态多用气、血来表示。多余的就叫实，不足的就叫虚。总的来讲，人体有气虚、血虚、阴虚、阳虚几种损益状态。

虚在很多时候并不一定出现病理表现，所以也不需要用药，但它却是人体一种亚健康状态，处于健康和不健康的灰色地带，需要用食补的办法让身体恢复正常。

补气虚食物

易经理论认为，气是构成世界的最基本元素，宇宙中一切事物都是由于气的运动变化产生的，人当然也不例外。明代著名医家张景岳就说："夫生化之道，以气为本，天地万物，莫不由之……人之有生，全赖此气。"

万物壮老，全由气决定盛衰。中医认为，气对人体有推动、温煦、防御、固摄、营养和气化等非常重要的作用。气就像是一辆汽车的动力系统，气虚动力就弱，人体就表现出虚弱乏力、面色苍白、呼吸急促、易出汗、怕冷、腰膝酸软、语声低懒微言、食欲不振等症状。

常用的补气食物，谷物类有粳米、糯米、红薯等。中医学认为，粳米性平、味甘，有益气、止烦、止泻、补中，壮筋骨、益肠胃的功能。北宋文人张耒对米粥养人的体会很深，认为每日清晨吃米粥是进食补养的第一妙诀。他在《粥记》中写道："每日起，食粥一大碗，空腹胃虚，谷气便作，又极柔腻，与肠胃相得，最为饮食之妙诀。"

糯米又称江米、元米。中医认为，糯米性味甘、温，入脾、胃、肺经，有补中益气、固表止汗之功，适用于脾胃虚弱、久泻、便溏食少、表虚自汗等。《本草纲目》记载，糯米能"暖脾胃，止虚寒泄痢，缩小便，收自汗，发痘疮"，对脾胃虚寒、食欲不佳、腹胀腹泻有一定缓解作用。而且糯米有收涩作用，对气不固摄引起的尿频、盗汗有较好的食疗效果。

红薯在我国北方是很重要的食材。将红薯切条，晒干，做成地瓜干，是非常美味的食品。红薯还具有很好的食疗作用，中医认为其性平味甘。《本草纲目》记载，红薯有"补虚乏，益气力，健脾胃，强肾阴"的功效。

《黄帝内经》讲："五谷为养，五果为助，五畜为益，五菜为充。"养生有五谷，补气有五畜，如牛肉、鸡肉、火腿，还有牛肚、猪肚、鸡蛋等副食，蔬菜有胡萝卜、花菜、扁豆等，这些都可以补气虚。

补血虚食物

血液是人体生命活动的重要物质基础，它含有人体所需要的各种营养物质，对全身各脏腑组织起着营养作用。人体的血液内养脏腑、外濡皮毛筋骨，如果血液亏虚，最直观的表现就是面色苍白、唇色爪甲淡白无华、头晕目眩、肢体麻木、筋脉拘挛、心悸怔忡、失眠多梦、皮肤干燥、头发枯焦，以及大便燥结、小便不利等。

补血的食物很多，谷类如黑米和芝麻。黑米是我国古老而名贵的稻米，因为富含铁元素，所以具有很好的补血功效。黑米素有"黑珍珠"和"米中之王"的美誉，是古代皇室贡品之一，因而又被称为"贡米"。黑米熬粥，色黑如墨，喝到口里有一股淡淡的药味，特别爽口合胃，尤其适合上了年纪的气血亏虚病人，如果加入天麻、银耳、百合、冰糖之类，则味道胜似琼浆玉液，还能治疗头晕、目眩、贫血。

芝麻也是传统的滋补强品，芝麻味甘、性平，入肝、肾、肺、脾经，有补血明目、祛风润肠、生津通乳、益肝养发、强身体、抗衰老之功效。芝麻含油率达60%，另有油酸、亚油酸、棕榈酸、花生酸、维生素E、叶酸等多种营养成分，可以治疗头发早白、贫血萎黄、津液不足、大便燥结等症。

另外，猪蹄含有较丰富的蛋白质和脂肪，也能补血。而且肝主藏血，根据中医"以脏补脏"的原理，食用诸如猪肝、鸡肝等动物的肝脏也可以补血。其他如菠菜、黑木耳、金针菇、西红柿、龙眼、桑椹、红枣、蜂蜜、荔枝等都是养血的食物。

补阴虚食物

阴，是指阴液。身体中精血或津液都属于阴，阴虚就是指身体内血液、唾液、泪水、精液、内分泌及油脂分泌等阴液不足，就像是土地缺少了水液的滋润。

阴虚者表现为阴津不足，身体呈缺水状态，以致眼干、鼻干、口干、皮肤粗糙、头发干枯等。其典型症状是心烦易怒、失眠多梦、头晕眼花、腰膝酸软、小便次多量少、心跳偏快、夜间盗汗、手足心发热、耳鸣等。

常见的滋阴食物有猪肉。猪肉性寒，味甘、咸，其功能为滋阴润燥。《本草求真》说："猪肉润肠胃，生津液，丰肌体，泽皮肤。"

鸭子是水生类家禽，所以鸭肉性寒凉，也具有很好的滋阴效果，因而老鸭汤是传统的滋补名菜。

除了鸭子，很多水产品也具有滋阴的效果，如老鳖、海参、牡蛎、鲍鱼、海蜇等。其中老鳖的滋阴功效最强。俗话说"千年王八万年龟"，老鳖善于滋阴，

《本草纲目》记载，鳖肉有滋阴补肾、清热消瘀、健脾养胃等多种功效。其他如甘蔗、石榴、银耳、百合、枸杞子等都具有滋阴的功效。

中医认为"年过四十，阴气自半"，人到中年就要注意养阴，多吃一些滋阴补阴的食物。

补阳虚食物

阳虚多因身体阳气虚弱，或外感阴寒之邪，阳气受损。所谓阳气，就像是天上的太阳，给大自然以光明和温暖，如果失去了太阳，万物就不能生存。人体的阳气具有温煦的作用，如果阳气虚弱，就不能正常地给身体供给能量，表现为恶寒喜暖、手足不温、口淡不渴等症，也就是人们通常所说的"火力不足"。

因为肾阳是阳气的根本，所以长期阳虚者多伴有肾阳虚，宜温补肾阳。

温阳的食物有羊肉、狗肉、黄鳝、核桃、栗子等。羊肉是大家所熟知的温性食物，古有"人参补气，羊肉补形"之说。李时珍在《本草纲目》中说："羊肉能暖中补虚，补中益气，开胃健身，益肾气，养胆明目，治虚劳寒冷，五劳七伤。"

狗肉营养丰富，含有较丰富的蛋白质、维生素，属大滋大补之品。中医认为狗肉性热，能补中益气、温肾助阳，民间有"吃了狗肉暖烘烘，不用棉被可过冬"的谚语。

黄鳝不仅为席上佳肴，而且据《本草纲目》记载，黄鳝有补血、补气、消炎、消毒、除风湿等功效。黄鳝肉味甘、性温，能补中益血，治虚损。

核桃"以形补形"，可以补肾益脑。核桃仁含有丰富的营养成分，每百克含蛋白质 15 ~ 20 克，碳水化合物 10 克，脂肪含量较高，并含有人体必需的钙、磷、铁等多种微量元素和矿物质，以及胡萝卜素、核黄素等多种维生素，对人体十分有益，是深受老百姓喜爱的坚果类食品之一。

栗子味道甜美，营养丰富，具有养胃健脾、补肾强精等功效，能治疗因肾虚引起的腰膝酸软、腰腿不利、小便量多等症状，因此栗子有"肾之果"的美名。李时珍介绍栗子的吃法为"以袋盛生栗，悬挂风干，每晨吃十余颗，随后吃猪肾粥助之，久必强健"。

这几种是常见的补阳虚食物，其实根据食物的特性，属于热性或者温性的食材绝大多数也具有补阳气的作用。

人在青年阶段，血气方刚，身体的气血耗费得比较严重，所以青少年时期要以补气、补血为主，多吃蛋类、肉类等补气血食物，这是适应青少年生长发育的需要。而年过四十，阴气就开始自衰，人体呈现出亚健康状态，失眠、多梦、烦躁、盗汗，如果是女性，此阶段则称为"更年期"，此时要多吃补阴虚的食物。而步入老年之后，脏腑机能开始走下坡路，此时身体阳气逐渐消耗，直至殆尽那一刻，生命也就结束了，所以人到老年就要养阳气，多吃一些补阳气的食物。

第十二章
古今中外寿星的秘诀与启示

第一节　顺时而养是养生的最高境界

人生自古谁无死，但长寿仍是人的基本要求

不论是西方还是东方，人类对长寿的追求从未停止。为了达到万寿无疆、与天同寿的目的，各类追求永生的秘术奇方层出不穷，秦始皇海外寻仙，嘉靖皇帝口服金丹。更有甚者，一些追求永生的方法可谓以邪恶来形容。

老子说："万物负阴而抱阳。"生是阳，死是阴，从人出生的那一刻起，死亡就如影随形，所以世界上既没有所谓的长寿不老，也没有起死回生。

死亡是人力所不可抗拒的，但是延缓衰老却是人所能及的。在中国传统文化中，有一个词语叫"上寿"。《庄子·盗跖》记载："人上寿百岁，中寿八十，下寿六十。"上寿就是三寿中之上者，谓最高的年寿。

我们知道因为医疗水平所限，古代人的平均寿命是很短的，到了 17 世纪，人类的平均寿命才勉强上升到 50 岁。古代人平均寿命虽然短，但主要原因并不是寿命本身决定的，而是因为战乱、天灾和疾病。如果抛开这些因素，古代还有许多长寿之人的，比如彭祖、黄帝、姜子牙、老子、孙思邈等。由此可见，相对于永生来说，长寿并不算一种奢望。

为什么上古之人能长寿

在《黄帝内经》中，黄帝问名医岐伯，为什么上古之人能够长寿，而今天的人往往年过半百就衰老了，这是为什么呢？

其实，两千多年前的黄帝之问不也是我们现代人所疑惑的吗？当今社会拥有先进的医疗仪器和精湛的诊断水平，可是很多人的寿命并不太长，原因何在？

关于黄帝的长寿之问，岐伯回答说："上古之人，其知道者，法于阴阳，和于术数，食饮有节，起居有常，不妄作劳，故能形与神俱，而尽终其天年，度百岁乃去。今时之人不然也，以酒为浆，以妄为常，醉以入房，以欲竭其精，以耗散其真，不知持满，不时御神，务快其心，逆于生乐，起居无节，故半百而衰也。"

上古之人，懂得天地运行的道理是阴阳谐和的，每个人的命运是有定数的，所以行事都不与天地的运行之道相违背，他们的起居作息都顺应四时的规律，肉体与精神都协调一致，所以能尽终其天年。

为什么现代人不长寿

而现代的人，把酒当作饮料，每天过反常的生活方式，即便是日夜颠倒也习以为常，肆意酗酒伴酒入睡，以此枯竭精气，耗散真气，不懂得保持精气神的充盈，不善于调养精气，贪图享乐而起居无节，所以差不多50岁就耗尽了自己的一生。

以酒为浆，以妄为常，醉以入房，起居无节……这些不健康的生活习惯不就是现代社会年轻人的生活写照吗？现代人因为违背自然规律，所以即便拥有先进的医疗技术，依然无法获得长寿。

古人云："顺天者昌，逆天者亡。"人是天地间非常渺小的一分子，只有顺天应时，与自然同步，才能颐养天年，获得长寿；反之，如果不遵守自然规律，逆天而行，则会伤精泄元，缩短寿命。因此，养生长寿之要在于顺天地而行，应时节而变，这是养生的最高境界。

第二节　饮食是长寿的物质基础

民以食为天，一日三餐是我们每天能量的来源，我们生命质量的好坏与健康饮食息息相关。食物，就是人体的燃料，没有燃料的驱动，人体这台精密的仪器就无法运转。

饮食不当是折寿的根源

饮食对于人体来说，也并不是"来者不拒"，人们的饮食质量直接决定着生命的质量、寿命的长短。

历史上长寿的名人是怎么吃的？

1. 英国首相丘吉尔

英国首相丘吉尔活了 91 岁，这在战争频发的 20 世纪可谓高龄。他身为一国的首相，其日常饮食并不像古代皇帝那样一餐有上百道菜，山珍海味应有尽有，而是非常简单。

丘吉尔最爱吃新鲜蔬菜和水果，很少吃肉类，曾多次修改厨师为他制定的食谱，将其中脂肪含量很高的肉食去掉，换上他爱吃的青菜。酒也喝得很少，从不贪杯。这种良好的饮食习惯，有效地保护了他的心血管系统。

2. 文坛寿星萧伯纳

文坛寿星萧伯纳活了 94 岁，他一生从不吸烟酗酒，而且非常注重食品的多样化，饮食做到粗细粮搭配，不挑食、偏食，食物以清淡为主。他的饮食通常是可可菜、黑面包，以蔬菜为主，很少进食高脂肪食物。所以，他被人们冠以"布衣素食秀才"的雅称。

除了国外这些长寿之人，国内也有很多大家耳熟能详的老寿星。

3. 著名作家冰心

著名作家冰心享年99岁，她健康长寿的原因之一就是饮食十分有规律，每天早上7点钟吃早饭，喝一碗牛奶，加上少许咖啡和蜂蜜，小半碗稀饭和一个蛋白，每顿饭吃一根香蕉，午饭、晚饭总是半碗米饭，吃一点肉或鱼、豆腐，各种蔬菜和几匙汤，睡前喝一碗牛奶。

4. 诗坛泰斗臧克家

诗坛泰斗臧克家寿高99岁，他将自己的长寿经验总结为一句话便是"思想大门洞开，情绪轻松愉快，锻炼营养药物，健康恢复快哉"。臧克家的生活非常健康，烟、酒、麻将从来不碰，而且饮食以素食为主。

5. 当代著名作家姚雪垠

当代著名作家姚雪垠在逆境中不屈不挠，不但坚持创作，撰写了长篇历史小说《李自成》，而且活了近90岁高龄。有人向他请教长寿的秘诀，他认为自己并没有什么长寿之道，只是从不抽烟，每天中午必喝一杯白酒，下酒菜常是他爱吃的具有豫西南风味的凉拌猪耳朵、白菜心和油炸花生米，主食以馒头和面条为主。他曾写诗描述自己的生活："大蒜大葱兼大饼，故乡风味赛山珍。"

为什么粗茶淡饭反倒能使人长寿

综观这些中外长寿之人，他们有一个共同的特点，就是饮食并非所谓的山珍海味，而是粗茶淡饭。很多长寿之人经历过物质贫乏、缺衣少食的动荡年代。巴西有一项针对百岁老人的研究，发现这些年过百岁的寿星，年轻的时候由于社会因素，都经历过饥荒。

为什么粗茶淡饭反倒能使人长寿呢？中医认为，脾胃是后天之本。脾胃是人体运化食物、供给营养物质的器官。首先要保证它的正常运作。我们每天都要进食各种各样的食物，这些食物进入肠胃后将会带动脾胃工作，每顿只吃七分饱，脾胃运转就非常轻松，但如果吃的食物超过了脾胃的承载能力，脾胃就会不堪重负，消化功能也会下降。

我们常常说给孩子的学业减负，其实随着生活条件的提高，饮食日渐多样化、丰富化，我们也应该给自己的脾胃减负。脾胃负担轻了，干活自然更有劲，工作时间也会更加持久。有科学家调查癌症患者的饮食习惯，发现大多数癌症患者习惯摄取大量荤食，如肉、鱼、蛋、牛奶等动物性食物，而且越是较早发病的人，通常也较早开始频繁而且大量地摄取动物性食物，特别是肉类和乳制品。

自古寒门多贵子，粗茶淡饭养脾胃

自古寒门多贵子，脾胃也是这样，娇生惯养反倒是让脾胃患上"富贵病"。江苏如皋是长寿之地，如皋人的日常饮食是"两稀一干"，即早晚稀饭，中午干饭。这样减少了热量摄入，既可预防肥胖，也减少了高血压、心脏病、糖尿病等的发病概率。

清代雍正、乾隆年间，有位著名的军机大臣张廷玉，享年84岁。但就是这样一个长寿的老人，年少的时候经常被父母担心早夭。张廷玉先天不足，少年时体质很差，弱不禁风，时常生病遭灾，平时言谈举止无力，步行500米路就感到疲惫不堪。其父张英，清朝大学士，官至礼部尚书，常为这小生命担忧，以为他活不到成年就会早早夭折。可张廷玉十分注重后天养生以弥补先天不足，另外注意饮食养生。他家虽说山珍海味应有尽有，参茸补品一样不缺，但他都不屑一顾，重视养护脾胃，保全后天之本。

所以，善于养脾胃的人从来不会乱吃山珍海味、大鱼大肉，而是注重荤素搭配，喜食家常便饭。著名作家孙犁，清晨吃玉米粥或稀饭一碗，馒头一个，佐以酱菜，中午多是面条，晚饭又是稀饭或玉米粥。午饭、晚饭是炒菜，多是豆角，菜里有时加点瘦肉丝，主食除馒头外，有时是烙饼、包子。

大黄救人无功，人参杀人无过。贵的食材、补的食材并不一定就是适合你的，水满则溢，月盈则亏，现代社会物质生活水平普遍较高，除非患病，很少有身体虚弱的情况，所以像鸡鸭鱼肉这些高蛋白、高脂肪食物不宜多吃。

把长寿吃出来

那么如何饮食才能让身体更加长寿呢？《黄帝内经》认为："五谷为养，五果为助，五畜为益，五菜为充。"意思就是以谷物为主的主食是人们赖以生存的根本，而水果、蔬菜和肉类等都是主食的辅助、补益和补充。

古代人逢年过节才能吃上肉制品，而现代人顿顿都是鸡鸭鱼肉，将肉类食物代替五谷的主食地位，自然不合时宜。还有一些女性朋友，为了追求好身材而减肥，每天用水果代替主食，这是本末倒置，也是不健康的饮食习惯。

健康的饮食习惯，应该是以五谷杂粮为主食，荤素搭配、粗细搭配；多吃蔬菜、水果和薯类；每天吃奶类、大豆及其制品；常吃适量的鱼、禽、蛋和瘦肉；减少烹调油的用量，吃清淡少盐膳食。食物要注重多样化，不要有所偏嗜，不应喜欢什么就一味地吃什么。《素问·五脏生成》指出："多食咸则脉凝泣而变色，多食苦则皮槁而毛拔……"我们应该"杂食"，充分体现食物互补，每天要保证吃 10 ~ 15 种食物，每顿饭要做到菜肴品种多数量少。

健康饮食，还应以素食为主，适当补充蛋白质、脂肪等。素食是防治"富贵病"的重要措施，而且素食易消化，富含多种维生素、矿物质等营养成分。食物要新鲜、洁净，饮食要有规律，不能饥一顿饱一顿，要做到定时定量进食，久之有助于形成脾胃消化功能的生物钟。

长寿饮食的秘诀

饮食过饥或者过饱都是不正确的饮食方式。《灵枢·五味》指出："谷不入，半日则气衰，一日则气少矣。"现代社会，人们很注意塑形和减肥，但是一些人为了身材更苗条，长期饥饿或饮食不足，以致某些营养物质摄入过少。

中医认为，脾胃是气血生化之源，没有水谷提供生化，身体就缺乏营养支撑。现代科学研究证实，饮食不足，特别是蛋白质和热量缺乏，会使机体处于负氮平衡，不断消耗体内蛋白质而转化为热量以供身体需要，长此以往就会引起体内代谢紊乱、生长发育障碍、免疫功能低下，导致恶性营养不良。若某些营养物质长期缺乏，就可引起相应病症。

当然，饮食过量以致大腹便便也是不健康的。暴饮暴食或长期过饱，均可造成消化功能紊乱。而且经常吃得太饱，会令胃肠负担过重而影响消化吸收功能，导致营养过剩而引起疾病。《素问·生气通天论》指出"高（膏）粱之变，足生大疔"，《千金要方·食治》也指出"在身所以多痰，此皆由……饮食不节故也"，皆指饮食过量或过于肥甘造成的病变。

俗话说"早餐是金，午餐是银，晚餐是铜"，我们应该早餐吃得像皇帝，午餐吃得像百姓，晚餐吃得像乞丐。

孔圣人怎么吃饭的

孔子一生郁郁不得志，可是他仍然活了73岁，这和他晚年独特的饮食讲究关系密切。孔子指出，有"八不食"：食饐而餲，鱼馁而肉败，不食；色恶，不食；臭恶，不食；失饪，不食；不时，不食；割不正，不食；不得其酱，不食。沽酒市脯，不食。

这"八不食"可归纳为三类。在色味方面，食物变颜色了不吃，变味了不吃；在食物质量方面，粮食陈化了不吃，鱼和肉不新鲜了不吃，不新鲜的菜蔬不吃；在食物制作方面，烹调不当的食物不吃，佐料放得不妥的饭菜不吃，从市场上买回来的酒和熟肉不吃。

从现代的卫生观点看，这些观念大部分是正确的。所谓"病从口入"，吃的东西不新鲜、不洁净，最容易引起胃肠道疾病。

此外，孔子还提倡吃应季食物，即"不时不食"，就是说要遵循大自然阴阳之气的变化规律准备药物、食物，不是应时应季的食物不食用。在中医看来，食物和药物一要讲究"气"，二要讲究"味"，它们的气味只有在当令时，即生长成熟符合节气的时候，才能得天地之精气，如果不是应季食物，它就没有那个季节的特性，它的健康价值就会因此改变。

读读"饮食长寿歌"

脾为后天之本，人类健康长寿与否，与脾胃有直接关系，而与脾胃关系最为密切的便是"一日三餐"。吃饭虽然是件小事，但又是关系人的生命质量和长度的大事，脾胃运化功能好，气血充足，则面色红润，肌肉丰满坚实，肌肤和毛发光亮润泽，外邪不易侵犯，身体不易发病，容光焕发，身体矫健，自然就能健康长寿。下面让我们一起来读读这首"饮食长寿歌"。

饮食长寿歌

首谈饮食日达标，不肥不瘦身体好。

身体不好也莫恼，添把青菜添把豆。

再加一个鸡蛋吃，多吃禽肉少走兽。

五谷杂粮莫遗漏，保你活到九十九。

两杯牛奶每天喝，活到百岁笑呵呵。

早晚一杯青春酒，百岁帅哥仍风流。

淡盐淡糖少辛辣，多吃食醋好处多。

野菜野果采点吃，健康长寿加砖瓦。

蜂蜜葡萄多多吃，百岁老翁胜花甲。

淡食胜过蟠桃宴，萝卜白菜保平安。

每日吃下三个枣，益寿延年青春葆。

第三节　乾隆皇帝的长寿启示——"十常四勿"

皇帝寿夭的启示

在世人看来，皇帝锦衣玉食、吃穿不愁，自然要比普通人长寿。其实不然，所谓"祸兮福之所倚，福兮祸之所伏"，表面上看龙椅上的皇帝一个个光鲜无比，其实他们中的很多人命运悲惨。皇帝这个群体的生命质量整体较差，生存压力巨大，因此出现人格异常、心理变态甚至精神分裂的概率较常人高许多。

中国历史上共有 83 个王朝 559 个帝王。其中，由于早殇、累于政事或沉溺淫乐，短寿早夭的皇帝很多。

历史学家做过一个统计，历代皇帝生卒年月可考者共 209 人，其平均寿命仅为 39.2 岁。

乾隆皇帝为什么能寿高 89 岁

在历代皇帝中，清朝的乾隆皇帝享年 89 岁，不仅是皇帝中的佼佼者，更是远远领先于同时期的平均寿命。那他到底有什么长寿秘诀呢？

其实，乾隆皇帝之所以长寿并不是因为服用了什么名贵的仙药，他的长寿方法，普通人也能够做到。乾隆皇帝曾把自己的长寿秘诀归纳为 16 个字，即"吐纳肺腑，活动筋骨，十常四勿，适时进补"。

吐纳肺腑就是吐气纳新，吐出二氧化碳，吸入新鲜空气，不但能使耳清目明，头脑清醒，而且四肢有力，浑身舒坦。活动筋骨就是经常运动，清朝的天下是从马背上取得的，所以清朝皇帝保留了打猎、打拳、摔跤的习惯，甚至每天早晨都打一会儿"布库"（摔跤）。乾隆皇帝一生六次巡游江南，五次西巡五台山，三次东巡泰山，他在领略自然风光、开阔眼界的同时也锻炼了筋骨，增强了体力。

而所谓的"十常四勿"，就是乾隆皇帝根据自己的养生经验总结出的十件需要经常做的和四件不要做的事情，即齿常叩，津常咽，耳常弹，鼻常揉，睛常运，面常搓，足常摩，腹常施，肢常伸，肛常提；食勿言，卧勿语，饮勿醉，色勿迷。"十常四勿"才是乾隆皇帝得以长寿的根本所在。

齿常叩秘法

叩齿是我国传统的养生之道，简便易行效果佳。明朝有位长寿者叫冷谦，史载活了 150 岁，他的长寿经验就是"每晨睡醒时，叩齿三十六遍"。

中医认为，肾主骨，而"齿为骨之余"。齿与骨同出一源，为肾精所养。叩齿能健肾，充盈肾精，利及骨骼，持恒进行，能致骨坚，故可健骨。所以，叩齿就是健肾。肾是先天之本，是人的根基所在，所以叩齿自古就是养生大家推崇的养生方法。唐代著名医学家孙思邈在《养生记》中就有"清晨一盘粥，夜饭莫教足，撞动景阳钟，叩齿三十六"的记载，说明叩齿养生，由来已久。

叩齿的方法主要有轻叩、重叩、轻重交替叩三法。一般来说，牙齿好者宜选择重叩，牙齿不好者宜选择轻叩或者轻重交替叩。叩齿时，口唇轻闭，有节奏地叩击上下齿，先叩两侧大牙 60 次，再叩门牙 60 次，每日 2 ~ 4 遍。注意，力度要适当，略闻声响即可。

叩齿之法随时随地都可进行。另外，宋代养生家蒲虔贯还认为，在大小便时叩齿，对排泄功能有所裨益，因此时叩齿会使注意力转移，降低了尿道和肛门括约肌的紧张度，使其更加自然和通畅。

津常咽秘法

津液，说白了就是人的唾液、口水。提起唾液，现代人总觉得它是不雅之物，其实它在古代被称为"金津玉液"，是人体的宝贝。明代名医李时珍认为唾液有促进消化吸收、灌溉五脏六腑、滋阴降火、生津补肾、润泽肌肤毛发、滑利关节孔窍等重要作用。

《黄帝内经》说"脾为涎，肾为唾"。唾和涎，一个来源于先天之本，一个来源于后天之本，所以唾液的充足和流动对人体来说非常重要。如果大家不信，可以试着把每次分泌的唾液吐出来，相信用不了多久你就会觉得口干舌燥。

现代医学研究发现，唾液具有快速止血、软化收缩血管、溶解细菌、灭杀微生物、健齿强肾、抗病毒、助消化等功能。最为可贵的是，唾液还有很强的防癌效果。美国佐治亚大学医学院的研究表明，致癌作用很强的黄曲霉素和 3, 4- 苯并芘及亚硝酸盐与唾液接触 30 秒后就会消失，并建议"每口饭最好咀嚼 30 次"。

日咽唾液三百口，一生活到九十九。吞津的方法非常简单。精神内收，舌尖轻轻抵住上腭，注意不要用力，口腔和面部的肌肉要放松。此时，你会觉得有唾液从舌下，即"金津"和"玉液"两个穴位喷涌而出，等到积攒到一定的量，鼓漱三十六下，最后把津液分三口徐徐咽下，这样就能滋润全身脏腑经络了。

耳常弹秘法

肾开窍于耳，是先天居所之处。而且中医认为耳为宗脉之所聚，耳朵上穴位多，经常按摩耳朵有很好的保健作用。

弹耳有两种手法。第一种是"鸣天鼓"。具体方法是先以两手心掩耳，然后用两手的食指、中指和无名指分别轻轻敲击脑后枕骨，发出的声音如同击鼓。坚持每天睡前做 64 次，或者早晚各 32 次，可以预防和治疗眩晕、耳鸣、耳聋、内耳疾病等。

第二种是"弹风府"。风府穴位于后发际正中直上一寸，枕外隆凸直下，有一浅凹处即为此穴。具体方法是用双手掌掩耳，用双手食指、中指、无名指轻轻叩击风府穴附近 36 次，再用食指塞耳窍，压耳门各 3 次。

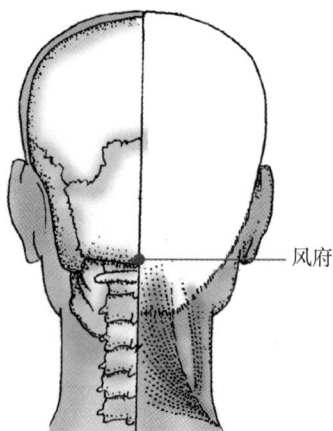

风府

耳朵就像是一个倒垂的婴儿，根据生物全息理论，耳朵的很多位置与脏腑相互对应。耳朵是各个脏腑的反射区，人体大部分病变可以在耳朵上反映出来。如果经常对耳朵进行按摩，可以收获养生的功效。

鼻常揉秘法

肺开窍于鼻，鼻子既是肺与外界进行空气交换的场所，人体进行新陈代谢的重要器官之一，又是防止致病微生物、灰尘等脏物侵入的第一道防线。鼻腔内有鼻毛，又有黏液，故鼻腔内常有很多细菌、脏物，有时会成为播散病菌的重要渠道。

鼻子就像是各家各户门口放置的脚垫，以牺牲自己的洁净来换取室内的洁净，所以鼻腔的健康非常重要。

鼻腔内有很多毛细血管，经常给鼻子按摩可以通经活络，提高鼻腔的温度，从而使吸入鼻腔的空气变得温热，减少对肺的刺激，避免咳嗽、感冒。按摩鼻子的方法有很多，最常见的是推擦鼻梁。具体方法是，用右手食指指面放在鼻尖处，以顺时针和逆时针方向交替揉动，由鼻尖向鼻根，再由鼻根往鼻尖揉，上下来回揉动 20 ~ 30 次。

也可按摩迎香穴。迎香穴在鼻翼外缘中点旁开 0.5 寸处。按摩迎香穴，即用手指尖按压迎香穴，一边按一边振动，直至有酸胀感为止。每次按摩 5 ~ 10 分钟。此法对鼻塞效果很好，还可以预防鼻炎。

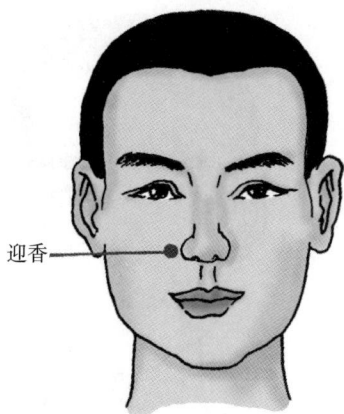

迎香

睛常运秘法

眼睛是心灵的窗户，通过眼睛我们可以看到色彩斑斓的世界，但是用眼过度就会导致眼睛干涩、视物不清。中医认为，肝开窍于目，眼睛是肝脏的外候。肝主藏血，血为人体的阴津，眼睛之所以精明有神，全赖于肝血的滋润，所以经常活动眼睛，可以缓解眼部疲劳，减少干涩感，肝血耗损得就少一点。

长时间近距离盯着固定物体，会让眼睛处于聚焦状态，容易疲劳，因此在伏案学习、工作一段时间后，要抬头让眼睛远眺远方的景物。远方没有景物也没关系，下面教大家一个方法，即便身处陋室也可以完成远眺。

具体方法是，身体坐直，保持头部不动，右臂向前尽力伸展，手心向上，食指伸出并向上直立，然后运动小臂，用手指指向鼻子，双眼跟随手臂和手指运动，在食指接触到鼻子的过程中，眼睛要一直盯着食指。随后手臂缓缓回到原位，眼睛也随之回复原位，每天做两三次，每次做 10 ~ 12 下，可以让眼睛得到很好的运动。

另外，眼部有睛明穴，位于目内眦角稍上方凹陷处，按摩该穴位可以起到保护眼睛的作用。具体方法是，身体坐正，眼睛闭合，双手握空拳，拇指翘立，以指尖点睛明穴，稍用力，以穴位有酸胀感为度，持续 1 分钟，放松10 秒钟后继续点按，反复 3 ~ 5 次，有助于缓解眼部疲劳。

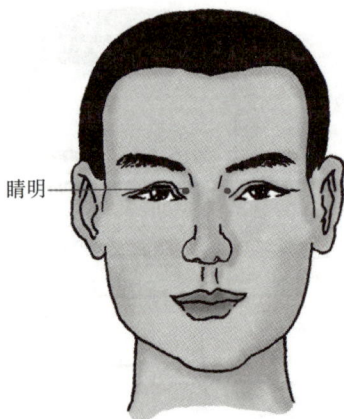

睛明———

睛明

面常搓秘法

心主全身血脉，其华在面，"华"就是荣华外露的意思。人的脸部就像是一面镜子，身体气血充盈程度可以从面部直接观察得知。气血充足，则面部红润，神采飞扬；气血亏虚，则面色苍白。经常以手"干洗脸"，可以疏通气血，起到缓解疲劳、醒神明目的功效。

另外，我们还可以促使血液流到眼部、鼻部、口部、耳部和头部，从而防治相关部位的多种疾病。

干洗脸时，两手先搓热，然后闭上眼睛，用搓热的双手从下巴处搓至发际，从发际横向搓到额角，再从额角下搓至下巴，以此循环往复"干洗"。以面部微微发热为宜，每天至少"洗"两次，每次 3 ~ 5 分钟。

需要注意的是，干性皮肤的朋友在搓脸时要注意手法，不要太用力，速度也不要过快，以免搓伤皮肤。

面常搓，不但可以疏通气血，更重要的是让面部红润通透，具有美容效果，是廉价的驻颜养颜法宝。对于经常面对电脑屏幕的上班族来说，经常搓脸可以缓解"屏幕脸""面具脸"。

足常摩秘法

俗话说"百病从寒起，寒从脚下生"。脚位居人体的最下部，起着支撑人体的作用，犹如大树的根部，根深才能叶茂。脚是人体之根，是人体元气凝聚之点，因此足部健康关系到全身健康。

据统计，连接人体脏腑的十二经脉有一半起止于脚，有 60 多个穴位汇集在脚上，因此脚又被称为人体的"第二心脏"。

另外，根据生物全息理论，脚部也是人体全息区域，脚底的很多区域和脏腑有关系。如果脏腑有病，在大脑皮质内已形成一个病理兴奋灶时，由脚部反射区传来的触压和痛觉冲动也会形成另一个兴奋灶而表现在脚部，通过按摩脚部的兴奋灶进而能刺激脏腑。比如，大趾对应肺与大肠，二趾对应脾胃，三趾对应心与小肠，次小趾对应肝胆，小趾对应肾与膀胱。

足常摩就是经常给足部按摩。睡觉前用热水泡脚 30 分钟，擦干后就可以用大拇指大范围地按压脚底，以有酸痛感为度，做 10 分钟左右，尽量要按遍脚部所有位置。如果是夏天，大家还可以光脚在公园的鹅卵石路上行走，借助外力按摩脚底。按摩脚底穴位可以激发人体潜能，增强机体的抗病能力，对各脏腑器官疾病，特别是某些慢性病有一定辅助治疗效果。

腹常施秘法

腹部是脾胃所在之处，而脾胃又是气血生化之所。经常按摩腹部可以健脾助运化，使气血生化机能旺盛，培植一身元气。现代医学证明，摩腹不仅可以调节胃肠道的蠕动功能，还能加强胃肠道的血液循环，防治胃肠消化功能失调，从而起到防治全身疾患的作用。

摩腹最好在晚饭后半个小时进行，身体躺在舒服的床上，闭目放松，双手叠掌置于脐下。男性左手掌心贴腹，右手覆左手上；女性则右手掌心贴腹，左手覆右手上。以脐为中心，两手绕脐，由小至大。顺时针作螺旋式转摩 36 圈，转摩的半径要越来越大，最大一圈的边缘上至肋弓，下至耻骨联合。

最后一圈完成后，叠掌于剑突下时，作 S 形转向，如太极图阴阳转换线般转至逆时针方向，然后由大至小，再摩转 36 圈，最小一圈完成后，叠掌回至原处。女子则先逆时针方向由小圈转摩至大圈 36 圈，经阴阳转换线换向后，再顺时针方向由大至小摩转 36 圈。全过程需 6 ~ 10 分钟。

摩腹养生的方法简单易行，效果明显，深受古人推崇，唐代著名医家孙思邈在《千金要方》中说："摩腹上数百遍，则食易消，大益人，令人能饮食，无百病。"深谙养生之道的南宋诗人陆游，常年坚持按摩腹部，以亲身经验写下"解衣摩腹西窗下，莫怪人嘲作饭囊"的动人诗句，享以 85 岁的高寿。

肢常伸秘法

与躯干相对而言，四肢是人体之末，故称"四末"。中医认为脾主四肢，人体的四肢需要脾运化的水谷精微来营养，才能发挥其正常的生理活动。《素问·太阴阳明论》说："四肢皆禀气于胃，而不得至经，必因于脾，乃得禀也。"

所以，活动四肢也可以健脾助运，推动气血在肢体的流通。此外，在人的双手及双脚有很多重要的经络和穴位，经常活动四肢，不仅能锻炼四肢肌肉、筋骨，也能通过四肢运动促进内脏气血运动，增强体质。

古人讲"流水不腐，户枢不蠹"，经常活动的肢体不易患关节炎，特别是对于经常久坐不活动的办公室人群，肢体锻炼具有特殊意义。

锻炼的方法非常简单，先伸展上肢，两手握拳，连同两肩，向前轮转，先由里向外下方转，再由外向里上方转，然后再反方向转，各转 20 次，也可先左后右，然后伸展下肢。身体平坐，提起左腿向前缓缓伸直，脚尖向上，当左腿要伸直时，脚跟用力向前下方蹬一下，做五次后，换右腿。此法能舒展四肢关节，对于预防肩周疾病、提高身体机能颇有益处。

肛常提秘法

提肛是一种既简便又实用的肛门功能锻炼方法，具有预防和治疗肛肠疾病的双重作用，国内外都很推崇该方法。

提肛法可以锻炼骨盆底的肌肉软组织，而且能按摩长强穴与会阴穴，因此与这些组织和穴位相关的疾病都有可能得到改善，如便秘、尿频、尿失禁、小便不畅、下腹胀痛等。提肛法既可升提中气，又能促进任督通畅，是很好的延年益寿之道。

相传清朝嘉庆年间，《四库全书》编纂者刑部郎中姚鼐，退休后赋闲在家，因为年老气衰，所以患了脱肛的毛病，不仅影响著书，还影响大小便，经常不能自禁。

大夫诊治后认为是"中气下陷"。人上了年纪，元气就像是蜡烛，越烧越少。姚鼐的病情怎么处理呢？

姚鼐在一高人的指导下，每天到屋后的松林中优雅清静之处，散步观景，尤以两手合抱树干，气沉丹田，以"肛常提"养生自疗。这样，他的脱肛渐渐好了，而且活到了 85 岁，为后人留下《惜抱轩全集》《古文辞类纂》。

提肛运动非常简单，可以随时随地锻炼，站、坐、行均可进行，配合一呼一吸有规律地往上提收肛门。每次做提肛运动 50 次左右，持续 5 ~ 10 分钟。平时没事的时候就练习一下，有百益而无一弊。

食勿言秘法

食勿言就是指吃饭的时候不要说话。人在吃饭时说话或说笑会使咀嚼时间过短，甚至呛咳，而且吃饭的时候说话会导致唾沫横飞，在餐桌上易引起交叉感染，是一种不礼貌的行为。

当然，除了出于礼节考虑，还有健康方面的因素。科学研究表明，唾液中的淀粉酶能使食物中的淀粉水解成麦芽糖便于消化吸收。而人的唾液是天然的防癌剂，吃饭时如果细嚼慢咽，能使食物中的各种致癌物质经过唾液处理后，作用减弱，即使是致癌作用极强的黄曲霉菌也不例外。唾液只要与食物接触30秒钟，就能充分发挥作用。

但是，如果人在吃饭的时候说话，大脑就会注意谈话内容，导致食物得不到充分咀嚼，不能达到30秒以上，唾液没有充分参与对食物的分解，影响消化。

所以，做到"食不语"，不管是对别人还是对自己，都是一个十分有益的习惯。

卧勿语秘法

卧勿语，就是当你准备睡觉的时候，躺在床上就不要再说话了。我们在睡觉之前要营造一个安静的气氛，以便于快速入睡。

睡眠是人体器官休息的过程，如果睡眠效果不佳，就会影响精力和体力的恢复，对健康造成威胁。在引起失眠的因素中，最主要的是心理因素，如果在睡前思虑过度或是说话太多，就会诱发神经紧张和兴奋，就会无法快速入睡，甚至失眠，导致身体和精神不能及时得到"休息"。因此，在睡觉前一定要调整好情绪，做到放松心情，安静入眠。

白天阳气占主导，夜晚阴气占主导，为了顺应夜间阳气平息的状态，人也应该安静下来。

饮勿醉秘法

饮酒，是中国文化不可缺少的一部分。中医并不反对喝酒，并且认为"酒是百药之长"，适当饮酒可以养胃健脾、活血行气，很多方剂还以酒为引子。

但是酒又是一把"双刃剑"，乾隆皇帝提出"饮勿醉"，就是要求饮酒不要过量，不要喝醉。贾铭在《饮食须知》中论述了饮酒与养生的关系，他认为，人要长寿，首先必须节制饮酒，"多饮助火生痰，昏神软体，损筋骨，伤脾胃，耗肺气，夭人寿"。孔子曾说："唯酒无量，不及乱。"就是告诫人们饮酒必须量力而行，适可而止。如果不加节制，多饮滥饮，甚至酗酒成癖，就会损害身体。

那么饮酒以何标准为宜呢？一般来说，白酒一般应控制在 50 毫升左右，药酒控制在 100 毫升左右，黄酒也要控制在 100 毫升左右，红酒应控制在 150 ~ 200 毫升，啤酒控制在 500 毫升左右。而且这个标准还要视酒精度而定，酒的酒精度越高，则酒量就应相应减少。

色勿迷秘法

色勿迷就是不要沉迷女色，纵欲过度。唐代孙思邈所著的《千金方》记载了一则故事，贞观年间一个七十多岁的老汉咨询孙思邈："数日来我阳气越来越盛，白天也想与老婆同寝。我这老头子有这种事，不知是好是坏？"

孙思邈回答说："这是大不祥！你不知道油灯吗？油灯将要油尽灯枯时，必定先暗下去，再亮起来，随即熄灭。如今足下年迈桑榆，早就应该闭精息欲，忽然春情猛发，难道不是反常吗？我真为足下担忧！你一定要当心啊！"结果老汉不以为然，四十天后发病而亡。

俗话说："色字头上一把刀。"肾为先天之本，而精液又为肾精所化，中医认为"一滴精，十滴血"，纵情泄欲如同伐桂之斧，每纵欲一次，斧头就劈砍树干一次，所以纵欲就是加速人体的衰老。

现代医学证实了纵欲使人的免疫力降低，身体变差。不少现代人追求及时行乐，所谓"过把瘾就死"，这完全与养生之道背道而驰。

得益于这些养生秘籍，并持之以恒，所以乾隆皇帝直至晚年仍然身康体健。难怪当年英国大使马戛尔尼在日记中写道："观其风神，年虽八十三岁，望之如六十许人，精神矍铄，可以凌驾少年。"

人人都是人参果，何必迷信找活佛。乾隆皇帝总结养生"十常四勿"，并不是什么昂贵的灵丹妙药，都是任何普通人只要有心就可以做到的。只需要投入时间，便能收获健康的身体，大家何乐而不为呢？"

第四节　"好心态"是长寿的灵丹妙药

张学良在风华正茂、春风得意之时因为西安事变被蒋介石整整幽禁了54年，从一个血气方刚的青年人到白发苍苍的九旬老人，张学良的后半生几乎都在失去自由的空间内郁闷地生活，但就是这样一个命运多舛的人居然活过了100岁。

由年轻有为、叱咤风云的少帅，一夜之间变成阶下囚，失去了一切，这种人生际遇的残酷打击，不是一般人能承受得住的。历史上有很多人在遭遇怀才不遇、战争恐怖、颠沛流离、中年丧偶丧子等人生突变后，都愁得一夜白头，最后郁郁而终。那么是什么使张学良得享长寿呢？

其实张学良在幽禁生活中表面上看上去一派悠闲散淡，内心却非常孤寂。起初的幽禁生活令他精神抑郁，心境凄凉，因而过早地脱发秃顶，眼花耳聋。后来在宋美龄的开导劝说下，他皈依了基督教，从而找到了精神寄托。每天熟读《新约》《旧约》之外，还对宗教的教义进行研究。

心态的改变，令张学良在漫长枯燥的幽禁生活中，心境不再抑郁，所以获得了长寿。过完百岁大寿，张学良仍然精神矍铄，他的私人医生说他的心脏、肾脏、肝脏、血压都很正常，牙齿也很好，吃自助餐仍能自己端盘子取食物。

对于宗教，我们不做评论。但正是由于有了信仰，张学良在精神上获得了力量，找到了寄托，心态趋于平和、开朗，正如他自己所说："除了老了，我没有崩溃！"

中医认为"精神内守，病安从来"，好的心态是长寿的灵丹妙药。冰心先生是我国文坛泰斗，在她 94 岁高龄时，给《祝您健康》杂志题写了一副养生对联：事因知足心常乐，人到无求品自高。冰心老人非常爱孩子，永葆有一颗童心，她为孩子们创作了大量的作品。由此可见，知足常乐的心态、赤诚的童心、开朗的性格，是她健康长寿、精神不老、诗文长青的秘诀。

七情伤人要诀

过激的情绪，是人类健康的杀手。中医自古就认识到心态对人体健康的重要性，形成了七情内伤的病理理论。

七情本是指喜、怒、忧、思、悲、恐、惊七种正常的情志活动，是人体的生理和心理活动对外界环境刺激的不同反映，属人人皆有的情绪体验，一般情况下不会导致或诱发疾病。但是当情志刺激超过了人体生理和心理适应能力的时候，就会损害人体气机，导致功能失调。

《素问·举痛论》上说"……百病生于气也，怒则气上，喜则气缓，悲则气消，恐则气下……惊则气乱……思则气结。"气是人体内活力很强运行不息的极精微物质，是构成人体和维持人体生命活动的基本物质之一。气运行不息，推动和调控着人体内的新陈代谢，维系着人体的生命进程。气的运动停止，则意味着生命的终止。气的运行紊乱，则脏腑功能就会失常，出现相应的临床表现。

七情（中医又将其概括为五志，忧和思同属一志，恐和惊同属一志）对于人体脏腑的影响，总结起来就是怒伤肝，喜伤心，思伤脾，悲伤肺，恐伤肾。

怒伤肝之危害

肝在志为怒，中医认为"肝为将军之官"。古代将军多是性情豪爽之人，脾气也多暴躁。发怒，是一种较为常见的情绪反应，肝气宜条达舒畅，肝柔则血和，肝郁则气逆，即人体在发怒的状态下，气就会郁结上逆。

有些人发怒后，常感到胁痛或两肋下发闷而不舒服就是这个原因，中医称其为"肝气横逆，克犯脾土"。经常发怒的人易患高血压，在暴怒之下，甚至会气逆吐血。就像《三国演义》中的周瑜，就是因为生气吐血而亡的。

现代医学研究表明，愤怒会使人呼吸急促，血液内红细胞数剧增，血液比正常情况下凝结更快，心动过速，这样不仅会损伤心血管系统，更会影响肝脏健康。调查结果表明，易怒的人患冠心病的可能性比一般人高6倍，患肝脏疾病的可能性比一般人高8倍。因此，肝脏患者务必保持心胸开阔、积极乐观，这样才能延年益寿。

喜伤心之危害

人们在遇到高兴事情的时候会自然而然地高兴，这便是喜悦之情。俗话说"笑一笑，十年少"，心情愉快有助于身心健康，但是否极泰来、盈满则亏，如果高兴太过就会损伤心气。《儒林外史》中有一个"范进中举"的故事，讲的是多年考试不第的范进突然被告知中了举人，结果高兴太过，忽发狂疾，也就是精神不正常，这就是典型的喜伤心。

《灵枢·本神》说："喜乐者，神惮散而不藏。"古人认为，心主藏神，正常的心情喜悦可以令心气舒畅，但若狂喜则会使心气弛缓，精神涣散，而产生喜笑不休、心悸、失眠等症状。有个词叫"乐极生悲"，生活中一些人在经历高兴事情的时候笑着笑着会突然转化为悲伤，就是因为心神涣散的表现。特别是一些心脏不好的人，过度兴奋会诱发心绞痛或心肌梗死。因此，喜乐应适度，喜则意和气畅，营卫舒调，过度就会伤身。

思伤脾之危害

《黄帝内经》认为，脾在志为思，过思则伤脾。思，就是思虑的意思。脾主升清，脾气宜升不宜降，但是"思则气结"，一般人在思虑烦忧的时候情绪都不太高，就是因为人体气机郁结，运行不畅。现代医学认为思虑过度，会使神经系统功能失调，消化液分泌减少，出现食欲不振、失眠多梦、神经衰弱等。

北宋诗人柳永有一个名句叫"衣带渐宽终不悔，为伊消得人憔悴"，为什么思念一个人的时候会身体消瘦，就是因为忧思困脾，吃不下饭，即便勉强吃下，脾胃虚弱也不能正常消化吸收人体摄入的食物，也就是人们常说的"相思病"。

为什么白领阶层越是加班越是没有胃口，而那些从事体力劳动的工人到了开饭的时间就狼吞虎咽，不会说没有胃口？就是因为脑力劳动者心里总是想事情，脾气郁结。所以，我们要学会健康用脑。郑板桥说"难得糊涂"，遇事不要想太多，大大咧咧的也许并不是一件坏事。

悲伤肺之危害

在人们的印象中，多愁善感之人身体大都比较羸弱，比如《红楼梦》中的林黛玉整天哭哭啼啼，伤春葬花，结果因严重的肺部疾病而亡，究其原因就跟她的性格有关，就是易悲。

肺在志为悲，《黄帝内经》说"悲则气消""忧愁者，气闭塞而不行"，悲忧损伤肺气。比如人在哭泣的时候，有时会哭得上气不接下气，就是肺气消散的缘故。肺气有护卫人体皮肤的作用，如果过度悲哀、消沉，肺卫就不牢固，就会给外邪以可乘之机，用西医的说法就是身体免疫力下降。很多人极度悲观，精神萎靡不振，以致一病不起。

所以，大家不要以为林黛玉是虚构的人物，发生在她身上的事情不会发生在自己身上。现实中很多人得知自己患了癌症之后，身体状态急剧恶化，这并不是癌症所致，而是因为很多人经受不住打击，沉浸在悲伤之中，身体免疫力就更差了。

恐伤肾之危害

经常听人说"吓尿了"，人在惊恐状态下会出现尿失禁的情况，这是为什么呢？中医认为肾在志为恐，恐则气下，肾主藏精，为生气之源。肾主开阖，精液、尿液的排泄都需要肾气的固摄，如果过度惊恐，肾气就会往下走，进而就像水坝开了闸门。

因此，无论什么原因导致的恐惧，都属于肾的病变。过于恐怖，则肾气不固，气陷于下，可出现二便失禁、遗精、肢冷等症。《灵枢·本神》说："恐惧而不解则伤精，精伤则骨痠痿厥，精时自下。"生活中，很多人喜欢看恐怖片，这样非常不好。小孩子胆气弱，一些大人在逗小孩的时候故意吓他们，这也是不对的。

明张景岳《类经·疾病类·情志九气》说："心为五脏六腑之大主，而总统魂魄，并该志意。故忧动于心则肺应，思动于心则脾应，怒动于心则肝应，恐动于心则肾应，此所以五志惟心所使也。"正常情志活动的产生依赖于五脏精气充盛及气血运行的畅达，而心主藏神，所以七情过激伤人发病，首先作用于心神，产生异常的心理反应和精神状态。喜乐过度，可致精神涣散，神志失常；大怒发作，可致情绪冲动，失去理智；过于恐惧，可致神气散失，神不守舍。

正如《灵枢·本神》所说："是故怵惕思虑者则伤神……喜乐者，神惮散而不藏；愁忧者，气闭塞而不行；盛怒者，迷惑而不治；恐惧者，神荡惮而不收。"无论是何种过激的情绪反应都会伤害心神。

闲来读读"宽心谣"

科学家曾对700多名百岁老人进行了为期3年的跟踪调查，结果发现心胸宽广、乐观豁达、知足常乐的人寿命都较长。所以，好心情是健康长寿的灵丹妙药。社会上流行一首《宽心谣》，对大家保持良好的心态有很好的指导意义，大家可以细心领会：

宽心谣

日出东海落西山，愁也一天，喜也一天。

遇事不钻牛角尖，人也舒坦，心也舒坦。

每月领取养老钱，多也喜欢，少也喜欢。

少荤多素日三餐，粗也香甜，细也香甜。

新旧衣服不挑拣，好也御寒，赖也御寒。

常与知己聊聊天，古也谈谈，今也谈谈。

内孙外孙同样看，儿也心欢，女也心欢。

全家老少互慰勉，贫也相安，富也相安。

早晚操劳勤锻炼，忙也乐观，闲也乐观。

心宽体健养天年，不是神仙，胜似神仙。

老子在《道德经》中写下了这样一段话："天长地久，天地所以能长且久者，以其不自生，故能长生。是以圣人后其身而身先，外其身而身存。非以其无私邪？故能成其私。"这句话表达的思想就是心底无私天地宽，不以物喜，不以己悲，正确看待得失，不使自己的情绪剧烈波动。遇到紧急事件冷静对待，做深呼吸，心中默念《宽心谣》，心情就会平和许多。

第五节　生命在于运动——运动与长寿的关系

生命为何在于运动

《易经》说："生生谓之易。"生生就是运动、变化的意思，世界万物繁衍不息，生命生长不已。

动物，动物，先有"动"后为"物"，随着婴儿诞生时的第一声啼哭，生命气机的运动便从此展开，运动结束也就意味着生命的结束，可以说生命的发展在于运动，运动又是生命发展的动力和源泉。所以，没有了运动，人就活不下去。

此外，中医认为"阳强则寿，阳衰则夭"，阳气是生命的燃料，阳气充足则寿命长，就像汽车一样，燃油多、动力足，跑得就远。而"动能生阳"，运动可以促进新陈代谢，让血液运行活跃起来，有助于养阳。

生命不息，运动不止。历史上很多寿星常年坚持运动，因此才得以荣享高寿。

东汉神医华佗有个弟子叫吴普，他本是一个官宦子弟，从小肩不能担、手不能提，弱不禁风，他担心自己活不长，就跟着华佗学习医术。后来，吴普不但医术高明，而且活到一百多岁仍然耳不聋、眼不花、发不白、齿不落，原因就在于他从华佗那里得到了五禽戏的真传。

有一天他跟着华佗外出采药，回到家就病倒了。华佗去给他看病，一摸脉，六脉平和，一点病没有。华佗心中有底了，说："人要想身强体壮，减少疾病，延年益寿，最有效的办法就是劳动锻炼。"于是华佗便将五禽戏传授于吴普。吴普常年坚持锻炼，不但祛疾除病，而且强身延年。

流水不腐，户枢不蠹

五禽戏是华佗感悟"流水不腐，户枢不蠹"而模仿动物的动作创作的养生运动法，正如华佗所说："体有不快，起作一禽之戏，怡而汗出……身体轻便而欲食。"

我国唐代著名诗人白居易，享年 74 岁。白居易一生坎坷，甚至遭受沉重打击，但是他有个好习惯，就是坚持运动。在洛阳的 10 年晚年生活中，白居易钟情游山玩水，洛阳附近的金谷涧、香山寺、龙门以及嵩山、王屋山等处，都留下了他的足迹。宋代著名爱国诗人陆游享年 85 岁。他壮怀激烈，铁骨铮铮，81 岁时还留下"白首还家自灌园"的诗句，道出热爱劳动的心境。

著名政治理论家、诗人廖沫沙由于"四人帮"的迫害，从 1968 年年初到 1975 年，他被监禁了整整 8 年，后又被送到江西林场劳动 3 年，但他凭借坚强的毅力依然得享天年，活到了 84 岁。他在谈及自我保健时说："肾为先天之本，我就经常活动腰部。写累了，原地站起来，左右摆动腰或按摩腰部，久而久之，便会觉得渐增力气，神清气爽。"

人的身体犹如一台机器，是机器就需要经常开动，磨合零件之间的衔接，这样才不会生锈，运转的时间也会更长。在日常生活中，我们适当地进行下蹲运动、跳跃运动，能够很好地锻炼心肺功能。

美国诺丁汉大学研究人员进行了骨骼与运动关系的系统观察，发现每天坚持做上下跳跃的女性，一年后骨密度明显提高，最易发生骨折的髋部骨密度提高了30%。究其原因，原来是跳跃运动加快了全身的血液循环，冲击力又激发了骨质形成。所以，经常运动的人到了年老的时候腿脚依旧灵便，而那些年轻时不注意运动的人刚步入老年可能就行动不便了。

但是运动并不是单纯的活动，必须讲究一定的方法，并不是所有的运动都有助于养生，生活中因运动导致伤亡的事例不在少数。比如有的人听信"每天行走一万步"的说法，结果因为运动量过大造成膝盖积水；2012年11月的广州马拉松赛有两名年轻人相继死亡。所以，运动项目的选择要适应自己的体质。

科学的运动原则

正确运动要把握四个原则：运动要适度、运动要渐进、运动要坚持和运动要适当。

1. 运动要适度

运动要适度是指运动量要合理。运动量过小，起不到锻炼身体的作用；运动量过大，则身体难以耐受，甚至会对身体带来损伤。一些人追求运动后大汗淋漓的畅快感，这样不但不能助阳，而且会损耗阳气，因为过量的运动对人体是有害的。

因为每个人的年龄、性别、体质不同，所以运动量也应各不相同。一般来讲，要以身体微微出汗即可，切不可进行剧烈、高强度的运动。运动量应以运动后感到身轻气调、心悦神清、无明显疲乏感、没有因运动而导致或加重身体不适为准。对于心脏不好的人群，这一点要尤为注意。

2. 运动要渐进

运动要渐进是指运动的强度、时间和力度的提高要循序渐进。一口吃不出来胖子，谁都不是天生的运动员。你看运动会上准备角逐的运动员在正式比赛之前都会进行必要的热身运动，这就是为随后的高强度运动做准备。

竞技运动员都要循序渐进地运动，普通人更应该如此，给身体以逐渐适应的过程，在运动之前，可以进行5 ~ 10分钟的伸展运动，让身体组织变暖。而且运动过程也应是循序渐进的，比如跑步，起初坚持跑半个小时，随着身体适应之后，再提高跑步速度和延长运动时间。

3. 运动要坚持

运动要坚持是指要保持恒心，不能三天打鱼两天晒网，而要坚持不懈，这样才能有效果。冰冻三尺，非一日之寒。人体各脏器的生理功能均存在用进废退的现象，中医学认为"久卧伤气"。比如有的人长期不爱活动，偶尔参加运动，即感到胸闷、心慌、气喘，这是长期缺乏锻炼，心肺功能储备不足所致。但对长期坚持运动的人来说，则会表现为神态自若，气息调匀。

4. 运动要适当

运动要适当是指运动的方式要恰当。提起运动，很多人首先想到的是打篮球、踢足球，但这种运动方式并不适于每个人。普通人在选择运动方式时要以缓慢的有氧运动为主。所谓有氧运动，就是在运动过程中，人体吸入的氧气与需求相等，达到生理上的平衡状态，最直观的感觉是没有喘不上气的感觉。比如慢跑、太极拳、游泳、骑自行车等就是人人适宜的运动方式。另外，每次锻炼的时间不要少于30分钟，每周坚持3 ~ 5次，这样才会有效果。

运动有"三不宜"

需要注意的是，运动有"三不宜"，就是进餐后、饮酒后、情绪不好的时候都不宜进行运动。而且运动之后不要立即吃饭，因为运动后消化器官血液相对较少，消化吸收能力差，如果马上进食不利于对食物营养的吸收。也不要大量饮水，特别是凉水，因为运动后大量喝水会导致钠代谢失调，发生肌肉痉挛等，应采用"多次少饮"的方式喝水。

人体的器官都是功能性的，多用则灵，不用则废，所以适当合理的运动对于延长寿命有很重要的意义。

第六节　在睡觉中延长寿命

睡眠与长寿之秘

"二战"时，丘吉尔是反法西斯阵营的三巨头之一，这位曾两次出任英国首相的著名政治家，也是现代政治家中的长寿者，享年91岁。

丘吉尔于1940年以66岁高龄临危受命为英国战时首相兼三军最高统帅，肩负着领导整个英国与德国法西斯进行殊死斗争的重任，每天日理万机，殚精竭虑，食寝难安，可谓是对身体健康的严重挑战。与他同时期的美国总统罗斯福就因心力交瘁，在"二战"胜利在即时因脑溢血去世，时年63岁。苏联领导人斯大林也于1953年去世，享年75岁。雅尔塔会议三巨头中，唯独丘吉尔是最后离世的人。

有人认为丘吉尔自幼就身强力壮，体格健硕，其实不然。丘吉尔出生的时候是早产，所以体质羸弱，不仅不聪明，而且经常害病。不过丘吉尔幼年的时候迷恋军事游戏，对击剑、游泳、骑术等非常感兴趣，在练习的过程中自然而然地锻炼了身体。

丘吉尔之所以长寿还有一个很重要的原因，那就是"优质的睡眠"。丘吉尔有一个习惯就是睡觉的时候脱得一丝不挂，睡前也绝不胡思乱想，躺到床上就放空自己，天大的事情明天再说，这样就能很快酣然入睡，睡眠质量也特别好。而且，丘吉尔重视午睡，不管发生什么事情，每天都坚持午睡1小时。

在1940年9—11月，平均每晚有200架德国轰炸机袭击英国，政府建筑、首相官邸、议会大厦和白金汉宫曾多次中弹。丘吉尔奋不顾身地指挥着这场旷日持久的英伦保卫战，以致通宵不寐，睡眠严重不足。

此时，他采用猫打盹儿的方法及时弥补睡眠，在汽车上、飞机上，他倚靠在座椅上打盹或是闭目养神，虽然时间很短，但却能很好地补觉，为大脑充电。这些重视睡眠的方法，让丘吉尔精力充沛，八九十岁高龄时依然头脑清醒，思维敏捷。

怎样为大脑充电

睡眠是正常的生理现象，是维持生命的重要手段。有阴必有阳，阴阳必相等，白天阳盛阴衰，黑夜阴盛阳衰，阴阳在一天内相互转换，从而维持着相对平衡的状态。日月运转，昼夜交替，自然界处于阴阳消长的变化之中，人体的阴阳变化也应与自然界相适应，严格遵守日出而作、日落而息的自然规律。

中医认为，睡眠和运动是人体阴阳、动静对立统一的功能状态。《灵枢·口问》说："阳气尽，阴气盛，则目瞑；阴气尽，而阳气盛，则寤矣。"因此，睡眠对于人体维持阴阳平衡意义重大。

中医又认为"人卧则血归于肝"。肝主藏血，就像是血液的居住之所，白天血液外出劳作为身体提供能量，到了晚上血液就要回到家里休息，休息后"体力"恢复，能为第二天提供充足的能量。所以，如果一个人休息不好，气色就会变得很差，身体就会觉得疲惫无力，没有精神。

清代乾隆年间，慈山居士曹廷栋所著《老老恒言》专谈老年生活，其中就有对睡眠与长寿关系的论述。《老老恒言》指出："少寐乃老年大患。"睡眠少，是很多老年人面临的大问题。中医认为，卫属阳，主动；营属阴，主静。当人的卫气不能按时入于营阴，而是滞留于表阳，就会导致营阴虚。根据生命生物钟理论，老年人最重要的事便是养阴，阴不好，衰老就会加速，不利于长寿。

如何才能拥有好睡眠呢

这里边的学问可多了。

首先，睡眠一定要充足。

晚上的睡眠就像是为白天还债，每天缺少的睡眠都要补上，如果还不上，身体就垮了。有科学家专门做过睡眠实验，他们尽量阻止受试者进入睡眠达数天之久，结果受试者分别表现出头昏脑涨、注意力不能集中、记忆力明显减退、情绪烦躁不安、易发脾气、表情呆滞迷惘，有的人甚至沮丧、压抑，出现自杀念头。

不同年龄段的最佳睡眠时间是不同的，应按照自己的年龄科学规划睡眠。一般来讲，60 岁以上老年人每天要保证 5.5 ~ 7 小时的睡眠。阿尔茨海默症协会公布的数据显示，每晚睡眠在 7 小时以内的老人，大脑衰老可推迟 2 年；而长期睡眠超过 7 小时或睡眠不足都会导致老年人注意力变差，甚至出现老年痴呆症，增加早亡风险。

30 ~ 60 岁的成年人，男子每天需要 6.5 小时的睡眠时间，妇女每天则需要约 7.5 小时，并且保证晚上 10 点进入睡眠状态，因为人在此时易达到深度睡眠状态，有助于缓解疲劳。

13 ~ 29 岁的青年人要遵循早睡早起的原则，每天保证 8 小时左右的睡眠时间，平常应保证最晚在晚上 11 点上床，早 6 点起床，周末尽量不睡懒觉。因为睡觉时间过长，会打乱人体生物钟，导致白天精神不振，影响记忆力，而且会错过早餐，造成饮食紊乱等。

4 ~ 12 岁的儿童，每天要睡 10 ~ 12 小时，因为他们正处于长身体的时候，往往比成年人"缺觉"。但是睡眠时间也不宜过长，若超过 12 小时，可能会导致肥胖、呆滞。

1 ~ 3 岁的幼儿，晚上要保证 12 小时的睡眠，白天要保证 2 ~ 3 小时的睡眠。1岁以下婴儿需要的睡眠时间最多，每天约16小时。睡眠是婴儿生长发育的重要时段，因此，睡眠时间必须要保证。

其次，睡眠姿势对睡眠质量有很大的影响。

相传宋代道士陈抟是著名的睡仙，他非常爱睡，并独创了卧式睡功修炼法。他晚年隐居华山，经常闭门卧睡，最后活了118岁。他的安睡秘诀是，如果左侧睡，就将左腿和左臂弯曲，用手上接头部，同时把右足伸直，将右手放在右大腿上；右侧卧时，则相反。据说，陈抟的这种睡功秘诀对安睡有非常好的作用。

睡眠姿势有仰卧、俯卧、左侧卧和右侧卧。清代雍正年间总理事务大臣马齐的家族里，从上到下四代人中百岁以上的有15人。马齐在其《陆地仙经》中提到了三种保健安神的睡眠方法，非常值得现代人借鉴。

第一种叫病龙眠，是指睡姿如同病了的龙，侧身屈膝而睡。侧身弯腿时，下肢肌肉相对放松，在一定程度上可预防小腿抽筋。

第二种是寒猿眠，即像寒冷时的猿猴那样蜷缩着身体。这个姿势最大的好处是能自然抻拉脊背，使脊椎关节及肌肉韧带得到放松。在晚上临睡前或早晨起床时，保持抱膝而卧的姿势2～3分钟，有助于缓解慢性腰背痛等症状。

第三种是龟息眠，即睡觉时上身略微含胸，右腿微弯在下，左腿蜷曲在上，膝盖搭在床上；左脚放到右腿前，高度以舒适为度；右肘屈成钝角，掌心向上置于胸前，左臂自然置于身侧，掌心朝下。需要指出的是，龟息眠对枕头的高度有一定的要求，枕高最好约3寸，过高过低都不好。

睡觉时的朝向也非常重要，《保生心鉴》记载：睡觉的姿势，春夏头应该朝东，秋冬头应该朝西，即所谓顺应四时养生。

为何要睡子午觉

我们要睡好"子午觉"，特别是在中午要小寐一会儿。午时是中午11点至下午1点，此时阳气最盛，阴气衰弱。

中医认为，子时和午时都是阴阳交替之时，也是人体精气"合阴"与"合阳"的时候，睡好子午觉，有利于人体养阴、养阳。一般而言，中午时休息30分钟左右即可，最多不要超过1小时。即使不能睡觉，也应"入静"，使阴阳得以平稳过渡，从而提神醒脑，补充精力。科学研究表明，居住在热带和地中海地区的人，比居住在北美和北欧的人患冠心病的概率要低，而前者恰恰有午睡的习惯。

《老老恒言》指出："坐而假寐，醒时弥觉神清气爽，较之就枕而卧，更为受益。然有坐不能寐者，但使缄其口，闭其目，收摄其心神，休息片时，足当昼眠，亦堪遣日。乐天诗云：'不作午时眠，日长安可度。'此真老年闲寂之况。"老年人白天坐着打个盹，醒来时往往感觉神清气爽，有时比躺在床上睡觉更能受益。即使睡不着也没关系，只要不讲话，闭上眼睛，收敛心神，不想任何事情，同样可以达到休息的目的。

人有一半的时间是在睡眠中度过的，而且动主阳，静主阴，阴阳互根互用，晚上休息得好其实就是在养阳气，因此睡眠是助益人体长寿最简便的方法。如果我们能利用好睡眠，就是挖掘到了巨大的宝藏。

第十三章
《易经》对养生的启示

第一节 "敬天重人"思想对养生的启示

敬天地规律养生的秘诀

《易经》不仅内容包罗繁复，而且影响深刻久远，充分显示了华夏民族的非凡智慧。纵览《易经》一书，有很多地方体现了对生命存在的强烈关注与关怀。比如《易经·说卦》指出："乾为首，坤为腹，震为足，巽为股，坎为耳，离为目，艮为手，兑为口。"其将八卦理论和人体联系起来，将人体视作一个大八卦系统。

此外，《易经》还根据八卦和人体的这种关系，提出了八卦人气质分类法。它是世界最早、最科学的气质分类方法，体现了人类气质与自然界物质属性的统一性。

天人合一、阴阳和合、整体观念，《易经》中有不少思想对健康养生，特别是中医理论的形成起到了培土筑基的作用。其中，敬天重人的思想可谓是古人养生哲学的逻辑起点。

"敬天"，就是顺应天地间的规律。老子在《道德经》中指出："道生一，一生二，二生三，三生万物。"道就是自然规律。《易经》也指出"万物资生，乃顺承天"，"天地之大德曰生"。在古人看来，"天"有意识地化生了万物和人，为宇宙万物的主宰者，具有无上的权威。世界万物都是天地化生的结果。生命之诞生和延续的过程充分体现了天地的无私胸怀和非凡创造力。

曾有一段历史时期，人类过度地宣扬"人定胜天"的思想，在生产力进步的背景下盲目自信，结果导致土地污染、大气污染、水源污染、生物灭绝、全球变暖，癌症、肿瘤、冠心病、慢性阻塞性肺疾病、不孕不育等病症大规模发生，正所谓"顺天者昌，逆天者亡"，人类在征服自然的过程中最终自食其果，如今才认识到顺应自然规律、与自然和谐相处的重要性。

所以，《易传·序卦传下》指出："有天地然后有万物，有万物然后有男女，有男女然后有夫妇，有夫妇然后有父子，有父子然后有君臣，有君臣然后有上下，有上下然后礼仪有所错。"天道是人类必须遵循的客观规律，是保全生命的关键，切不可逆道行事。

在"敬天"思想的指导下，中医提出了"顺时养生"的概念，认为养生健体也应该顺应自然规律，因时制宜，即根据时令气候的特点来确定适宜的治法和方药。

比如《素问·四气调神大论》记载："春三月，此谓发陈。天地俱生，万物以荣，夜卧早起，广步于庭，被发缓形，以使志生；生而勿杀，予而勿夺，赏而勿罚，此春气之应，养生之道也。

"夏三月，此谓蕃秀。天地气交，万物华实，夜卧早起，无厌于日，使志无怒，使华英成秀，使气得泄，若所爱在外，此夏气之应，养长之道也。

"秋三月，此谓容平。天气以急，地气以明，早卧早起，与鸡俱兴，使志安宁，以缓秋刑，收敛神气，使秋气平，无外其志，使肺气清，此秋气之应，养收之道也。

"冬三月，此谓闭藏。水冰地坼，无扰乎阳，早卧晚起，必待日光，使志若伏若匿，若有私意，若已有得，去寒就温，无泄皮肤，使气亟夺，此冬气之应，养藏之道也。"

在用药方面，春夏季节，气候由温渐热，阳气升发，人体腠理疏松开泄，即使外感风寒，也不宜过用辛温发散药物，以免开泄太过，耗伤气阴；而秋冬季节，气候由凉变寒，阴盛阳衰，人体腠理致密，阳气内收，此时若非大热之证，当慎用寒凉药物，以防伤阳。

除此之外，中医养生还有时令养生、节气养生、十二时辰养生等内容，这些依据天时来具体养生的指导方法，究其本源都是"敬天"思想的具体体现。

重人生命养生的秘诀

"重人"，就是敬重人的生命，热爱人的生命。《道德经》有言："道大，天大，地大，人亦大。"老子将"人"放在了与道、天、地同等重要的地位，认为天地之间"人命最重""寿为最善"，由此可见对人的重视程度。庄子也曾明确指出"天下至重，但不能以天下危害自我生命"，把生命的价值看得高于天下。

在这种思想的指导下，中医在"病"和"人"发生矛盾时很自然地就把"人"放在首位，注重人文关怀。中医认为"天地乃物中之大者，人为物中之灵者"，人在宇宙中地位最高，贵为万物之灵。而西医则把人看作是机器，认为生命就是人体机器的某个零件发生故障，忽视人心理和生理的关系。因此，有学者提出了"中医看的是人，西医看的是病"的观点。

有个词语叫"敬佑生命"，人之所以养生，追求寿命的长寿，其实就是对生命的热爱，对生命的珍惜，对生命的敬畏。古人云"贵生是人类之至德"，凡是对于生命有害的事情都应该制止，凡是对生命有利的事情都应该去尝试。

生命是人类最值得珍视的东西，一方面，它是无限美好的，每个生命的诞生都是新的希望、新的开始，充满欢乐和理想的未来；另一方面，它又是极为短暂和易逝的，如白驹过隙，忽然而已。《易经》认为，生命是自然界大化流行的逻辑结果，因此生命之意义来自于上天的赋予，人若想健康生活，就必须遵从自然的必然性和合理性。所以，敬天和重人其实是统一的。

敬天与重人同等重要。尊敬自然，审慎生活其间，安身立命，是谓敬天；与众生同源一体，互助共济，敬畏生命，遵从自然规律，追求健康长寿，是谓重人。这便是《易经》给我们最重要的启示。

第二节　"变易"思想对养生的启示

"变易"是为了出新，缔造新的生命状态

《易经》被誉为"大道之源""群经之首"，是圣人穷神知化、极深研几的经典之作，具备通天人之故、明阴阳之变、知生死之别的功能。

"易经"的易，就是变易的意思。《易传·系辞上》云："生生之谓易。"就是说，生生不息，循环往复，革故鼎新是万事万物的本源。

《易经》认为每个生命体都不是一成不变的存在，而是有着内在活力，能够依靠自身机能来实现产生、发展、演变和完善的生命历程。换言之，每一个体的生命历程都是通过新陈代谢来完成革故鼎新，终结旧的生命状态、缔造新的生命状态，使之实现新旧事物之间的转化和更替。比如人类的生、长、壮、老、已，作物的生、长、化、收、藏，无不处在运动发展的变化过程。

《易经·乾卦·辞》曰："元，亨，利，贞"。元为原始之意，亨为开通之意，利为和谐之意，贞为贞固之意。仔细理解，这四个字其实代表了生命运动发展的不同时期：元，寓意事物的起始或基础，也就是生命的开始期；亨，寓意事物的生长和壮大，是生命的发展期；利，寓意事物的创造与收获，是生命的成熟期；贞，寓意事物的趋正与静止，是事物的衰老期。在这四个生命阶段，变易始终贯穿其中。

生命是一个运动过程，而不是一成不变的机械的、僵死的存在。生命在运动中产生，就会在运动中终结，这是生命的辩证哲学。生命存在的价值及

意义在"生生不息"的生命节奏中得以完美体现。

《易传·系辞下》云:"天地之大德曰生。"生既是天地自身的生命运动,又是天地的根本德能。人在天地的孕育下生息繁衍,因此其生成和生长也要置于自然规律的生养关系之中。这就为中医的运动养生提供了理论基础。

早在战国时期的《吕氏春秋》一书中,古人就提出了"流水不腐,户枢不蠹"的观点。也就是说,流动的水不会发臭,经常转动的门轴不会被虫蛀。这句话非常形象地说明了"生生之谓易"的道理。

阳气对身体有促进、温煦的作用,是推动脏腑运行正常的原动力,而中医认为"动能生阳",意即运动能活动筋骨、调节气息、静心宁神,从而畅达经络、疏通气血、和调脏腑,达到增强体质、延年益寿的目的,给人体带来生机和活力。

东汉时期,华佗感悟于"流水不腐,户枢不蠹",指出"人体欲得劳动,但不当使极尔,动摇则谷气得消,血脉流通,病不得生,譬犹户枢不朽是也"。他模仿虎、鹿、熊、猿、鸟五种动物的活动规律,创造了"五禽戏"运动养生之法。相传他的弟子吴普年轻时体质羸弱,后来坚持练习五禽戏,到百岁依旧耳不聋、眼不花,腿脚灵便。这便是遵从运动规律的结果。

另外,作为传统文化象征的"太极拳",其动作舒展轻柔、动中有静、圆活连贯、形气相随,是在象易理论指导下形成的健身之法。《易传·系辞上》云:"易有太极,是生两仪。"太极图呈浑圆一体、阴阳合抱之象,太极拳正是以此为基础,形体动作同样以"圆"为本,一招一式均为各种圆弧动作,观其行,连绵起伏,动静相随,圆活自然,变化无穷。

太极拳,动而生阳,静而生阴,外可活动筋骨,内可流通气血、协调脏腑,从而达到阴平阳秘的状态,使生命保持旺盛的活力,对于养生保健非常有益。所以,那些经常在公园里打太极拳的老者总是神采奕奕。

生命在于运动

生命在于运动,这一理论在西方同样得到认可。现代医学认为,人体经常适度进行体育锻炼,可促进机体血液循环,增强心肺活力,促进胃肠蠕动,加快新陈代谢，提高机体免疫功能和内分泌功能，可以抗御病毒、细菌的入侵，提高体内 T 淋巴细胞的数量，使人的生命力更加旺盛，使人更加长寿。

人类初始就是靠着运动劳作、狩猎才得以获得食物，所以身体大都健硕，但随着生产力的发展，劳心者越来越多，劳力者越来越少，人的身体素质越来越差，因此，保养生命的关键在于运动。运动会产生变化，变化能保持人体生理机能，如此身心健康才会得到实现，这正是《易经》"生生之谓易"的结果。

第三节　"阴阳和合"对养生的启示

当今社会普遍提倡的一个词就是"和谐"。和谐是不同事物相同相成、相辅相成、相反相成、互助合作、互利互惠、互促互补、共同发展的关系。人与人需要和谐，人与社会需要和谐，人与自然也需要和谐。

大家知道"和谐"这个词来源于哪里吗

《易传·象传上·乾》曰："乾道变化，各正性命，保合太和，乃利贞。"所谓"太和"，即阴阳会合冲和之气。易经理论强调万物成于阴阳二气之会合冲和，重视万物内部的和谐统一，而"保合太和"所描述的就是一片和气的和谐状态。

老子在《道德经》中也提出"万物负阴而抱阳，冲气以为和"，意思是万物抱负阴阳二元，以气使之相互激荡，达到和谐存在的状态。天地万物的生存与发展都遵循着阴阳相合的原理。阴阳和合，乃生万物。

在这种"和合"思想指导下，古人养生强调阴阳和合对于人体生命的作用和影响，指出阴阳之间既对立又统一的交感转化是生命运动的普遍规律。通晓这一生命规律，可以促进生命体内部以及生命体与外部自然界之间的整体和谐，从而焕发出生命世界的勃勃生机和旺盛活力。

阴阳离决对生命的破坏

《素问·生气通天论》记载："阴平阳秘，精神乃治；阴阳离决，精气乃绝。"阴平阳秘即阴与阳相互对抗、相互制约和相互排斥，以求其统一，取得阴阳之间动态平衡的状态，也就是中医常说的"阴阳调和"，只有这样才能实现阴气平顺、阳气固守，身体健康长寿。

《国医指南·阴阳之义》也指出："凡人乃阴精阳气合而成之者也。病之起也，亦不外乎阴阳二字，和则生，不和则病。"这更进一步说明各种疾病的发生、发展，都是阴阳失去动态平衡的结果。阴阳失调所导致的偏盛偏衰是病理变化的基本规律。

千百年来，人们追求养生，所期望达到的正是这种阴阳和合的状态。在中医诊断中，有很多辨证方法，如病因辨证、经络辨证、气血津液辨证、八纲辨证、脏腑辨证、六经辨证、三焦辨证等，无论哪种辨证方法，都要用阴阳加以概括和分析，阴阳是辨证的总纲。《素问·阴阳应象大论》指出"善诊者，察色按脉，先别阴阳"，在阴阳辨证的基础上，随后所用的药物、方剂及各种治疗方法都是为了扭转阴阳失调导致的不平衡。

健康就是让身体阴阳平衡

对于养生者来说，最重要的就是经常检查自己有无阴阳偏盛偏衰的表现，一旦发现，就要立即采取措施，通过对精神、饮食、起居、运动的调摄，以使阴阳"以平为期"。

阴阳调和的四大特点就是气血充足、精力充沛、五脏安康和容颜光泽。如果一个人具备上述四个特点，那么这个人就是生命充满朝气，精神乐观向上，饮食、睡眠都正常，不管是心理还是生理，其应急能力、适应能力、对病邪的抵抗能力都强于他人。所以，古人才讲阴阳调和，百病不扰。这便是阴阳和合对养生的启示。

其实，阴和阳就好比天平的两个托盘。天平的平衡与否，取决于两个托盘所称物体的重量，任何一方的偏盛或者偏衰都不能达到平衡状态。我们养生就是要用四两拨千斤的巧劲儿，让托盘一直维持在平衡的状态。

第四节　《易经》"整体观念"对中医养生的启示

天是一个大宇宙，人是一个小宇宙

宋代诗人释正觉在一首禅诗中写道：一尘具无量刹土，一念超无量劫数。一身现无量众生，一体合无量诸佛。

诗文其实和"一花一世界，一叶一菩提"所描述的境界相同。见微知著，通过微小而窥见整体，不隔离整体与部分的关系，其实就是古人"整体观念"的表现。

整体观是《易经》的精髓，《易传·系辞上》云："易与天地准，故能弥纶天地之道。仰以观于天文，俯以察于地理，是故知幽明之故。"天道、地道、人道相互联系，构成一个整体。

老子云："道生一，一生二，二生三，三生万物。"庄子云："天地与我并生，而万物与我为一。"这无不体现着《易经》的宇宙一体论，也就是说世界是一个整体。

为什么牵一发而动全身

在整体之内，事物之间是相互联系的，所谓"牵一爻而动全盘"，《易经》八卦、六十四卦，每一爻的变化都影响着整体。

生命小宇宙，宇宙大生命，因此在看待人的生命的时候，也应该坚持整体论，这就是中医主张的"整体观念"。

这种思想运用到实践，便是中医的"形神一体""心身一体"等观点。中医认为，人是一个有机整体，构成人体的各个组织器官，在结构上是相互沟通的，在功能上是相互协调、相互为用的，在病理上是相互影响的。所以，在诊疗的时候不能"头痛医头，脚痛医脚"，只见局部，而不见整体。

在中医的藏象理论中，脏腑与人体的形、窍、志、液，甚至于自然界的"时节"都存在着联系：肝在体合筋，其华在爪，在窍为目，在液为泪，与自然界的春气相通应；心在体合脉，在液为汗，在志为喜，在窍为舌，与自然界的夏气相通应；脾在体合肉，在液为涎，在志为思，在窍为口，与自然界的长夏之气相通应；肺在体合皮，在液为涕，在志为悲，在窍为鼻，与自然界的秋气相通应；肾在体合骨，在液为唾，在志为恐，在窍为耳及二阴，与自然界的冬季相通应。

养五脏不能局限于某个脏器

这就给养生提供了理论指导，使我们不会只见树木不见森林，只关注局部而忽视整体。比如我们在保养肝脏时，不应该只局限于肝脏这个器官，而要从整体出发。因为肝主疏泄，在志为怒，所以在情志方面应该保持平和的心态。又因为肝在体合筋，与自然界的春气相通应，所以在春暖花开的时候，与亲朋春游，活动筋骨，呼吸新鲜空气，也能起到养肝的目的。

在养心安神方面，因为心在液为汗，所以平日要注意避免出汗过多而耗损心阳。因为心在志为喜，所以要保持笑口常开，同时又要注意过喜伤心。又因为心与夏气相通，夏季阳气旺盛，所以要注意降心火，可以吃一些带苦味的食物（苦味入心），如莲子、栀子、苦苣、苦瓜等。

养肝而不局于肝，养心而不限于心。在中医理论中，人的生理、心理、躯体三者是有机联系的，形成一个整体，彼此不能分隔。在形态结构上，人以五脏为中心，通过经络系统把六腑、五体、五官、九窍、四肢百骸等全身组织器官组合成一个有机整体，并通过精、气、血、津液的作用，形成机体统一的机能活动。

在生理功能上，中医通过五行生克理论把各个脏腑器官的作用相互协调联系起来，任何一个脏腑、器官、组织的活动都是整体机能活动不可分割的一部分，每个器官、组织在这个整体中既分工不同又密切配合。比如木生火，肝阳上亢则导致心火旺盛，夜不能寐，失眠多梦。肺与大肠互为表里，肺火旺盛的人可以通过通便而达到泻火的目的。

不仅人体是一个有机整体，人与自然万物也构成一个有机整体。《黄帝内经》明确提出"人与天地相参也，与日月相应也"，强调人与外界环境的密切联系。人是自然界的产物，生命的历程无时无刻不受到自然的影响。

对于四季来说，春夏秋冬阴阳变化各不相同，表现出春温、夏热、长夏湿、秋燥、冬寒的气象规律。在四时气候的规律性变化影响下，人也表现出相应的生理变化，表现为生、长、化、收、藏的生理特征。

一天也要有"四季养生"

一天之中也存在阴阳消长的变化。《灵枢·顺气一日分为四时》云："以一日分为四时，朝则为春，日中为夏，日入为秋，夜半为冬。"人体的机能活动只有与昼夜节律变化相协调才能适应环境的改变。

晨起如春，早晨起床，正如漫漫长冬结束后，阳气开始生发的春季，养生要点也应该与春季养生相同。日间如夏，正如阳气充足的夏天，人的机体处于兴奋状态，应该充满活力地投入工作。暮时如秋，傍晚气温开始下降，正如秋天的肃杀，阳气由"长"转为"收"，我们应该结束白天的工作，调整精神。晚间如冬，入夜后，阳气由"收"转"藏"，我们应早些休息，如动物冬眠一样，让脏腑机能舒缓下来，使身心得到调养。

除了人与"天时"处于相互联系的整体之中，人与地理环境、社会环境也存在着相互联系。例如中医认为江南地区地势低平，多湿热，故人体的腠理多疏松，体格多瘦削；西北地区地势高而多山，多燥寒，故人体的腠理多致密，体格偏壮实。

正所谓"一方水土养一方人"，地理环境不同，我们在养生时必须把看问题的视角扩大到地域整体观之下。比如温热的食物对于北方人具有温阳散寒的作用，而对南方人来说则可能助长体内的湿热之气。所以，北方养生以羊肉、豆蔻、鹿茸、灵芝为主，南方人则多用凉茶清热降火。

在强调地理环境的基础上，养生还不能抛开社会环境，社会环境同样会影响人的机能活动，关乎人体的健康与疾病。《素问·疏五过论》指出："故贵脱势，虽不中邪，精神内伤，身必败亡。始富后贫，虽不伤邪，皮焦筋屈，痿躄为挛。"

可以说，不同阶层的人群，其体质对疾病的趋向性是不同的。比如锦衣玉食的人多得实证，而衣食粗劣、生活穷困的人则多得虚证。如果在养生时没有这种整体观，给富人以鸡鸭鱼肉、人参虫草进补，反而会使他们的身体状况雪上加霜。

世界上的万事万物都是某个整体的一部分，同时任何一个事物又是一个整体。易经理论强调整体观念，养生健康也应如此，必须树立整体观念，从不同的方面，全方位地采取措施，而不是弱化或偏废某些方面。比如感觉自己心脏不适，就一味地护养心脏；自己肝脏不适，就一味地养肝护肝。殊不知人的心肝脾肺肾是相互联系的，根据木桶理论，任何脏腑的不足都会影响人体的健康，因此养生者必须有整体观和大局观。

第十四章
《易经》动静奥秘与生命玄机

第一节 《易经》动静与生命之秘

生命在于运动，还是在于静止

《吕氏春秋》曰："流水不腐，户枢不蠹，动也，形气亦然。"明代思想家颜元也指出："一身动则一身强""养身莫善于习动，夙兴夜寐，振起精神，寻事去做，行之有常，并不困疲，日益精壮，但说静息将养，便日就惰弱。"这些观点无不认为生命在于运动，人体各器官组织都处于恒动状态，通过运动形体、活动关节以保持机体旺盛的生命活力，就可达到抗老延寿的目的。

但是，思想大家老子又说"致虚极，守静笃""清静为天下正"。南朝的道家代表人物陶弘景也有类似的总结，他在《养性延命录》中写道："真人曰，虽常服药饵，而不知养性之术，亦难以长生也。"这些论述又传达着生命在于静养的观点。

晋代嵇康在这种修身养性思想的指导下，在其著名的《养生论》中写道："精神之于形骸，犹国之有君也。神躁于中，而形丧于外，犹君昏于上，国乱于下也。"嵇康把人的精神比喻为一国之君，而将人的身体比喻为国家，认为只有作为一国之君的精神时常保持宁静，作为国家的身体才能保持健康。由此可见，他对"生命在于静止"观念的推崇。

中医养生文化的基础理论书籍《黄帝内经》也明确指出："恬淡虚无，真气从之，精神内守，病安从来。"

运动和静止之间的关系是什么

那么生命究竟是在于运动还是在于静止？动与静之间又有什么关系呢？

从《易经》角度来看，动为阳，静为阴，动和静的关系就是阴和阳的关系。阴和阳之间对立制约、互根互用、消长平衡、相互转化，所以动与静之间同样存在着这样的关系。在人的生命历程中，动和静一直存在辩证的关系。在生命之初，人的生命是以胎儿的形式存在于母体子宫之内。胎儿不会摄食，不能说话，也不能运动，整个生命的形式以静止为主。

但经过十月怀胎，等到呱呱坠地，人便迫不及待地运动起来，肺叶被打开，呼吸被激活，手脚开始运动。此时生命的静和动完成了切换，由起初的"静"变成了"动"。

从辩证的角度看，胎儿时期的静不是完全的静止，人体无时无刻不处于生长发育的过程中，所以是"静中有动"。

生长时期的动也不是完全的动，因为昼夜交替，人在晚上需要休息；随着生理周期的轮转，人的精神状态也有兴奋和低沉之别，所以是"动中有静"。

从生命的整个过程来看，动和静的变化是"静—动—静"的过程。青年时期如冉冉初升的太阳，朝气蓬勃；暮年时期身体出现"退行性变化"，行动越来越迟缓。

周敦颐在《太极图说》开篇说道："无极而太极。太极动而生阳，动极而静，静而生阴，静极复动。一动一静，互为其根；分阴分阳，两仪是立焉。"

动静相兼的生命玄机

太极图中，一黑一白两条"阴阳鱼"即为一消一长互相转化，你中有我，我中有你，共居一体，互为条件，互相补充，互相转化。人的生命，既离不开动，也离不开静。"静为躁君，动由静生"，动与静不可缺废其一。所以，生命既在于运动，也在于静止。

动，更侧重于人的形体。中医认为，肾为先天之本，生命之源，有藏精主水、主骨生髓之功能。肢体的功能包括关节、筋骨等组织的运动，皆由肝肾所支配，运动锻炼可以促进气血活跃，养筋健肾，舒筋活络，畅通气脉，增强自身抵抗力，从而达到强肾健体目的。

而且人体的骨骼、关节就像是机器的零件，在合理压力下适当地活动，可以避免退化。所以，古人才会提出"流水不腐，户枢不蠹，动也，形气亦然"的观点。

静，更侧重于人的神志。静养不能简单地理解为不运动，应该理解为"养心"。《黄帝内经》云"志闲而少欲，心安而不惧，形劳而不倦"，显然也提倡生命在于静养。

关于神志和健康的关系，古代中亚学者阿维森纳曾把一胎所生的两只羊羔置于不同的环境中生活：一只羊羔随羊群在水草地快乐地生活；而另一只羊羔旁拴了一只狼，它总是面临那只狼的威胁，在极度惊恐的状态下，根本吃不下东西，不久就恐慌而死了。

所以，中医养生历来强调心态的淡泊平静、心安理得、悠闲自在，惟其如此，人才不容易得病。相反，情志不佳、抑郁、相思、大喜、大怒等都会给人体带来伤害，最典型的事例就是《红楼梦》中的林妹妹。

《难经·论脉·八难》指出："气者，人之根本也。"天地之间，气在正常情况下表现为"云淡风轻""云卷云舒"，人体的气也应该是这种平和状态，但是不安定的神志会影响气的运动，怒则气上，喜则气缓，悲则气消，恐则气下，惊则气乱，思则气结，在社会活动中，我们的气息很容易受到精神波动的干扰。所以，动中求静是一种精神境界。

万籁此都寂，但余钟磬音

静可以使天地和自我澄明通达，令俗世烦恼涤荡一空。人自出生之后，动就伴随而来，就必须与尘嚣共存，所以静就显得特别珍贵，每个人的内心深处都渴望在时光的流逝中保持静默。

动极而静，静极而动。中医养生的精髓就是在动中求静、静中求动。我国传统的养生术太极拳所追求的就是这样的状态。总之，养生保健的"静"与"动"既对立又统一，不可把两者截然分开，要动静并重，不可偏废，正所谓"心神以静为宜，躯体以动为主"。动则生阳，可以增强精力，提高工作效率。静则生阴，可以降低人体的消耗，人的寿命也会得以延长。只静不动是错误的，只运动不知道好好休息就更不对了。正确的养生方法应该是动静相兼、刚柔相济。

第二节　动则生阳的养生法宝

阳气是生命的太阳

天地有阴阳二气，《素问·生气通天论》指出："阳气者，若天与日，失其所，则折寿而不彰。"意思是说，所谓阳气就像是天上的太阳，万物赖以生存，决定人的寿数的因素也在于阳气。

中医认为动则生阳，意即运动可以振奋阳气。现代研究显示：人在进行有氧运动后，交感神经兴奋，多巴胺分泌增加，运动者会产生幸福的感觉。当人完成一定的运动量时，体内的内啡肽会持续分泌，这种"快乐激素"能够排解压力和坏情绪，调节脏器功能，提升神经兴奋性，让人变得愉悦和满足。

而这种积极、愉悦、兴奋的状态不就是阳气的外在表现吗？

阳气是生命之根

阳气是生命之根，阳气充沛，则人体精气神都呈现出积极向上的状态，因此就少生病、宜长寿。大象在野外生活，可活上百年，而关在动物园中的大象则活不到 80 年；野兔可活 15 年，而家兔只活四五年，可见运动对生命的重要性。

但是并非所有的运动都有益于人体健康。国外一家保险公司曾对 5000 名运动员做过健康监测，结果表明多数运动员的寿命不及普通人，不少运动员 50 岁左右就患了心脏病。其根本原因就在于运动过于剧烈。

唐代名医孙思邈曾说："养性之道，常欲小劳，但莫大疲及强所不能堪耳。"小劳即适度运动，养生保健绝不能过劳，以致给身体造成负担。心主气血，运动可以促进气血活跃，但是过量的运动、超负荷的运动，需要心脏提供更多的血液和氧气，这时产生的远不及损耗的，最终导致心脏不堪重负。

而且剧烈运动往往会破坏人体内外的生理平衡，加速某些器官的磨损和生理功能的失调，导致人的生命进程缩短，出现早衰甚至早逝。

其实，中医提出的运动并不等同于现代人认知的体育活动。运动，有"运"，也有"动"。

运是引导气血运化四肢百骸、五脏六腑的过程。比如奔跑、跳跃、搏斗等肢体运动，这只能叫"动"。而通过肢体活动引导气血作用于脏腑，才是真正的运动。大多数体育活动并不注重"运"，所以只是简单的形体活动，达不到刺激脏腑的作用。

比如华佗所创的五禽戏，每一禽的动作都有作用到的脏腑，虎戏主肝，鹿戏主肾，熊戏主脾，猿戏主心，鸟戏主肺，因此才能起到延年益寿的效果，千百年来很多人以此为养生方法，做到身强体健。再如一些运动拉伸的是韧带，而中医推崇的运动练的则是命门，通过开脊通督、按摩膀胱经上的背俞穴，刺激背俞穴这个五脏六腑的"办事处"，将信号反馈到各自相应的脏腑，从而调节了脏腑功能。两者所起到的作用明显是不一样的。

那么有哪些养生的运动法宝呢？唐代孙思邈曾提出"养生十三法"，每一法都以运动为基础，同时有所作用到的脏腑。据说，孙思邈正是得益于每天坚持练习自己创立的养生十三法，直到活了 141 岁才仙逝而去。

这十三个简易的运动养生方法就是发常梳、目常运、齿常叩、漱玉津、耳常鼓、面常洗、头常摇、腰常摆、腹常揉、摄谷道、膝常扭、常散步、脚常搓。

发常梳之秘

发常梳，简单的理解就是经常用梳子梳理头发，其实梳发是次要的，刺激头部才是主要的。

中医认为，头为精明之府，为诸阳之会，五脏六腑的精气皆上升到头部。而且人的头皮分布着许多穴位，如上星、百会、脑户、前顶、玉枕等。我们在遇见难题的时候，常常会不由自主地挠头，思索片刻就能想出解决问题的办法，其实就是刺激头皮上的穴位，从而达到"开窍"的功效。

现代医学研究证明，头皮上有很多神经末梢，手指在头皮上按摩，能轻柔地刺激头皮上的神经末梢，通过神经反射，大脑皮质的工作效率得到提高，从而使全身更好地适应外界环境，达到强身益智的作用。

具体方法是用梳子或者手指，边梳边揉擦头皮，往来 5 ~ 10 分钟。方向是先由前发际慢慢梳向后发际，然后经后脑扫回颈部，最后转圈摩擦。

勤梳头是一项最简单、最经济的运动保健方法，虽然运动的幅度小，但是作用的部位十分精准，目标十分明确，因此民间有俗语说"日梳五百保平安"。每日梳头五百下并不轻松，特别是对于老年人来说。所以，千万不要小瞧了"发常梳"这一养生方法，它通过刺激"诸阳之会"，直接助推阳气的舒畅和升发，是"动则生阳"最典型的代表。

目常运之秘

一个人的精神状态好不好，从他的眼睛中就可以看出来。精气神足的人，眼睛明亮，充满光泽；精气神虚的人，眼睛晦暗无光。中医认为，人的眼睛与脏腑经络的关系非常密切，是人体精气神的综合反映。

《灵枢·大惑论》指出："五脏六腑之精气，皆上注于目"；"目者，五脏六腑之精也，营卫魂魄之所常营也，神气之所生也"。因此，眼睛的运动对身体健康大有裨益。教育部大力推行青少年眼保健操，除了可以缓解眼部疲劳，还有一个最重要的原因就是能增强青少年的体质。

目常运，就是经常活动眼睛，中医上称为"运眼"。具体方法是先合眼闭目，气息神定，然后睁目坐定，眼珠在眼眶内打圈，望向左、上、右、下四个方向，反复四五次。然后合眼，眼球从右向左、从左向右各旋转10次。

最后搓手36下，将发热的掌心敷在眼部，中医称这个动作为"摩手熨目"，有温通阳气、明目提神的作用。

这套运眼方法，大家随时随地都可以操作，早上醒来、晚上睡前以及看书、工作、学习过久，眼睛干涩疲劳的时候就可以运动眼睛，能够纠正近视和弱视。

另外，极目远眺也是一种眼睛运动方式。夜读细书是眼睛视线"静"的状态，而极目远眺是眼睛视线"动"的状态，长时间近距离静止看书易疲劳，这时应眺望远处景物，如远山、树木、草原、蓝天、白云、明月、星空等，可以缓解视觉疲劳，避免眼球变形以致视力减退。

齿常叩之秘

古人说"睡前鸣天鼓，晨起叩天钟"，叩天钟就是用上下牙有节奏地反复相互叩击的一种自我保健法。

牙齿作为人体最坚硬的器官，并不代表它永远固若金汤。人体衰老最直观的表现就是牙齿松动掉落。中医认为，齿和肾关系密切，齿为骨之余，肾主骨生髓，经常叩齿不仅能强肾固精，平衡阴阳，促进局部气血运动，还能使周身经络畅通，从而实现身体健康。

正所谓"百物养生，莫先固齿"，牙好，胃口就好，对食物的咀嚼和消化就不存在什么阻碍了。

现代医学研究也证实，齿常叩可以促进口腔、牙体及周围组织的健康，增强牙齿的抗病能力，使牙齿变得更加坚硬稳固、整齐洁白、润丰光泽。

牙齿的运动非常简单，具体方法是先将下颌骨向前方稍推移，使上下门牙的咬合面能够完全接触，然后上下牙列相互叩击，力度以舒适为度，叩击上下门牙20～100次。下颌骨后缩，使上下臼齿的咬合面能够完全接触，臼齿部互相叩击 20 ~ 100 次。我们可以在闲暇时或三餐后叩齿，既可以活动面部肌肉，又可以保护牙齿。

民谚说："朝暮叩齿三百六，七老八十牙不落。"大文豪苏轼到晚年时仍拥有一口好牙，据说他的养生习惯就是每天坚持叩齿。

漱玉津之秘

漱玉津有两个作用，一是活动面部肌肉，二是吞津补肾。

在漱唾液时会有鼓腮的动作，鼓腮可以最大限度地锻炼面部肌肉。漱玉津的另外一个重要作用就是吞津液以养脾肾。唾液，古时称"金津玉液"，从名字上看，就知道它是非常珍贵的东西。中医认为，肾在液为唾，脾在液为涎，唾液是先天之本和后天之本共同化生的，为生命须臾不可缺少的物质，具有强肾益脾等作用。

唾液可防止口腔干燥、润滑食物，还可清洁口腔，冲洗残留在口腔里的食物残屑。当有害物质进入口腔时，唾液可起冲淡与中和作用，并将它们从口腔黏膜上洗掉。古人说"气是续命芝，津是延年药"，现代研究发现唾液含有腮腺激素，许多学者认为它具有"返老还童"的作用。

漱玉津的方法是先闭住口唇向外吹气，直至腮部鼓起，反复进行 20 ~ 30 次。鼓腮时，最好同时用双手五指轻轻按摩腮部，或用两手空心掌由上而下轻击颊部，有助预防腮部肌肉萎缩。然后用舌尖轻舔上腭，用舌头摩擦口腔内侧的牙龈，舌头在舌根的带动下在口腔内前后蠕动。这个动作会刺激唾液大量分泌，直至口腔装不下的时候，将津液徐徐吞下，并尽量想象将口水带到下丹田。经常这样做这个动作，可以强健肠胃、延年益寿。

耳常鼓之秘

我们在形容一个人头脑清楚、眼光敏锐时常用到"耳聪目明"，"目明"我们可以理解，但"耳聪"就令人纳闷了，难不成人是靠耳朵思考的？

其实古人之所以这样比喻，是因为中医认为，肾开窍于耳，并通于脑。肾气足则听觉灵敏，聪明伶俐，针坠地也能闻其声。所以，耳朵运动就相当于大脑运动。

有中医专家总结了耳朵上的 49 个穴位以及各部位与五脏六腑、十二经脉、三百六十五络的密切关系。采用扯、拉、按、摩、搓、揉、点、捏等手法，对双耳进行物理刺激和针灸治疗，效果更好。

"鸣天鼓"是我国流传已久的一种自我按摩保健方法，意即击探天鼓。经常"鸣天鼓"可以达到调补肾元、强本固肾之效，对头晕、健忘、耳鸣等肾虚症状有一定的预防和康复作用。

鸣天鼓的方法最早见于邱处机的《颐身集》。具体方法是先以手掌掩双耳，用力向内压，然后放手，此时会听到"扑"的一声，连续做 10 ~ 15 次。随后双掌掩耳，将耳朵反折，双手食指压住中指，以食指用力弹后脑风池穴，此时也能听见"噗噗"的声响，连续做 10 ~ 15 次。风池穴位于头正后面大筋的两旁与耳垂平行处，此法可以祛除风池邪风。每天临睡前练习，可以增强记忆力和听觉。

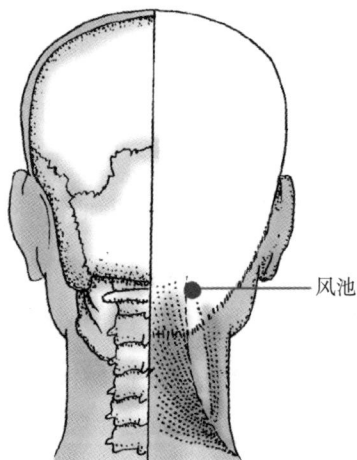

风池

面常洗之秘

中医认为："十二经脉，三百六十五络，其血气皆上于面而走空窍……其气之津液，皆上熏于面……"面部是人身各部气血汇聚之所，是全身脏腑、肢节、经络的反映中心，相当于身体脏腑的全息投影，《黄帝内经》把五脏与面部相关部位划分为"左颊为肝，右颊为肺，额为心"，运动面部，就可以"四两拨千斤"地调节整个身体。

在中医传统养生中，有一个面部运动方法，叫"浴面"。浴面就是不用水洗脸，也就是干洗脸。衣服可以干洗，面部也可以干洗。我们在困倦乏力的时候，会不自觉地用双手搓揉面部，其实就是在干洗脸。干洗脸之后，你会感到面部非常舒服，眼睛好像也明亮了些，更重要的是有一种神清气爽的感觉，这是因为面部的气血受到刺激而活跃起来，新陈代谢旺盛。

历代养生家十分强调"面宜多擦"。《孙真人卫生歌》说："飞欲不能修昆仑，双手揩摩常在面。"它的方法也非常简单，先将双手搓热，互搓30下左右，然后掌心紧贴前额，稍用力从上往下擦到下颌，往返约20次；用两手大拇指指背，轻轻地由上往下擦鼻两侧20次左右，以擦至面部红润微热为度。同时，配合点揉印堂穴和迎香穴。

印堂就是两眉之间的额头位置，在《易经》中，印堂为"命宫"，从印堂的宽窄程度、色泽可以看出一个人的运气好坏、祸福吉凶。迎香穴在鼻翼外缘中点旁，当鼻唇沟中，按揉此穴具有疏散风热、通利鼻窍的作用。

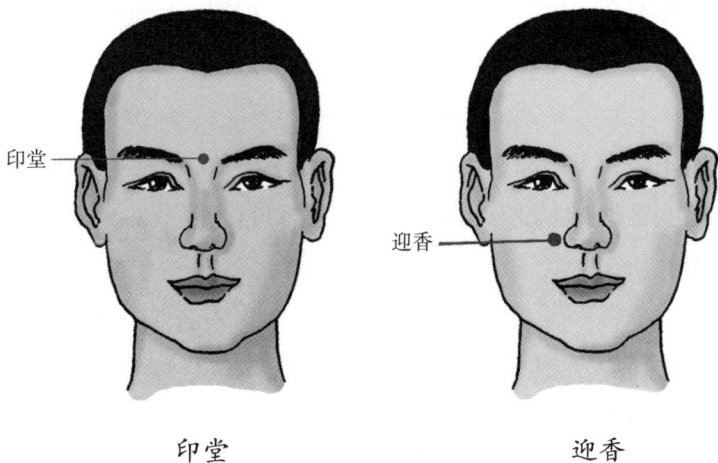

印堂　　　　　　　　　　　　　迎香

此套洗脸法每天坚持两次以上，既能改善血液循环，提高面肤弹性，减少皱纹，滋润脸色，延缓衰老，还可防治感冒、头晕脑涨、迎风流泪、牙痛鼻塞等。

头常摇之秘

摇头其实就是运动脖颈。做摇头运动可缓解用脑疲劳，促进颈项的血液循环，预防颈椎病。现在越来越多的人因为伏案工作而患上了颈椎病。

中医认为，久坐耗气、劳损筋肉，在办公桌前脖颈长时间固定在一个方位，肌肉紧张引起颈部气血流通不畅，进而出现酸痛的现象。正所谓"流水不腐，户枢不蠹"，经常活动脖子，让气血时刻保持畅通，就可以避免这种情况。

第一步，十指交叉贴于后颈部，左右来回摩擦，以微微发热为度。

第二步，头颈向左侧缓缓侧屈，右臂向右下伸，直到右颈部有牵引感，保持此姿势3～5秒，头颈还原，然后牵引右侧。左右交替牵引，共8次。

第三步，耸肩旋转，先将两肩耸起向前转动，再向后转动，两肩分别做圆周运动。左右两肩分别做8次。

第四步，头颈放松，缓慢做大幅度的环转运动，顺时针、逆时针交替进行，各做8次，就像是狮子摇铃。

此外，我们在工作间隙还可以做些转颈、前俯、后仰的头部运动，或用空拳轻轻叩击头部，不仅能缓解颈部肌肉疲劳，还能改善大脑血氧供应、健脑提神。

运动，不是为了运动而运动。很多办公室一族，提起运动就是跑步、暴走，其实这些运动根本没有运动到点子上，对自身隐藏的健康问题根本起不到一点作用。

腰常摆之秘

细心的人会发现，有些上了年纪的人经常会不自觉地用手握成拳锤击腰背部或者扭动腰部，虽然他们说不出什么道理，但是觉得这样会舒服一些。这是为什么呢？

其实这是在刺激肾脏。中医认为，腰为肾之府，经常活动腰部，能使气血通畅，补肾培元。同时，腰部又有带脉通过。

带脉是奇经八脉之一，犹如束带，"约束诸经"，《儒门事亲》云："冲任督三脉，同起而异行，一源而三歧，皆络带脉。"带脉就像束缚口袋的带子，地位非常重要，它扎得越紧，经脉流经腰部时就越受阻。

人在长时间工作后，会脑袋昏沉，而此时不自觉地伸伸懒腰，可以令精神振奋。这是因为伸展腰部就是放松了带脉，方便血液舒畅地流到大脑里，从而缓解了疲劳。

这里推荐一套腰部运动操：首先，两腿开立，与肩同宽，双手叉腰，稳健地做腰部的前屈和后伸动作5～10次。运动时要尽量使腰部肌肉放松。其次，以腰为中轴，胯先按顺时针方向做水平旋转运动，然后按逆时针方向做同样的转动，速度由慢到快，旋转的幅度由小到大，各做10～20次。

练习时，注意上身要尽量保持直立状态，腰随胯的旋转而动，身体不要过分地前仰后合；随后摆动腰部，两臂随腰部的左右转动而前后自然摆动，并借摆动之力，双手一前一后，交替叩击腰背部和小腹，力量大小可酌情而定，如此连续做30次左右。最后仰卧床上，双腿屈曲，以双足、双肘和后头部为支点，用力将臀部抬高，如拱桥状。每次可锻炼10～20次。

腹常揉之秘

中医认为脾胃是先天之本，脾胃居中，主运化水谷精微和统摄精血神液来充养敷布全身，令五脏六腑常壮无恙，脾胃好则能健康长寿。腹部是脾胃的居住之所，为人体"五脏六腑之宫城，阴阳气血之发源"，经常给腹部做运动可以调理脾胃，通畅气血，培补神元。唐代名医孙思邈就以"食后行百步，常以手摩腹"作为养生方法。

现代医学认为，经常揉腹可增加腹肌和肠平滑肌的血流量，促进淋巴液循环，增加胃肠内壁肌肉的张力及淋巴系统功能，增强胃肠蠕动，增加消化液的分泌，从而加强对食物的消化、吸收和排泄，并能显著改善大小肠的蠕动功能，可起到排泄作用，防治便秘。

揉腹即用手来回擦或搓介于胸和骨盆之间的部位，包括腹壁、腹腔。具体方法是先用右手大鱼际在胃腔部按顺时针方向揉摸 120 次，然后下移至肚脐周围揉摸 120 次，再用全手掌揉摸全腹 120 次，最后逆向重复一遍。揉的范围由小到大，动作以自感舒适为度。

揉腹最好一气呵成，中间不要停顿。同时要集中精神，做到神随手动、不即不离、意注腹中、随动还转。

摄谷道之秘

谷道就是肛门，摄谷道就是将肛门肌肉努力收紧的运动方式。中医认为肾主耳窍，司二阴，排便活动需要肾气推动，所以肛门就像是肾气的漏门，容易泄漏。经常性地收缩肛门，可以固摄肾气。

摄谷道的运动方法可以归纳为"吸、舔、撮、闭"四字真言。吸就是用鼻深吸气，全身放松，将臀部及大腿用力夹紧，深吸一口气配合收气。舔就是舌尖紧抵上颚。撮就是提肛。舌舔上腭后向上收提肛门。闭就是闭气，在收提肛门的过程中要注意稍微闭气。然后慢呼，全身放松。

肛门附近有两块肌肉，即提肛肌和肛门括约肌。肛门的收缩与扩张在神经系统的支配下，由内外括约肌、肛提肌等协调完成。收提肛门的运动可以很好地锻炼这两块肌肉，加速静脉血回流，防止静脉瘀血，增强肛门部位的抗病能力，对预防痔疮、肛裂、肛门湿疹、脱肛、便秘等十分有效。

摄谷道，每天应坚持提缩 100 下，每次 1 ~ 2 分钟，若在大便后则延长至 2 ~ 3 分钟。

膝常扭之法

正所谓"人老腿先老，肾亏膝先软"。中医认为，肾主骨，肝主筋，人至中年，肝肾渐亏，筋骨失养，不荣则痛。两腿是全身的支柱，负担着下肢活动，其中膝关节最为重要。掌握一些膝关节的按摩和功能锻炼方法，既能锻炼身体，又可以达到保护膝关节的目的。

如何运动膝盖？比如可以坐在椅子上，将双足平放在地上，然后逐渐将双膝伸直，保持 5 ~ 10 秒，再慢慢放下。双腿交替进行，重复练习 10 ~ 20 次。

还可以俯卧屈膝锻炼。身体取俯卧位，双手在头前交叉，将头部放在手臂上，然后逐渐屈膝，尽量靠近臀部，保持 5 ~ 10 秒钟，再慢慢放下。两腿交替进行，重复练习 10 ~ 20 次。

此外，膝关节有髌骨，也就是俗称的"膝盖骨"。髌骨可以保护膝关节，具有维持膝关节在半蹲位的稳定性，防止膝关节过度内收、外展和伸屈活动的功能。

我们在运动膝关节的时候就可以"特殊照顾"髌骨。具体方法是坐在椅子上，双膝屈曲约 90°，双足平放在地板上，将双手掌心分别放在双腿膝关节髌骨上，五指微张开紧贴于髌骨四周，然后稍用力均匀和缓有节奏地按揉髌骨 20 ~ 40 次。

常散步之法

俗话说"饭后走一走，活到九十九""百练不如一走"。散步是最稳妥、最省事、最容易坚持且不用花钱的运动方式，每天坚持散步要比在健身房里锻炼肌肉对身体健康有用得多。

散步是一种动中有静的锻炼方法。经过白天的忙碌，到了晚上，人们都希望安静，让神志放松下来。散步时挺直胸膛，气定神闲，可以使大脑皮层的兴奋、抑制和调节过程得到改善，从而收到消除疲劳、放松、镇静、清醒头脑的效果，所以很多人喜欢用散步来调节精神。

散步时由于腹部肌肉收缩，呼吸略有加深，膈肌上下运动加强，加上腹壁肌肉运动对胃肠的"按摩作用"，消化系统的血液循环会加强，胃肠蠕动加快，消化能力得到提高，因此在晚饭之后外出溜达一圈，既陶冶了情操，又锻炼了身体。

散步可快可慢，可远可近，可根据个人体质区别对待，选择适合自己的步速和距离。如果是年轻人，可控制在 5 千米 / 小时；如果是老年人，可以将步速控制在 1.5 ~ 1.8 千米 / 小时。散步的时间要保证在半个小时以上，运动量以微微出汗为宜，如果大汗淋漓、上气不接下气，则说明运动过量，必须调整。

脚常搓之法

脚是人体的"第二心脏"，五脏六腑在脚上都有相应的穴位，脚底是各经络起止的汇聚之处，脚背、脚底、脚趾间汇集了很多穴位。

《黄帝内经》有言："人之衰老始于足，足血盈则身心健。"因为人的脚位于躯干的末端，气血需要流很长时间才能达到，如果稍微气血不足，脚部就会冰冷。所以，脚是身体的"特区"，需要特殊照顾。

脚的运动方式有很多，如散步、跳绳、走鹅卵石路等，而"脚常搓"的侧重点是对脚掌上经络和穴位的刺激。

富人长寿靠补药，穷人长寿靠搓脚。搓脚的方法很简单，就是以右手搓左脚，左手搓右脚。以由脚跟向上搓至脚趾然后向下搓回脚跟作为1组，36组为一次搓脚。方式有干搓、湿搓、酒搓。

所谓干搓，就是不沾水沿着脚心上下进行搓动，搓至脚心发热。所谓湿搓，就是双脚浸泡在温度适中的水里，浸泡至双脚发红，擦干后，参照干搓的方法搓脚。所谓酒搓，就是将30克左右白酒置于盆中，用手蘸少许白酒，参照干搓的方法，把酒搓在脚板上，直到搓干为止，反复搓揉10次。

在搓脚的过程中，我们可以重点刺激涌泉穴。涌泉穴位于脚心中央凹陷处，涌泉的意思是说，肾经之精气犹如泉水，从这里源源不断地涌出，经久不衰，因此是养生要穴。

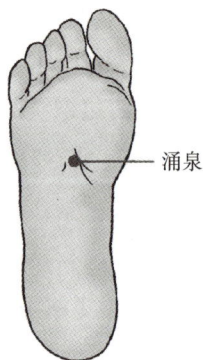

涌泉

上述运动十三法，都是身体局部器官的运动方式，各有侧重，比那些全身性运动项目更有针对性，作用也更明显。其实运动并不是一味地动，那些在竞技场中争雄的运动员，只是体格健硕，但不意味着健康长寿，中年之后他们的身体就会出现各种不良状况。所以，慢运动为养生运动所推崇，因为这种运动方式动中有静、动静结合。

第三节　静则养阴的养生秘法

静是为了生息

天地万物，皆有阴阳，日升月落，交替而息。动和静是人体的两个状态，缺一不可。动能生阳，而静能养阴。阴津对身体有滋润、濡养的作用，它可以抑制阳偏盛，使阴阳处于平和的状态。

就像自然界有阳光，也有雨水，这样万物才会繁盛。又比如虽然夏季太阳毒辣，阳气旺盛，但是相对来说，夏季的雨水天气也特别多，这就是自然界调节阴阳平衡的手段。人类白天运动，夜晚睡觉，也是调节阴阳的方法，睡眠是为了养阴。

生命的运动是必不可少的，但是到了人生的下半场，静养阴就显得特别重要了。因为中年之后人体内的阴气占据主导地位，阳气耗散得越慢，人的寿命就越长，正所谓细水才能长流，就是这个道理。

静养生与长寿

为什么女人的寿命一般要比男人长，就是因为女性爱静，不像男人那样爱折腾。所谓静养，就是节奏慢、呼吸慢、心跳慢、吃饭慢、动作慢，于是阳气耗散得少，阴津保护得好，生命的烛光能常亮不灭。所以，老子说："归根曰静，静曰复命。"意思就是虚静、虚无可以养育"命根"。你看那些隐居在深山老林里的和尚、道士，虽然每日以粗茶淡饭为食，但与世无争，淡然生活，所以大多长命百岁。

从某种意义来讲，静是一种更高级的运动形式。西方有一个"运动金字塔"理论，第一层是生活运动，如做家务、爬楼梯；第二层是伸展运动；第三层是休闲运动；第四层是肌肉运动；而位于金字塔塔尖的就是静态活动，如读书、看报、钓鱼、听音乐等。

动养的是形体，而静养的是神志。所谓静，是相对于动而说的，所有慢节奏的生活状态都可以归属于静。人在形体运动的状态下，应该让精神宁静致远，常见的方法有静坐养生法、冥思养生法、睡眠养生法、情志养生法。

静坐养生的玄机

静坐就是一种闭目盘膝而坐，调整气息出入，不想任何事情的养生方式。

曾子曰："知止而后有定，定而后能静，静而后能安，安而后能虑，虑而后能得。"中国人自古就讲究静以养生，静养不只是让身体静止下来，心神也要安定下来。《庄子》有颜回"坐忘"之说。《庄子·大宗师》云："堕肢体，黜聪明，离形去知，同于大通，此谓坐忘。"坐忘就是静坐的一种形式，通过静坐以忘我，使内心达到清静、恬淡、寂静、无为的境界。

从古至今，历来长寿善养生的人无不推崇静坐养生，我国历史上唯一的女皇帝武则天，总揽朝政 50 余年，却一直耳聪目明、思维敏捷。殊不知这与她喜欢瞑目静坐有关系。

武则天在年轻的时候曾在感业寺与枯灯为伴，盘膝静坐三年之久，之后她保留了静坐的习惯，经常在朝政之余，瞑目静坐。神龙元年（705 年）十一月，武则天于上阳宫崩逝，享年 82 岁。

郭沫若的静养秘诀

现代文学家郭沫若在日本求学之时，由于性情急躁和用脑过度，得了严重的神经衰弱，时常心悸、乏力、睡眠不宁。后来，他偶然读到《王文成公全集》，看到王阳明以"静坐"法养病健身，便学了起来。每天清晨，他起身静坐 30 分钟，临睡时也静坐 30 分钟，不到半个月，他的睡眠大有好转，胃口也恢复如常。之后的数十年，"静坐"一直陪伴着郭沫若，使他从弱者变为强者，并得以高寿。

现代研究显示，静坐可以降低氧气的消耗量，从而使心脏负荷减轻，脑血流量增加，人的身心得到充分休息。静坐还可以降低肌肉紧张程度，增强身体抵抗力。从心理效应来看，静坐可以增强内控能力，改进睡眠状况，降低焦虑感，使人在面对压力时可以更加积极地应对。

静坐其实很简单

那具体如何静坐呢？静坐可不是简单地坐在那里不动就行的，而是要讲究一定方法。

首先是静坐的时间和地点。静坐时间不宜在饭后一个小时内进行，因为此时正处于饱腹状态，身体不适宜蜷缩，否则会影响到饮食水谷的消化。

静坐的地点要选择在清静无人的地方，以避免在忘我状态下突然被外界打扰。静坐前可以事先叮嘱身边人，遇见急事可小声打招呼，令入定静坐者闻声出定，以免受到惊吓。此外，静坐的位置还应该选择不见风的地方，以免在身体放松的状态下感受风邪。衣服在追求宽松、舒适的同时，也要注意保暖，静坐时可以棉布覆盖两膝。

静坐的时候头要自然正直，脊椎要正，背勿靠他物，胸部可略前倾，身体肌肉要靠意念达到完全放松的状态，鼻正对肚脐，眼微闭，唇略合，牙不咬，舌抵上腭，宽衣松带，腰背放松，肩肘下沉，但不用力。手心向下，自然地轻放在靠近小腹的大腿根部。两脚平行着地，与肩同宽，坐姿以屈膝90° 为宜。双腿一般散盘起来，盘腿看着容易，其实坚持下来很难，刚开始可以尝试短时间，然后慢慢延长。

静坐的时候忌突然落座，要先做热身运动。可先轻轻摇动双肩、上身，搓热双掌，抚摩面部及头部等处。然后再轻放双腿，身体徐徐弯下，吐出腹中积气，双手顺着双腿慢慢按摩至脚掌，如此反复 3 次，即可入定静坐。

人的双腿一般是前后运动，很少左右摆动，而盘坐可以让双腿朝左右方向拉动筋骨，这对于增强腿部的韧性和活动能力是很有好处的。尤其是老年人，通过盘腿能使腿部的柔和性、灵活性及应变能力得到提高，可以避免意外伤害的发生。所以，除了静坐的时候盘腿，在看电视、看书等休闲状态下，也可以盘腿而坐。

静坐最重要的是呼吸，静坐时呼吸要"吸长而缓，呼短而促"，行之不经意之间。研究显示，人呼吸的氧气有 90% 用来供给大脑思维。人在急剧思考的时候，大脑的氧气需求量比较大。比如，情绪激动的时候，心率加快；恐惧的时候，呼吸比较急促……这都是大脑急剧思考而急需体内供氧的表现。

静坐就是通过身体入定、思想入静的方式调整意念。正所谓"万缘放下，一念不生"，静坐看似简单，难就难在思想入静上。生活中的各种烦恼往往是"剪不断，理还乱"，很多人虽然坐下来但依旧静不下来。

这里教大家一个小窍门——"收视返听"。所谓"收视"，就是指目光不向四周看，而是闭上眼睛观看自身；所谓"返听"，就是指耳朵不去摄取外界的声音，而是仔细"窃听"体内的动静，尽量捕捉其中的微妙，坚持这样做，慢慢就忘记了烦恼。

静坐最好在清晨和临睡前做比较好，每次静坐 30 分钟即可，当然这 30 分钟是完全入定的时间。

冥思养生的玄机

随着社会生产力的提高，劳动形式逐渐分化成体力劳动和脑力劳动。很多人认为，坐在办公桌前工作的人没有在田间劳作的人辛苦，其实不然。脑力劳动者虽然不剧烈运动，但是神志却在高速运转。《黄帝内经》说"静则神藏，躁则消亡"，即神宜静，而不宜躁。因此，脑力劳动者往往比体力劳动者更易疲乏。

冥思就是空想、幻想，人在空想的时候一般会想一些美好的事物，让自己心情愉悦，而愉悦的情绪可以让紧绷的神经放松下来，从而让大脑获得休息。据荷兰的一项医疗调查证实，冥思遐想者比不善此举者，患病率要低87%。他们还证实，此法可以消除疲劳，有益于左右脑的平衡使用，促进创造力的萌发。

当前，生活节奏越来越快，房子、孩子、票子压得人喘不过气了，因此现代人更应该重视冥思养生。

冥思养生不是一种十分复杂的运动，只要你愿意用看电视剧、看手机、打游戏的时间，在公园的草地上、舒适的床铺上、松软的沙滩上，甚至是工作的椅子上，闭上眼睛，运用一定的方法，就可以进入冥想状态。姿势也不像静坐那样讲究，或躺，或坐，都是可以的。

首先，放松身体，合闭双眼，意识关注自己的呼吸。把双手放在肚脐上，吸气时可以感觉到横膈膜向外扩张。把手移到胸前，感受肺部的扩张。向前舒展双臂，逐渐呼气，然后深深地吸气，不要刻意控制空气的进出。如此自如地深吸气一次，然后屏气，数四下，接着慢慢地如叹气般呼气，直至最后一点废气也从肺部呼了出去。

呼吸平稳之后，你的思想意识基本上趋于平稳了，这个时候凝聚精神，选一个美好事物作为焦点进行冥想。

冥想不是瞎想，也不是乱想、苦想。瞎想就是不切实际的白日梦，比如中彩票了、发财了。乱想就是胡乱地想，神志东飞飞、西跑跑。苦想就是因某一问题而苦苦沉思，比如暗恋一个女孩，因不知道如何表白而发愁。这些冥想状态非但不能让心态平衡，反而会让人陷入或兴奋或抑郁的状态。

我们在冥想时应该想一些美好、舒缓、积极、阳光的事物，最好是以往的愉快经历，也可以是大自然美好的风光，或者是曾去过的风景名胜，还可以是看过的名山大川等图像。在丰富的想象中，我们遨游于海阔天空之间，从而达到精神洒脱、飘飘欲仙的境界。

大脑越是疲惫，思维越活跃，比如失眠，越是瞌睡，越是睡不着觉。如果在初次尝试冥想养生法时无法进入冥想状态，怎么办呢？

一个方法就是在面前放一根蜡烛，选好姿势后，自然呼吸，用柔和的眼光凝视烛光。当你感到烛光已经停留在你的脑海中，就闭上眼睛，尽量让烛光保持稳定。这样，慢慢地你就进入冥想状态了。

控制身体的自由容易，但是控制思想的自由却很难。初次冥想时，你的脑子可能乱得像一锅粥。但是，思想即便信马由缰也是可以被驯服的，当你能够控制自己的思想的时候，才算找回了真正的自己。

古人云"冥然兀坐，万籁有声"，我们每日听惯了城市中的噪声，在快节奏的生活下，人们将每一根神经都绷得紧紧的，有谁会静下心来听一听鸟语蝉鸣，听一听大自然的万籁俱静。人的健康，不只是身体健康，更重要的是心理健康，我们需要心平气和地对待每一天、每一刻、每一件事，用冥想的办法让悸动不安、烦躁不宁的心"静"下来。

情志养生法

相传，唐代高僧惠能去广州法性寺，恰巧碰见印宗法师讲《涅槃经》，这时有幡被风吹动，座下二僧辩论风幡，一个说风动，一个说幡动，争论不已。惠能插口说：不是风动，也不是幡动，是你们的心动！

人有各种各样的情绪，这是人对外界刺激的反应。生活中难免产生这样或那样的不良情绪，这些过激的情绪反应相对于正常的情绪反应来说，都属于"动"。中医所说"七情内伤"，意即过激的情绪反应会对身体造成损害。人的很多病是由心生的，命运也会受到心性的影响。所以，历代养生家都非常重视对情绪的调摄。

现代医学也认为，盛怒会刺激肾上腺髓质分泌肾上腺素和去甲肾上腺素，而肾上腺素会使呼吸急促、红细胞剧增、血液凝结加快、心动过速、血压升高，诱发偏头痛、高血压和心脏病。抑郁会使消化液分泌减少、食欲大减，甚至引起消化系统疾病。英国一位学者在对 225 名癌症患者进行研究后发现，其中 155 人曾在精神上受过创伤或存在长期忧伤苦闷的情况。

晋代的嵇康曾讲过："养生有五难，名利不去为一难，喜怒不除为二难，声色不去为三难，滋味不绝为四难，神虑精散为五难。"频繁的情感波动、纷杂的思想活动都能导致"神虑精散"。因此，人要想在精神、情感活动中保持相对的平静，平时就要重视思想修养及精神调摄，客观对待周围事物的变化，不为区区小事而大动肝火或暗自伤感，使自己的精神经常处在乐观、愉快的状态中。

常用的情绪调控方法有节制法、疏导法、移情法、以情制情法。

1. 节制法

节制法就是学会克制自己的情绪，特别是在要发怒的时候，学会"制怒""息怒"。我们在日常生活中，若遇见不开心的事，不妨先深呼吸，理性分析，就会避免不良情绪爆发。

也可以用语言提示进行引导。一旦情绪趋于激动，我们可以默诵或轻声自我警告"保持冷静""不许发火""要注意自己的形象和影响"等词句，想尽办法抑制自己的情绪。

古人说："欲有情，情有节，圣人修节以止欲，故不过行其情也。"这里讲的就是节制法，也就是通过节制调和情感，防止七情过激，从而达到心理平衡的目的。古人十分推崇"宠辱不惊"的处事态度，不以物喜，不以己悲，对于任何重大变故，都保持平和的心理状态，不超过正常的生理限度。

2. 疏导法

疏导法就是当情绪积聚、抑郁的时候，用适当的方式宣达、发泄出去。当过激情绪无法克制的时候，我们就要及时将其排泄出去，这和水库在汛期开闸泄洪的道理一样，将不良情绪发泄出去有利于身体健康。

例如当遭遇不幸，悲痛万分的时候，我们不妨大哭一场；遭遇挫折，心情压抑的时候，我们可以对着寂寥的远山长吼几声，把心中的郁气吼出去。现在很多公司设置了减压室，里边配备了涂鸦墙、沙袋、拳击手套等设备，就是为员工提供一个发泄情绪的渠道。

当然，情绪发泄必须使用正当的途径和渠道，不能你生气了，对着身边的人胡乱发泄一通，那样只会害人害己，反而带来新的烦恼，引起更严重的不良情绪。

自己发泄情绪是主动发泄，还有一种发泄方式是借助他人的心理引导，比如向心理咨询师咨询，找人聊天、诉苦，在别人的劝说和开导下找到发泄的出口，即是以解释、鼓励、安慰、劝勉的方法解除自己的思想顾虑。《黄帝内经》记载了开导法，指出"人之情，莫不恶死而乐生，告之以其败，语之以其善，导之以其所便，开之以其所苦，虽有无道之人，恶有不听者乎"。

3. 移情法

移情法也称转移法，即通过一定的方法和措施改变人的思想焦点，或改变其周围环境，使其与不良刺激因素脱离接触，从而从情感纠葛中解放出来，或转移到其他事物上去。

移情法是我们每个人都用过的情绪调节方法，比如当沉浸在失恋的苦闷情绪中无法自拔的时候，可以来一场说走就走的旅行，用山清水秀的环境调节消极情绪，使自己陶醉在蓝天白云、鸟语花香的大自然里，以舒畅情怀，忘却烦恼。古人也认为："七情之病者，看书解闷，听曲消愁，有胜于服药者。"

琴棋书画具有影响人的情感、转移情志、陶冶性情的作用。实践证明，情绪不佳时，听听适宜的音乐，观赏一场幽默的相声或喜剧，苦闷顿消，精神振奋。

4. 以情制情法

以情制情法就是根据五行生克的理论来调节情绪。战国时期，齐闵王患了忧虑病，整日闷闷不乐，沉默寡言，常无故叹气。经许多医生治疗，就是不见好转。宋国有个名医叫文挚，医术高明，于是齐闵王就派人将他请过来。

文挚详细询问和诊断了齐闵王的病情后退下，太子问："父王的病有治好的希望吗？"

文挚回答："齐王的病，我是能治好的。但是，齐王的病治好后，必然要杀死我文挚的。"

太子吃惊地问："这是什么缘故？"

文挚说："齐王的病必须用激怒的方法治疗，否则是无法治好的，我如果激怒了齐王，我的性命也难保全了。"

于是太子就向文挚保证，如果能将大王的病治好，他和王后都会保护他。随后文挚就开始实施他的治疗方案了。

文挚与齐闵王约好看病时间，第一次文挚未去，第二次又失约。连续失约三次后，齐闵王非常恼怒，痛骂不止。有一天文挚终于来了，连礼也不行就走到病床前，不脱鞋就上床，还踩着齐闵王的衣服问病，气得齐闵王咬牙切齿，不理文挚。文挚更是得寸进尺地用粗话怒骂齐闵王，齐闵王再也按捺不住，从病床上翻身起来大骂不休。这一怒一骂，郁闷一泻，齐闵王的忧虑症也就痊愈了。

齐闵王忧郁过度伤脾土，而怒属肝木，文挚采用"以下犯上"法，肝木胜脾土。这就是古代以情制情的具体运用。

中医认为情绪之间存在阴阳五行生克的关系，我们就可以运用这种互相制约、互相克制的情志来转移和干扰原来对人体有害的情志，借以达到协调情志的目的。比如喜伤心者，以恐胜之；思伤脾者，以怒胜之；悲伤肺者，以喜胜之；恐伤肾者，以思胜之；怒伤肝者，以悲胜之等。当一个人情绪不平稳的时候，或逗之以笑，或激之以怒，或惹之以哭，或引之以恐等，总之就是因势利导，宣泄积郁之情，畅遂情志。

睡眠养生的重大意义

1. 静则生阴的玄机

阴阳者，天地之道也。按照中国传统文化中阴阳的划分，白天属阳，夜晚属阴，因此白天是养阳的好时机，而晚上是养阴的好时机。那么晚上用什么办法养阴呢？中医讲，动则生阳，静则生阴，所以晚上养阴的最佳办法就是睡觉。

2. 睡眠为何是最好的补药

清代文学家李渔曾说："养生之诀，当以睡眠为先。"莎士比亚也说过："睡眠是一切精力的源泉，是病人的灵药。"阴和阳之间首先是对立的，其次是互生的，就像是男人和女人，虽然互为异性，但总要组成一个家庭。阴和阳之间互相滋生，夜晚睡觉养阴，把阴养好了，正是为了更好地发挥阳的功用，白天更好地工作和活动。睡眠就像是人体的充电器，充满了电，白天才能用一天。

现代医学研究发现，入睡后人体的能量消耗大大降低，身体代谢产生的乳酸和二氧化碳等物质也得以排出体外。同时，身体也会得到大量的营养和能量来对器官进行修复，减少毒素对身体的损害。此外，睡眠不仅仅可以缓解生理疲劳，而且对心理疲劳同样有效，一个睡眠充足且有规律的人一定是一个身体健康、面色红润的人。

3. 睡好觉的秘诀

关于如何拥有好的睡眠，唐代孙思邈在其所著的《千金方》中做了专门的论述："凡欲眠勿歌咏，不祥……人头边勿安火炉，日久引火气，头重目赤，睛及鼻干……夏不用露面卧，令人面皮厚，喜成癣，或作面风。冬夜勿覆其头，得长寿……勿顺墙卧，风利吹人，发癫及体重。"

"凡欲眠勿歌咏，不祥。"这句话的意思是睡觉之前不要唱歌，其本意是不要从事娱乐活动。想必大家都有这样的经历，就是睡前如果看紧张刺激的电影，晚上就易做梦或者失眠。这是因为睡眠是大脑神经细胞由兴奋转为抑制的保护性反应。如果睡前过于兴奋，势必影响抑制过程，所以躺到床上之后就不要从事剧烈活动了，要尽量避免思考难题，不要听惊险的故事，不要牵挂别的事情或者想入非非，以免大脑皮层呈持续兴奋状态。

"人头边勿安火炉，日久引火气，头重目赤，睛及鼻干。"古人房间里没有空调，取暖用火炉。这句话的意思是说，睡觉的时候火炉不要离身体太近，时间久了会导致目赤、眼干以及鼻腔干燥。这给现代人的启示就是注意睡觉时候的室内温度。研究发现，恒定的室温对健康有重要的意义，20℃是最佳睡眠温度，如果室温超过24℃，睡眠就会变浅；室温在18℃以下，人体向外散热过快，也不容易进入深度睡眠。

"夏不用露面卧，令人面皮厚，喜成癣，或作面风。"这句话的意思是即便是在夏天，也不能把身体裸露在外边睡觉，不然会引发风癣、面瘫。风邪无处不在，即便是在炎热的夏天。很多人有在夏天裸睡的习惯，并且吹着风扇或者空调。睡觉的时候，毛孔处在放松状态，这就给了风邪以可乘之机。其实，不只是在夏天，任何季节都不应该在睡觉的时候将身体暴露，这样做就相当于将自己的弱点暴露给敌人。

"勿顺墙卧，风利吹人，发癫及体重。" 这句话的意思是睡觉的时候不要贴着墙睡，也就是说床不要离墙太近。现在的住房面积有限，卧室非常紧凑，包括榻榻米造型在内，床铺紧挨着墙壁。墙壁的温度和室温相差 3 ~ 8℃，而且室外的寒邪、风邪会通过墙壁直接传到床铺，不利于人体健康，会增加患关节炎、风湿、类风湿、痛经等疾病的概率。所以，床与墙应保持 20 厘米以上，床两侧应留出通道，方便上下床，被褥的潮气也容易散发。

现在的人夜生活越来越丰富，白天拼命工作用尽阳气，晚上又吃喝玩乐，颠倒了阴阳，这样就把身体的脏腑功能和气血活动都搞垮了。长此以往，生命的灯油早晚会被过早耗尽。

明代养生家高濂说："夫人只知养形，不知养神，只知爱身，不知爱神，殊不知形者载神之车也，神去人即死，车败马即奔也。"这句话的大意就是，人们只知道保养身体，不知道保养精神，只知道爱护身体，不知道爱护精神，殊不知身体好像载有精神的车一样，精神一去，人就死了，车若是坏了，马也就跑了。

现代医学已逐渐转变观念，提出人的健康除了身体健康还包括心理健康，由此可见养生除了动养形，还需静养心。

第四节　动静结合的养生瑰宝

动以养形，静以养神，形神共养，才能使气血流畅，阴阳平衡，这是养生之精妙所在，也是延年益寿的关键。

动静结合的养生观念自古受到历代养生者的推崇，清代著名诗人、散文家袁枚在中年的时候曾为自己拟定了一套"健身四法"，即远足运动、动静结合、淡泊名利、食素尝鲜。不只如此，在浩瀚的历史长河中，致力于探究人类长寿奥秘的古代先贤创造了许多动静结合的养生瑰宝，下面我们来看一下都有哪些？

太极拳为何能益寿延年

太极拳是我国著名的内家拳，承载了中华传统文化的精髓。

太极拳相传由武当道人张三丰所创，基于太极阴阳之理念，用意念统领全身，通过入静放松、以意导气、以气催形的反复习练，以进入"妙手一运一太极，太极一运化乌有"的境界，达到修身养性、陶冶情操、强身健体、益寿延年的目的。

不知《易经》，不足以言太极拳。在太极拳的理念中，宇宙是一个大太极，人体是一个小太极。太极生两仪，两仪生四象。从人体结构来说，腹部为太极，两腰为两仪，两手两足为四象，两手两足各有两节为八卦。所以，太极拳的整体动作都是以太极为原点，围绕着腹部做圆运动，不需用多大的力气，全身之动作便无所不到。

太极拳内练"精神意气功"，外练"手眼身法步"。内功就是静功，外功就是动功。太极拳的精髓就是动中求静，动静结合，即肢体动而脑子静，思想要集中于打拳，所谓形动于外，心静于内。

从太极拳的动作要领来看，太极拳以"掤、捋、挤、按、采、挒、肘、靠、进、退、顾、盼、定"等为基本方法，要求静心用意，以意识引导动作，柔和安舒，圆活不滞，身体疏松自然。同时以腰为轴，上下相随，在整个锻炼的过程中无不体现着有无相生、动静相因、虚实相资、刚柔相济的道理。

太极拳有多个流派，比较流行的是陈氏太极拳、杨氏太极拳及雷氏太极拳等，不管哪种流派，只要掌握正确的练习方法，就可以利用太极拳来进行养生锻炼。

不过太极拳动作繁多，不下一定的功夫很难完全掌握，初学者可以先慢后快、先简后繁。初学太极拳时宜慢不宜快，从慢上练功夫，打好基础，先把动作学会，把要领掌握好，熟练以后再进行拔高练习。

太极拳是慢运动，看似动作缓慢轻柔，但如果真正用心去打也非常耗费体力。所以，初学的人练完一两趟"简化太极拳"，往往会感到两腿酸痛，这是正常的生理现象。对于初练太极拳的人来说，运动量要因人制宜，因病制宜，不应贪多求快，急于求成。一般而言，健康的人可以完整练习一两遍，老年人或者体质虚弱者可以适当减少运动量，既可以单练一组，也可以专练一两个式子，如"揽雀尾""云手""起势"等。

现代社会，年轻人工作繁忙，外出运动锻炼的时间越来越少，而练太极拳不像跑步、登山那么累，不像打羽毛球、乒乓球、跳舞等要有伴儿，不像唱歌吊嗓子会影响别人。练习太极拳无须准备特别的设备或者专门去健身房，只需要找一片环境清幽的空地，如公园、树林、广场、河边、草地等，就可以练习，因此是经济实惠、普惠大众的养生方法。

长期坚持练习太极拳，不但会使人从生理上感到周身舒适通畅、精神焕发、反应灵敏，而且会慢慢改善浮躁的心态，养成一种从容淡定的生活态度，使自己在面对来自生活的方方面面的压力时能够自如应对，化解压力，生活得开心快乐。

易筋经为何能强身健体

易筋经相传是少林寺达摩祖师所创。北魏孝明帝时，印度高僧达摩来华传教，于嵩山少林寺面壁 9 年。其间除静坐沉思，达摩祖师为强身健体，创造了名为"易筋经"的养生功法。

易筋经虽然起源于佛教，但是其理论却源于中国的哲学著作《易经》。

易者，乃阴阳之道也。易筋经的动作具有刚中有柔、动中有静、意力统一的特点。它采用内外结合、动静结合的方式，使意识与运动协调一致，使人的精神、形体和气息有效地结合起来，经过循序渐进、持之以恒的锻炼，使五脏六腑、十二经脉、奇经八脉及全身经脉得到充分调理，从而达到保健强身、防病治病、抵御早衰、延年益寿的目的。

　　研究表明，坚持练习易筋经可使四肢灵活，使肌肉内肌糖以及肌肉活动时所需要的各种酶的储量增高，肌肉能源储备增加，因此在活动的时候可以发挥出较大的能力和耐久力。

　　易筋经只有十二式，即韦驮献杵、横担降魔杵、掌托天门、摘星换斗势、倒拽九牛尾势、出爪亮翅势、九鬼拔马刀势、三盘落地势、青龙探爪势、卧虎扑食势、打躬势、掉尾势。每一势的动作非常简单，所以初学者练习起来并不困难。

　　不过易筋经难在"精神内守"上，《易筋经》原文指出："将欲行持，先须闭目冥心，握固神思，屏去纷扰，澄心调息，至神气凝定，然后依次如式行之。"练习时"必以神贯意注，毋得徒具其行，若心君妄动，神散意驰，便为徒劳其形，而弗获实效。初练动式，必心力兼到"。

　　所以，易筋经要求的是在动中练"静"功。这就要求练习者要精神放松、意识平静，不做任何附加的意念引导，通常不意守身体某个点或部位，而是要求意随形体动作的运动而变化，做到意随形走、意气相随。呼吸要自然、柔和、流畅，不喘不滞，以利于身心放松、心平气和及身体的协调运动。

　　易筋经是一套完整的套路式锻炼功法，练习者可以根据自身的健康状况和身体素质，进行全套练习，或有选择地进行单个动作的练习。从运动生理学的角度看，易筋经属于小强度运动项目，对内脏有一定的锻炼价值，练习次数越多益处越大，以每天练习三次为宜，即早、中、晚各一次。

八段锦为何能使人百病不生

　　八段锦是我国传统的导引养生术，直到现在依然非常流行。它是古代导引法的一种，是形体活动与呼吸运动相结合的健身法。肢体活动可以舒展筋骨，畅通经络；与呼吸相结合，则可行气活血，宣畅气机。

　　相传此功法起源于北宋，因为动作刚柔并济，舒展优美，所以古人将这套动作比喻为"锦"，寓意像绸缎一样华丽柔美，又因此功法分为八段，每段一个动作，故名为"八段锦"。

　　八段锦以调和阴阳、通理三焦为主旨，以动入静、以静入动、动静皆宜、顺乎五行，练习时无须器械，不受场地局限，简单易学，节省时间，常习之可百病不生，延年益寿。

杨绛老人是钱钟书的夫人，是我国著名作家、翻译家、外国文学研究家。杨绛老人历经百年沧桑，其间人世变故、天灾人祸数不胜数，但她却活到了105 岁的高龄，可谓高寿之人。

究其原因，除了她总能本着一份处乱不惊的乐观心态安然生活，还得益于每天坚持练习"八段锦"。每天早晨，她都先在学校的公园内散步，然后走到树下，打一遍八段锦，因此杨绛老人虽有百岁高龄，仍头脑敏捷，走路轻快。

现代研究显示，练习八段锦可活动全身关节、肌肉，调节精神紧张，改善新陈代谢，增强心肺功能，促进血液循环，从而改善人体生理机能。另外，还对老年人改善血压、预防老年痴呆、提高大脑注意力也有很好的帮助。

现代办公室白领因为每天工作紧张、缺乏锻炼，经常会感到四肢无力、腰酸背痛、精神不振，练习动静相宜的八段锦就是不错的选择，一遍做下来需要 15 ~ 20 分钟，虽然时间占用不多，但作用却非常大。

现在的健身房动辄上千元的会费，还要请教练专门指导，其实好的养生运动并不一定要花大钱，八段锦就是一种简便有效的养生运动方法，老少咸宜。每段一式，既可单式练习，也可全套练习或选段练习。每式的运动量可由只做八呼或十六呼来调节，也可根据下蹲程度为高势、中势或低势来调节，故运动量可大可小，自行掌握，既方便又灵活。

华佗五禽戏为何能使人长命百岁

五禽戏为东汉名医华佗所创，华佗曾说："是以古之仙者（长寿者），为导引之事，熊颈鸱顾，引挽腰体，动诸关节，以求难老。"意思就是说，人要像熊那样晃动脖子，像鸟儿一样转动眼睛，让腰身关节经常活动，才能长寿。

有一部热播的电视剧《军师联盟》，在第一集中，名医华佗送给司马懿一本五禽戏秘籍。司马懿天天练习，在战火纷争的三国时代活了 70 多岁，熬死了曹操、曹丕、曹叡，成为笑到最后的人生赢家。

作为我国最早的具有完整功法的仿生医疗健身体操，五禽戏巧妙地把动物的肢体运动与人体的呼吸吐纳予以有机结合，对后世的导引、八段锦，乃至气功、武术有一定影响，不仅得以流传和发展，而且成为受到历代宫廷重视的体育运动之一。

五禽戏由五种动作组成，分别是虎戏、鹿戏、熊戏、猿戏和鸟戏，都是模仿相应的动物动作。每种动作都是左右对称地各做一次，并配合气息调理，具有不同的作用。

虎戏可以填精益髓、强腰健肾，还可以增强人体肝胆的疏泄功能，对糖尿病等内分泌疾病有较好的辅助治疗效果。

鹿戏可以舒展筋骨、增强体力、益肾固腰，对关节炎等结缔组织疾病效果较好。

猿戏可以使人头脑灵活，增强记忆力，还可以愉悦心情，改善心悸心慌、失眠多梦等症状。

熊戏能促进消化、有益睡眠，增强脾的运化功能，使腹痛、腹胀、便秘、腹泻等症状得以改善。

鸟戏能调和呼吸、疏通经络，增强肺的呼吸功能，有效缓解鼻塞、流涕、胸闷、气短等症状。

现代医学研究证明，长期练习五禽戏不仅使人体的肌肉和关节得以舒展，而且有益于提高肺与心脏功能，改善心肌供氧量，提高心肌排血力，促进组织器官的正常发育。

华佗的学生吴普、樊阿坚持练习五禽戏，都活到了90多岁，而且耳聪目明、齿发坚固，足见其养生长寿的功效。

医家六字诀为何能养性延命

六字诀是我国古代流传下来的一种吐纳养生法。它不同于太极拳、五禽戏、八段锦等寓静于动的运动方式，而是通过呼吸导引，充分诱发和调动脏腑的潜在能力来抵抗疾病的侵袭，防止随着年龄的增长而出现过早衰老。

相传六字诀吐纳养生法是由南北朝医家陶弘景所创，其在著作《养性延命录·服气疗病篇》中做了详细的描述："纳气有一，吐气有六。纳气一者，谓吸也；吐气六者，谓吹、呼、唏、呵、嘘、呬，皆出气也。"

六字诀是由六种特殊的呼气法组成的修炼方法，每种呼气法均有特定的吐字口型，以此牵动相应脏腑经络气血的运行，达到有针对性地调整某一脏腑机能、祛邪安脏的目的。

吹字功：此法口型为撮口，然后以唇出音，呼气"吹"音。呼气时读字，同时提肛缩臀，将重心移至脚跟。呼气尽，随吸气之势慢慢站起，两臂自然下落垂于身体两侧。共做六次，调息一次。吹字功能补肾气，对于肾气虚、早泄、滑精等症患者有保健作用。

呼字功：此法口型为撮口如管状，舌向上微卷，用力前伸，然后呼气发"呼"音。呼气时足大趾轻轻点地，两手自小腹前抬起，手心朝上至脐部，左手外旋上托至头顶，右手内旋下按至小腹前。呼气尽后左臂内旋变为掌心向里，从面前下落，同时右臂回旋掌心向里上穿，两手在胸前交叉，左手在外，右手在里，两手内旋下按至腹前，自然垂于体侧。这样交替做六次，调息一次。呼字功能培脾气，对脾胃虚弱、消化不良者有保健作用。

唏字功：此法口型为两唇微启，舌稍后缩，舌尖向下，有喜笑自得之貌，然后呼气念"唏"字。发音时足四、五趾点地。两手自体侧抬起如捧物状，过腹至两乳平，两臂外旋翻转手心向外，并向头部托举，两手心转向上，指尖相对。吸气时五指分开，由头部循身体两侧缓缓落下并以意引气至足四趾端。重复六次，调息一次。唏字功能理三焦，令脏腑之气血通调，全身气机通畅。

呵字功：此法口型为半张，舌顶下齿，舌面下压，然后念"呵"字，发音时足大趾轻轻点地，两手掌心向里由小腹前抬起，经体前到胸部两乳中间位置向外翻掌，上托至眼部。呼气尽吸气时，翻转手心向面，经面前、胸腹缓缓下落，垂于体侧，再行第二次吐字。如此动作六次，作一次调息。呵字功能补心气，对于心气不足而引起的心悸、气短、胸闷不舒等症患者有保健作用。

嘘字功：此法口型为两唇微合，有横绷之力，舌尖向前并向内微缩，上下齿有微缝，然后呼气念"嘘"字音。发音时足大趾轻轻点地，两手自小腹前缓缓抬起，手背相对，经胁肋至与肩平，两臂如鸟张翼向上、向左右分开，手心斜向上。眼睛尽量往下看，并随呼气之势尽力瞪圆。呼气尽吸气时，屈臂，两手经面前、胸腹前缓缓下落，垂于体侧。再做第二次吐字。如此动作六次，作一次调息。嘘字功能平肝气，当我们生气或遇见不开心的事情的时候可以做一下"嘘字功"，可以平息肝火。

呬字功：此法口型为两唇微后收，上下齿相合而不接触，舌尖插上下之缝，然后呼气念"呬"字。发音时两手从小腹前抬起，逐渐转掌心向上，至两乳平，两臂外旋，翻转手心向外成立掌，指尖对喉，然后左右展臂宽胸推掌如鸟张翼。呼气尽，随吸气之势两臂自然下落垂于体侧。重复六次，调息一次。呬字功能补肺气，对于咳喘无力，气短，动则益甚，痰液清稀，声音低怯，神疲体倦等肺气弱患者有一定的保健作用。

练习六字诀需要注意"调身""调息""调心"。调身就是对身体姿势、动作的调整。保证身体放松，动作协调。调息就是调整呼吸的方式（胸式呼吸、腹式呼吸或其他）、速度、节律、强弱等。不管吸气，还是读字吐气，呼吸要深、长、柔、慢。调心就是做到吸无意，呼有意，即吸气时不要用意念，呼气读字时，意念在相应经络上走行。如此才能练好六字诀。

汉字书法为何能修心长寿

书法是我国的传统艺术，是中华民族的宝贵文化遗产之一。练习书法既可以培养艺术情操，又可以调心养气，对老年人来说是一项很好的健身活动，特别是对老年人的心理能起到很好的调节作用，可提高老年人的身体素质。

清代书法家周星莲说："端坐正心，则气自和，血脉自贯，臂自活，腕自灵，指自凝，笔自端。是臂也、腕也、掌也、指也、笔也，皆运用在一心。"书法，写的是字，修的是心。

练习书法可修身养性、养心愈疾、畅达延年。从汉代至清代，中国人的平均寿命仅为 45～50 岁，而书法家普遍能达七八十岁，如唐代的柳公权 87 岁，欧阳询 84 岁，虞世南 80 岁，其后的杨维祯 74 岁，文徵明 89 岁，梁同书 92 岁，翁同龢 85 岁等，可见常年研习书法对这些大书法家的长寿起到非常大的作用。

凡是延年益寿的养生方法都要求"动"和"静"相结合，贵在静中寓动、动中寓静，书法被誉为"纸上太极、墨上气功"，是动静结合的最佳典范。唐太宗李世民是个书法迷和书法家，他在谈到如何书写时说："欲书之时，当收视返听，绝虑凝神，心正气和。"练习书法首要排除一切杂念，思想高度集中，在姿势方面要"肩欲其平，身欲其正，两手如抱婴儿，两足如踏马镫"。

书法家只有将全身的力通过臂、肘、指送到笔端，才能创作出一幅笔力遒劲的书法作品。由此可见，书法创作是一项静中有动、动中有静、动静结合的全身运动。很多老人通过习练书法，令身心都处于安详畅通的状态，很多宿疾不治而愈。

练习书法是一种行之有效的养生保健之术，只要循序渐进、持之以恒，定能达到养生保健的目的。

古人云"冰冻三尺非一日之寒"，养生运动贵在坚持，切不可"三天打鱼，两天晒网"，"一曝十寒"，或是认为已经练会了，或者感到病情有所好转，就不再坚持练习。这样做不能收到增强体质和治病防病的效果。

第十五章
易经预测与疾病诊断预测

第一节　周易预测学与中医的关系

中国人很早就喜欢预测，很多人谈及《易经》，自然就与占卜、算命联系在了一起，想到了那些走街串巷的"半仙儿"。其实如果追根溯源，《易经》最初就是一部古人占卜之书。《易经》的每一卦都配有爻辞，即每一个卦象配给一段与此有关的史事或自然现象，用以说明'吉凶咎悔吝厉'，并无其他深意。古代真正占卜之人是当朝的吏者，为国民忧患而卜。

在远古时期，水火无情，草木枯荣，寒来暑往，日月交替，阴阳不息，飓风、暴雨、地震、海啸、干旱、猛兽、炎热、寒冷无时无刻不给人类带来灾难。俗话说"吃一堑长一智"，人类不断地与天地抗争，在劳动中创造了语言，发明了工具和文字，记录了灾难。给天安了柄，给地定了位，总结了宝贵的经验。调配金石草木以治疾防病，观察物候以预测天气，探索阴阳预测人世间事物的吉凶变化，以达到趋吉避凶的目的。就像现代人利用卫星预测天气，目的是相通的。

因此，《易传·系辞上》说"圣人设卦，观象系辞焉，而明吉凶"，"动则观其变而玩其占"，"天垂象，见吉凶，圣人象之"。

随着时代的发展，在战国及秦汉时期，出现百家争鸣的局面，人们将《易经》的原本思想进行发挥，借《易经》发声，因此《易经》的体系越来越庞大，拥有"群经之首、万象之源"的地位。也就是说，《易经》不是一个人或者某个时期所著成的书，而是文王、老子、庄子等思想家、哲学家不断增补，并在很长一段历史时期形成的理论典籍，是古人思想的综合。

在浩荡的历史长河中，人们对未来总是充满着莫名的恐惧，怕生病、怕生灾，因此期望能掌握未来的走向，掌握自己的命运。一叶可以知秋，见微可以知著，在已知事物一个片段的前提下，为何不能推测出它的全部或者发展呢？于是古人总结时间万物的变化规律，并形成理论体系，由此便诞生了《易经》。可以说，《易经》是人类预测文化的先驱。

《易经》有象、数、理、占四大组成部分。其中，占，即是占卜，其实质就是预测。占卜虽然是易经思想中的"小神通"，但是它却影响着古人的方方面面。大到国家的兵戈农桑，小到百姓的婚丧嫁娶，都离不开占卜。

比如南宋时期的爱国诗人辛弃疾，年轻的时候与党怀英同窗学习，两人占问所仕之地，其中党怀英占卜遇坎卦，坎为水为北方，因此决定留下来在金国为官。辛弃疾占卜得离卦，离卦为火所属南方，于是决定南下为官。

还有一个故事是讲晋朝堪舆大师郭璞，年轻的时候家乡盗贼横行，战乱频发，老百姓惊慌失措，不知道该到何处避难。大家知道郭璞精通《易经》，于是请教他该逃往何处避难。郭璞起卦后，结果都碰到了地火明夷之卦，明夷乃伤灭之卦，预示着老百姓的命运就像落叶，随时飘落于禽兽出没之地，颠沛流离。郭璞又多次尝试，都不得吉卦。

随后，家乡人随团流亡，结果所到之处都遇见了贼寇，始终不得安居，非常符合郭璞起初所占卜的卦象。

北齐的皇甫玉，不仅是宰相，还是占卜看相的高手。北齐显祖即位后，想试试皇甫玉的相术水平，令人用丝巾蒙住他的双眼，让他去"摸相"。皇甫玉一连摸了十几个人，摸一个，说一个，竟然都被他说准了。当摸到显祖时，他断定此人官位最高。旁边的人不服，暗中将两个厨子推到他跟前，皇甫玉摸着这二人说"这两个人只能有好吃的可品尝而已"，当场赢得了众人的叹服。

有一天早上皇甫玉早上照镜子时，见凶气已经浸漫到了印堂和鼻头，知道大事不妙了，便对妻子说："我的死期已经到了，恐怕难活过今天中午啊。"结果，当天中午他就被皇上召去杀了头。原因是皇甫玉曾私下对他的妻子说："当今皇上在位只有两年了。"谁知这句话就传到了皇帝的耳朵里，因此招来了杀身之祸。

象数预测法

《易传·系辞上》说："引而伸之，触类而长之，天下之能事毕矣。"《易经》预测的学问历代都被奉为"安邦治国"的法宝。经过千年的演绎，《易经》在预测领域发展出繁多的分支，如文王卦、六壬、梅花易数、奇门遁甲等，也衍生出百花齐放的名家流派，其门类之多、涵盖范围之广远非西方的星象学可以比拟。

《易经》预测的方法包括从纵向的因果关系进行推测，以及从横向的预测对象与相关因素中的依存关系进行判断，在军事、经济、人事、气象、疾病等方面都有十分重要的意义，特别是在中医诊断学方面存在紧密的联系。

比如《易经》的"四柱八字"，也就是我们常说的"生辰八字"，它以天干地支与阴阳五行结合，通过人出生的年、月、日、时合起来的八个字之间的刑冲合害关系，推测人们事业、健康、情感、家庭等方面的前途。

民间有诗曰："要想四柱断疾病，分清宫位干落宫；甲在年上头有病，落在月上手臂疼；乙在年上神经病，脖颈也会时常疼；落在月上肝胆病，落在时上关节炎……"

对于人体，四柱宫位代表身体的不同部位，年柱离日柱远，代表腿、足、四肢；月柱代表人体的躯干部分，如脊、肩、背等；日支代表人体最重要的部位，如五脏、六腑、心、脑、髓；时柱是代表与外部相通的人体器官，如头、面、手、眼、嘴、耳、鼻、生殖器、排泄器官等。

古人能根据一定程序和自己的生辰，排列出自己的健康隐患，以及以一生为期限必然会出现的所有疾病。还能够根据人的生辰精准分析个体体质与疾病成因，然后再对病症给予准确判断的基础上，提出合理的规避建议。这些方法都是运用八字易理来指导健康预测的表现，可以说在利用八字易理预测健康方面，即便是现在最先进的基因检测手段，也无法比拟。

除了复杂的四柱八字法，还有外推法、因果法及直观法。外推法就是根据事物的外部现象推测事物发展趋势的方法。《素问·阴阳应象大论》说："善诊者，察色按脉，先别阴阳；审清浊，而知部分；视喘息、听音声，而知所苦；观权衡规矩，而知病所主；按尺寸，观浮沉滑涩，而知病所生。以治无过，以诊则不失矣。"《灵枢·邪气脏腑病形》说："见其色，知其病，命曰明；按其脉，知其病，命曰神；问其病，知其处，命曰工。"

中医的望诊、脉诊、问诊，通过望局部、辨舌苔、切脉象等手段判断疾病的走向，就是外推法在中医预测疾病中的运用。

因果预测法

所谓因果法，就是根据因果关系推测判断事物的方法，事物是发展联系的，根据五行生克理论，人体脏腑之间也存在因果关系。比如"木克土"，肝属木，而脾属土，所以得知肝有病，我们就可以预测，如果得不到控制就会影响脾胃；土克水，而肾属水，如果病情继续发展就会影响到肾；水克心，疾病不能在肾脏部位得到遏制就会影响心，而心为一身之大主，如果疾病发展到心，就会给身体带来灾祸。

在《扁鹊见蔡桓公》中，扁鹊第一次见蔡桓公说"君有疾在腠理，不治将恐深"；第二次见蔡桓公说"君之病在肌肤，不治将益深"；第三次见蔡桓公说"君之病在肠胃，不治将益深"。到第四次的时候，扁鹊远远地看见蔡桓公，就小步快走离开了，为什么呢？就是因为他根据因果关系料定蔡桓公的疾病已经深入骨髓，无法医治了。

直观法就是用直观外象来测内里事物的方法，比如中医的相面术，通过观察人头颅、颜面、眉、鼻子等部位，可以预测疾病及寿夭的情况。《黄帝内经》说"有诸内者，必形于外""司外揣内"，这和现代的"黑箱理论"不谋而合。

所谓"黑箱"，就是指那些既不能打开又不能从外部直接观察其内部状态的系统。比如，我们每天都看电视，但我们并不了解电视机的内部构造和成像原理，对我们而言，电视机的内部构造和成像原理就是"黑箱"。对于一个懂电器原理的人来说，不打开电视机也知道它的内部构造。

总体来说，周易预测学就是以《易经》理论为基础，采取归纳推理的方法，探索、发现并掌握宇宙间事物的运动规律，并运用事物运动规律来预测同类事物发展方向和结果的学问。具体有八卦六爻预测、梅花易数预测、八卦九宫预测学、六十四卦爻辞预测、四柱预测、六柱预测等。这些《易经》预测理论，在对人类疾病的预测与监测以及对症治疗上，把医学领域对人体和疾病的认知水平提高到了新的高度，对当代医疗学科的发展具有举足轻重的作用。

第二节　中医看面相知疾病

面相测病的奥秘

在一些涉及算命桥段的影视作品中，经常会听到这样的台词：我观你印堂发黑，不适宜出远门，若是不听劝告，恐有血光之灾。不过若想躲避，在下也不是没有办法。

为什么印堂发黑就代表着危险将至呢？这和中医的面诊有关。

印堂是面部的一个穴位，位于两眉之间的中心位置。按照生物全息理论，这个位置对应的是肺脏。

五行对五色，肺金对应白色，也就是说，天庭这个位置正常的颜色应该是白色，所谓白色也就是与皮肤相同的颜色。而印堂发黑，说明肺的颜色被黑色所取代，这是不正常的颜色。黑色主肾，肺的部位出现了肾的颜色，说明肾病已经开始累及肺脏，肺主呼吸，肾主纳气。肺肾病变的话，就会影响一身之气。而气是维持人体运转的基本物质，所以印堂部位为黑色，则提示有灾祸，而这种灾祸多半是重病。这个分析过程既是推测也是预测。

此外，还有所谓的"天庭饱满，地阁方圆"。天庭是中国古人对额头的代称，而天庭饱满是指人的额头突出、丰盈，寓意吉祥。为什么天庭饱满预示这个人有福气呢？这是因为额头主"火"，而心为火脏。

心为君主之官，为一身之大主，君安则十二官安，君危则十二官危，一般来说，额头的气色可显示心、脑血管的健康状况。人老以后，心血管疾病是头号健康杀手，如果这方面没问题，就容易健康长寿，所以古人总结出"天庭饱满，地阁方圆"的真言。

除此之外，"尖嘴猴腮，面青唇蓝，头圆眼圆，福寿难全"等，都蕴含中医相面术理论。

人的面部是望测疾病的主要部位，因为面部是经络汇聚之地，《灵枢·邪气藏府病形》说："十二经脉，三百六十五络，其气血皆上于面而走空窍……其气之津液，皆上熏于面。"经络是脏腑的桥梁，面部是五脏的"显示器"，为百部之灵，沟通五脏与外部的联系。所以，古代医家说："有气神者，夜则藏于心，日则见之于眼目"。

此外，根据生物全息理论，人面部对应着五脏六腑，如《灵枢·五色》说："明堂骨高以起，平以直，五脏次于中央，六腑挟其两侧，首面上于阙庭，王宫在于下极，五脏安于胸中。"

如额头属乾卦，乾卦为天，为脑，额头宽阔，眉宇充满英气，则说明大脑发育良好，脑髓充足，智力良好；鼻子为中岳，其形属土，对应脾胃，所以鼻头圆，鼻孔不露，鼻梁高耸、丰隆端直，则为健康。耳朵上贯脑而通于心，为心之司、肾之候，耳朵丰厚宽实、轮廓分明、红润明亮则为大寿之相。所以，佛家之佛祖、菩萨的耳垂都是圆润如珠。

总之，面诊在中医的疾病预测方面地位十分重要，一个人若五官不正、轮廓不清、枯薄晦涩，则提示其存在健康隐患。

那么如何通过相面预测健康呢？具体可分为头颅、颜面、眉、目、鼻、唇、人中、眼、耳及头发等几个部分。

相颅面之秘

相颅面，其实就是看头颅的形状。在《易经》预测学中，头颅面相与健康存在一定的联系。"头有四角必富贵，圆头顶高富寿长，顶低顶缺多薄命，就怕无寿白来忙""额高宽平福禄人，脑后连山晚运成，最怕额缺无好命，尖头瘦腰一世贫"等经验总结都蕴含着这层道理。

在《易经》八卦中，乾卦对应头首，乾含有"健"的意思，象征着天。五行之中，居高为圆，象征天之德也。如果头型饱满，额头（天庭）前耸、宽而厚，发际丰隆，就预示"天健"，是吉祥长寿之相，所以古人说"天庭中正宽又平，青少之年富贵来"，长寿不就是人生最大的富贵吗？

从中医角度来看，人的额头巅顶是大脑所居之地，而脑与肾的关系十分密切，脑为髓海，肾主骨生髓，从这层关系来看，肾气就是髓海的源头。肾为先天之本，就像树根一样，是决定人体健康和寿命的关键因素，如果作为"髓海"的大脑充盈丰满，就预示肾气充沛，所以头颅圆润饱满的人通常能健康长寿。

通过观察人的颅面可以推测人的体质和夭寿，这在许多古代文献中都有记载，前贤也对颅相有许多精辟论述，如"头者，一身之尊、百骸之长、诸阳之会……额前耸起隆而厚、额宽，发际丰隆骨起高，是为吉寿之相"。

此外，《黄帝内经》也总结道：小头长面、青色之人属于木形人，气质有才，多疑、劳心、少力，能春夏不能秋冬；面型尖而色赤之人属火形之人，精力充沛，气质外向，思维敏捷，但是性子急，这类人就容易患心血管疾病；圆面大头面黄色者，五行属土，为土形人，这类人就稳重、敦厚，勤恳实干，所以易为殷勤之户，一生平安；而头颅为方形，面色白者，则属于金形人，气质内向，精明沉着，这种人在仕途上易有一番作为，但能秋冬不能春夏。

西方有一位解剖学家名叫盖尔，曾创制了一套颅相学理论。他认为人在成长过程中，大脑将按照个人的气质而形成，伴随大脑的形成，颅骨会相应生长成特有的形状。只要仔细研究颅骨的各种形状，同时考察头颅的相应部位，就能在两者之间找到某种关联，从而绘制出性格特征与颅骨轮廓关系的分布图。

盖尔认为，人的气质影响后天头颅的形状，而易经预测学说则认为，先天头颅的形状影响后天人的性格。虽然两者在谁先谁后方面存在分歧，但都肯定了颅面与人体的关系。

相面色之秘

俗话说："看人先看脸，见脸如见心。"脸面是人最重要的体态语言，因为在我们的身体上没有哪个部位能比脸更富有表情达意的作用，而且具有既真又假、既静又动、既先天定型又自由可为的双重性。

当一个人感到羞涩或激动时，脸部会泛红晕；当他生气或者发怒的时候，脸部会发青；当他受到惊吓的时候，脸部会发白。中医认为，人的情绪会干扰气的运动，怒则气上，喜则气缓，悲则气消，恐则气下，惊则气乱。面部是经络贯注最为集中的部位，所谓"十二经脉、三百六十五络，其血气皆上于面而走空窍……其气之津液，皆上熏于面"，因此人体内气血变化会在面部得到反馈。

"望而知之谓之神"，中医相面尤其看中脸部的神色，通过脸部神色的晦、明、露、藏，可推断预后的顺、逆、吉、凶。中国人正常的面色微黄，略带红润，有光泽，中医称为"常色"。生病的时候，"脏病于内，色应于外"，面部的色泽会发生相应的变化，这种不正常的颜色，称为"病色"。

于五色而言，青色为肝色。如果面部现青淤之色，则说明身体可能存在肝病，肝失疏泄，经脉瘀滞不通，气血无以上润于面而面色发青。

赤色为心色。作为病色的赤色不同于羞红脸的红色，而是"赤如虾血"，没有光色神韵。如果面部出现这种颜色，就说明心可能患有疾病。心主血，血得热则行，热盛则血脉充盈，血色上荣于面，所以面呈红赤色。如果久病重病患者面色苍白，却时而泛红如妆，嫩红带白，游移不定，多由虚阳上越所致，是真寒假热的危重征象。

黄色为脾的颜色。虽然东方人的肤色为黄皮肤，不过正常的黄色是"黄如枳实"，黄色之中透着光泽、泛着红润，而病态的黄色如同黄土，晦滞枯憔，中医称为"萎黄"。当一个人的面部出现这种颜色，则说明脾主运化的功能受到了影响，提示患有消化系统疾病。

白色为肺的颜色，为肺病的主色。面色苍白者多肺气虚弱，或咳喘，或无力。当然人们都喜欢自己的皮肤是白白净净的，但是正常皮肤的白色如同鹅毛，而作为病色的白是苍白如白纸，因此当一个人脸部面白无华时则提示其肺的生理功能可能受到了损害。

黑色为肾病的颜色。肾阳虚亏，水饮不化，阴寒内盛，血失温煦，经脉拘急，气血不畅，所以面色黧黑。临床上很多肾病患者的脸色发黑发暗，特别是眼眶周围，其实就是因为肾的生理功能遭到破坏。

当然，面部五色只能给中医预测疾病提供一个方向，具体诊断还应结合面部各分部和望色十法，以及脉、症等资料综合分析，才能获得较准确的判断。观面色除了能预测寿夭吉凶，还可以作为中医气质分类的参考。如面赤者多为火形人，面青者多为木形人，面黄者多为土形人，面黑者多为水形人，面白者多为金形人，辨别了体质，可为预测疾病提供指导。

相眉之秘

眉者，媚也，为两目之华盖，一面之表仪，代表人的智慧程度。易经相术将左眉分为两段，前段凌云，后段繁霞；将右眉分为两段，前段紫气，后段彩霞。依照眉的外形，进一步细分为二十四种，如八字眉、螺旋眉、罗汉眉、扫帚眉等。每种眉毛的形状都有不同的解读，其中玄机晦涩难懂，在此不做赘述。

中医相眉，主要是看眉势，即是眉身的姿势，指眉身的宽窄、长短、颜色等。因为眉为肾所主，为肾之外候，又为肺所属之皮毛，所以眉毛候肾及肺，能够反映身体气血的盛衰。

一般来讲，眉毛浓密说明肾气足、肺气旺，预示体质较强、精力充沛；而眉毛稀疏、色泽淡白则预示体质娇弱、精力偏差。眉毛倾倒，说明眉毛无力支撑竖立，往往提示脏腑有严重病变，身体气力极度衰微。眉毛冲竖，则说明气足，往往预示此人秉性急躁易怒，肝气旺盛。眉毛细长者多性温顺，所以那些和蔼的老人，眉毛多又细又长。

相目之秘

在中医中，眼睛又称为"精明"。《素问·脉要精微论》曰："夫精明者，所以视万物，别白黑，审短长。"眼睛是心灵的窗户，是人体机能状态的重要信息站。

《灵枢·邪气脏腑病形》云："十二经脉，三百六十五络，其血气皆上于面而走空窍，其精阳气上于目而为睛。"这说明眼睛与脏腑经络关系密切。就连"西方医学之父"希波克拉底也认识到了这一点，曾说"眼睛如何，身体如何"。

所以，中医通过"相目"就可以对一个人的身体状况进行预测和推断。

相目主要在于观察目的神态，神通于心，外应于目，目是传神的器官。肝血濡养眼目，眼睛如果无神，不能正常视物，则可能是肝血不足。如果两目干涩，视物昏花，则提示肝阴不足。

此外关于眼睛，《黄帝内经》还提到了"五轮说"。《灵枢·大惑论》将眼的不同部位分属于五脏，其中眼睛内眦及外眦的位置血络属"心"，称为"血轮"；黑睛部位属肝，称为"风轮"；瞳孔属肾，称为"水轮"；白睛属肺，称为"气轮"；眼胞，也就是上下眼睑位置属脾，称为"肉轮"。身体内部脏腑的病变，都可以从眼睛所对应的"五轮"部位看出来。

比如，若眼睑浮肿、皮色光亮，多属脾虚有湿；若红肿热痛，多为脾胃湿热；若红肿痒痛、湿烂，多为脾经风热夹湿。若两目眦位置血络较多，说明心火旺盛，经络瘀滞；若白睛色不白而红，则说明肺经有实火。若白睛暴赤，弥漫浮肿，状若鱼泡，泪热刺痛，为风热邪毒，侵犯肺经；若白睛溢血，色如胭脂，多属肺热伤络，血溢络外。

相鼻之秘

鼻子位于人体面部的中央位置，是面部诊断的重要部位。《灵枢·五色》说："五色决于明堂……明堂者，鼻也"。鼻子为中岳，属于土星，脾胃属土，而肺开窍于鼻，鼻和肺又关系密切，所以鼻子属于脾胃而络肺。

在中医看来，鼻子集中了五脏的精气，人们观面色，可以先观鼻色。鼻头对应脾胃，其根本对应心肺，周围区域对应六腑，下部对应生殖系统，因此鼻子对脏腑精气变化的反映是比较重要的。

一般来说，正常人的鼻子颜色与面部颜色基本一致。如果鼻子呈红色，特别是出"火疖子"，则说明脾肺中有内热。不注意，过几天还会出现咽痛、咳痰黄而黏稠、大便干燥等情况。鼻子明显发黑或者灰暗，往往是病情危重的不祥之兆。出现这种情况，多见于身体各脏腑功能衰竭的病人，特别是一些肾衰患者。

此外，鼻子的外形对寿夭有一定的预测意义，如鼻岳高起，端直丰厚，色泽红润，鼻孔不露，则是吉祥长寿之相。反之，鼻塌不正，准头不圆，鼻孔翻露，壁薄色枯，则是不健康的外相。

国外科学家曾做过一个统计研究，发现如果鼻子很硬，就可能是胆固醇太高、心脏脂肪积累太多的缘故。如果一个人鼻子有肿块，则表明他的胰脏和肾脏可能有毛病。如果一个人的鼻尖发肿，则表明他的心脏有可能正在扩大。儿童鼻根青筋暴露，往往提示其体质虚弱、营养不良，需要补充营养。

相唇之秘

古人讲："唇亡则齿寒。"嘴唇作为嘴的城郭，除了对舌头和牙齿具有很好的保护作用外，从易经面相学角度讲，还是判断一个人富贵贫贱、健康夭寿的重要参考。

一般来讲，人的嘴唇以厚者为佳。嘴唇红润，是富贵长寿之相；唇色青白，多为消化不良的反映。而且唇色清白之人在看待事物时也多消极、悲观，由于意志薄弱而常半途而废，终究一事无成。

这种认识有道理吗？中医认为"脾开窍于口，其华在唇"，脾主肌肉，而唇是脾的外窍，所以观察唇的外观，可以窥知全身肌肉的状况。如果双唇枯槁晦涩，则预示全身肌肉津亏失濡；而双唇红润丰厚，则提示周身肌肉气血充足，人也能健康长寿。

正如《灵枢·经脉》所言："足太阴气绝者，则脉不荣肌肉，唇舌者肌肉之本也。脉不荣，则肌肉软；肌肉软，则舌萎人中满；人中满，则唇反；唇反者，肉先死。"

现代医学也认为，嘴唇表面分布着丰富的毛细血管，能灵敏地反映内脏的情况。比如，人在贫血的时候，嘴唇是白色的；如果是血瘀，嘴唇会发紫；如果中毒，嘴唇会发蓝或者发黑。

总之，嘴唇是人体健康的晴雨表，它会给我们带来一些不同的信号，能反映我们身体的健康情况，嘴唇的皮肤、颜色及周边的病理现象都能不同程度地说明身体的健康状况，我们可以据此提出对策，对症下药。

相人中之秘

人中位于鼻唇沟正中线，位于上嘴唇沟的上三分之一与下三分之二交界处。人中上面是鼻子，鼻子能够呼吸天气；人中下面是嘴，嘴可以饮食地上的水谷。天在上，地在下，人正好居于天地之中，所以鼻子和嘴中间这个部位叫作人中。

中医可以通过看人中穴所在鼻唇沟的颜色、状况来了解一个人的健康状况。

中医认为，人中是面部经络交错、气血贯注的要地，可以反映肾、命门、阳气等的重要信息。《灵枢·五色》说："面王以下者，膀胱子处也。"肾主膀胱，即反映人体生殖、泌尿系统状况。在生活中，人中穴经常用于中暑、昏迷、晕厥、全身麻醉过程中出现的呼吸停止、低血压、休克、一氧化碳中毒时的解救，就是因为此处贯通肾气，掐一掐能够刺激肾气，激活先天之本。

《神相全编》说："人中深而长者，长寿。"健康人的人中是整齐的，位置正中，人中沟清晰匀称，深而长，颜色黄里透红。如果人中色青，则提示体内有寒湿；如果人中颜色时青时黑，表明肝可能有病；如果人中颜色暗绿，则提示可能有胆囊炎、胆绞痛。古语有"人中黑者，死"，而黑色应肾，人中有黑色则提示肾气将衰，而肾脏衰竭在现代依旧是治愈率很低的疾病。

相耳朵之秘

《黄帝内经》曰："耳者，宗脉之所聚也。"耳朵是人体信息输出、输入最多的地方之一，人体各脏器、各部位于耳部皆有集中的反映点。从外形来看，耳朵就像是一个倒垂的婴儿，因此耳朵就是人体体表外窍的显示器。

最重要的是，肾开窍于耳。肾气的盛衰决定着人体的寿夭，因此耳朵的状况对预测人体健康很有价值。正如《灵枢·本藏》所说："耳坚者，肾坚。耳薄不坚者，肾脆。"

外国科学家曾做过一个实验，对 50 名 80 岁以上的长寿老人进行耳诊统计，发现这些人有一个共同的特征就是耳郭长、耳垂大。据测量，80 岁以上老人耳郭的长度皆在 7 厘米以上，有的甚至达到了 8.5 厘米，要知道一般人的耳郭长度只有 5 ~ 8 厘米。

就整体而言，正常人的耳朵红润而有光泽，这是先天肾精充足的表现；如果耳朵干枯没有光泽，反映人体肾精不足。从局部来看，如果耳朵局部有结节状或条索状隆起、点状凹陷，而且没有光泽，多提示有慢性器质性疾病，如肝硬化、肿瘤等。耳朵局部血管过于充盈、扩张，可见到圆圈状、条段样等改变，常见于心肺功能异常的人，如冠心病、哮喘等。如果耳内流脓，伴有耳部红肿热痛、听力下降的，则是中耳炎的表现。

相头发之秘

在生活中，我们总会有这样的认识，就是身体健康的人往往头发乌黑浓密，而体弱多病、体质较差的人，头发犹如枯萎的黄草。甚至一些危重症，是以头发脱落为征兆的。

这是因为头发的质量和人的肾、脑的关系最为密切。《素问·六节脏象论》云："肾者……精之处也，其华在发。"肾气的盛衰直接影响着头发的生长状况。

《印度时报》曾载文称，头发的确是人体新陈代谢系统的一面镜子，甚至比血液透露的健康信息更多。头发中含有多种微量元素，可预测早衰、消渴、虚劳、中风、呆痴、癫痫、痛风等疾病。

衡量一个人的头发是否健康，一般要从头发的净洁、颜色、润泽、质地等几个方面判断：清洁、整齐、没有头垢和头皮屑、发黑柔润、富有弹性、色泽统一、不分叉、不打结、疏密适中、发长而不枯萎者即是健康的头发。

如果头发稀疏，则提示肾气虚。有的脱发突然发生在某一局部，不痛不痒，在不知不觉中脱落，俗称"鬼剃头"，提示身体有重大健康隐患。如果头皮易生头屑，则说明肾精收不住虚火，虚火上浮，久之，精血减少，头皮得不到滋润，便产生头屑。如果头油多，则说明脾气输布太过，人体油脂往上飘，致使头出油。

第三节 中医看手相"知"疾病

很多人认为看手相是迷信，但是如果根据手的纹路形态、变化规律等，对健康进行推理，则是一种诊断疾病的辅助手段。

其实中医自古就有通过看手相来预测疾病的实践。手诊在我国具有悠久的历史，是中医望诊的一个重要分支，《黄帝内经》记载："胃中寒，手鱼之络多青矣；胃中有热，鱼际络赤；其暴黑者，留久痹也。"

经络是运行气血、联系脏腑和体表及全身各部的通道，是人体功能的调控系统。而人体最重要的十二条正经中，与手相关的有 6 条，手部与此相关的穴位有 23 个。此外，据统计手上还分布有经外奇穴 34 个，全息穴（区）42 个。所谓一叶知秋，如果身体是"秋"，那么手掌就是能够知秋的这片"落叶"。

在中医院，一些经验丰富的老专家诊病时会说："来，让我看看你的手掌。"他们在看过手掌之后便知道病机在哪里。以手掌的气色形态诊断疾病，虽然神奇，但是并不神秘。只要掌握了相关知识，普通人也能看懂手掌气、色、形态的变化，从而了解自身的健康状况，当好自己的"家庭医生"。

那看手相具体都看什么呢？大致要看手掌、纹络、五指、指甲等重要信息点。

看手掌之秘

手掌是人体大八卦中的小八卦，通过观察手掌的整体情况，可以推测一个人的气质。比如说手掌宽大、手指长者的人，性格上多开朗，有胆识，有志气；手掌窄小、手指短的人，性格多偏窄、胆小而缺少志向；手体厚、掌心宽大的，性格上多宅心仁厚，宽容而朴实；手体纤细、薄且掌心窄小者，多妒忌而刻薄。

虽然很难说是性格决定了手掌外形还是手掌的外形影响了性格，但可以肯定的是手掌外形与人的性格气质存在着一定的联系。

除了性格和气质的影响，手掌的形与色还透露着身体内部脏腑的健康状况。手掌是人体的全息反映区，手掌的不同位置反映了身体对应器官的情况。

看手掌，首先要看"位"。位就是人体脏腑器官在手上表现的区域。

以中指为起点，中指根节代表头顶部，头晕、头痛、高血压、低血压、脑血管疾病等均在这个部位显示异常。往下，手掌与手指连接的部位代表眼、鼻、牙齿、咽喉等，相当于人体头部双眼至咽喉部位。沿中指再向下，中指平分线附近，反映胃、肾以及男女生殖系统。这是手掌中指或中轴附近的排列情况，与人体真实的解剖位置规律相似。

除了看"位"，还要看手掌的"相"。相就是手掌对应区域气、色、形态的变化。通过对这些征象的归纳、分析，得出中医辨证认病以及现代医学的诊断印象。不在"位"上的"相"是没有诊断意义的。

当发现手掌一个或若干个"位"上出现气、色、形态异常时，则提示这些区域所对应的脏腑发生了病变。

望气，是找到"位"以后所要观察的第一个内容，就是观察手部颜色及整个手掌的光明、润泽与否。手部皮肤颜色光明、润泽代表"有气"，说明健康状况颇佳，即使得了某些较重的病，预后也会较好。

如果整个手部颜色发暗、没有光泽，仿佛笼罩一层黑雾，则代表"无气"，提示肌体免疫功能低下，多是全身反应性疾病，如病毒性感冒后期或初愈、高烧、肾炎、白血病或肿瘤等。若只是局部出现晦暗枯槁，则表示与该"位"相应的器官功能失常，出现严重病变。

望气之后便是望色，人体手掌的正常颜色是浅红色，用手挤压会褪色，松开后很快恢复。在气、色、形态手诊中，白色是出现最多的颜色，几乎在任何"位"上均可见到。当手掌出现白色的时候，表示这些部位或者整体气血亏虚；青色显示血瘀，表示身体血液循环不良，往往提示有心脑血管疾病的风险；黄色表示脾胃功能不佳，如果全手皆黄，则说明可能患有黄疸；如果"位"上呈现深红色或暗红色，表示该部位有较严重的炎症。如果在"位"上有鲜红的斑点，则表明该脏器正在出血；若斑点呈暗咖啡色，多表示出血已痊愈，但是存在血瘀不通的现象。

黑色代表危重症，若某"位"上有病理性黑色斑点，表示该部位是久病、重病；若某"位"颜色发黑且有凸起，则可能患有肿瘤。

望形态，主要看手掌肌肉的丰满状态。如果肌肉丰满，则说明气血充足；如果肌肉凹陷，则说明无气，其临床意义主要表示脏器萎缩或者下垂。

总之，看手掌预测健康，既要看区域所对应的"位"，又要看"位"表现出的"象"，两类信息综合在一起才能作出正确的预测。

看五指之秘

在金庸武侠小说《天龙八部》中，大理段氏有一种绝学，即"六脉神剑"。

六脉即从手上经过的六条经络。所谓神剑，是指将身体的内力从经络所络属的手指指尖隔空激发出去，从而达到以指代剑的境界。

手指是人体上肢的末端，身体气血循经络流注到此而返回，五个手指有六条经脉循行。心、肺、大肠、小肠、心包、三焦等经络在手指尖部起始交接，肺经止于拇指少商穴，大肠经起始于食指商阳穴，心包经止于中指中冲穴，三焦经起始于无名指关冲穴，心经止于小指少冲穴，小肠经起始于小指少泽穴。

中医认为，经络是运行气血、联系脏腑和体表及全身各部的通道，是人体功能的调控系统。人体的五脏六腑、四肢百骸、五官九窍、皮肉筋骨全靠经络串联起来。虽然手指只是经络的局部，但是我们可以通过局部窥探全身，即通过每个手指所循行的经脉可以得到相应脏腑的信息。

大拇指对应的经络是手太阴肺经，对应的器官是肺。拇指由下至上，被一道横的指节纹分成了第一指节和第二指节。如果这两个部分有很多散乱的指纹或是指节纹散乱不清，说明肺功能不好，提示肺气衰微，易得呼吸系统疾病。

食指对应的经络是手阳明大肠经，能够反映胃和大肠的健康状态。食指苍白瘦弱、指间漏缝，说明人容易劳累，精神萎靡不振，提示肠胃机能较差，易患消化系统疾病。

无名指对应的经络为三焦经。三焦经主气，为人体血气运行的要道，上肢的痹症，以及人体水道不利导致的水肿病，都是三焦经主治的病。无名指太短，多提示元气太虚、精神不振。无名指偏曲、指节漏缝，多提示泌尿系统功能较弱，同时容易出现神经衰弱、头痛、失眠等症状。

中指对应的是心包经，此脉循行所联络的脏腑器官有心包络、膈、三焦等，本经病候以胸、心、神志病变以及上肢内侧病变为主。中指苍白细弱，提示心脏机能较差，造血功能欠佳。中指偏曲、指间漏缝，提示循环系统功能较差，还会影响肠道功能。

小指对应的经络是心、小肠经，对应的器官是肾脏、循环系统。小指苍白细弱，易得吸收不良或排便不畅等肠道疾病。小指短小，提示肾气不足，易得头晕、耳鸣、腰腿酸痛等病；小指短小或过度弯曲，提示有性功能、生育功能方面的障碍，女性多见卵巢功能差，易患不孕症，男性多见性功能障碍，易患阳痿、早泄等。

看指甲之秘

中医学认为，"爪为筋之余"，"爪"包括指甲和趾甲，指甲是人体内的筋延伸到体外的部分。

肝主藏血，主筋，筋骨都要靠肝血滋养。为什么人在极度发怒的时候，会气得四肢乱颤，就是因为怒气引致肝气震动，带动筋骨颤抖。所以，我们通过指甲的坚脆、厚薄、颜色、枯萎或润泽等信号，可以解读出体内肝血的盛衰秘密。

指甲靠肝血荣养，一般来讲，健康人的指甲受肝血滋养充分，所以多呈桃红色，表面光滑圆润，厚薄适度，形状平滑光洁，无纵横沟纹，没有干扰斑。如果肝血发生变化，那么指甲多半会有所表现。

如果指甲颜色苍白，则说明肝血不充盈，往往预示身体有贫血或营养不良，可多吃大枣、黑芝麻等补气补血的食品。如果指甲出现黑斑，则说明肝血淤积不通，血液循环发生障碍。现代医学研究发现，如果指甲没有受过伤，但上边突然出现黑线，并有蔓延的趋势，则很可能是黑素瘤作怪。如果指甲上出现白色斑点，则多为消化不良，肚里有冲积或者缺钙。如果指甲色泽暗黄，则可能是肝胆疾病或其他慢性疾病的先兆；如果指甲青紫，则说明体内有寒证。

在指甲的根部，也就是牙床的地方，往往会有一个"半月痕"。甲床部位有丰富的血管及神经末梢，人体血液循环正常，指甲末梢供血充足，指甲生长速度较快，不断长出新的指甲。当人体患有某些心血管疾病，手指末梢供血受到破坏，甲体生长速度低于老化速度，则显现为半月痕减小或无半月痕。

人们在观察指甲半月痕时，可通过半月痕的表现大致了解到当前自己的健康状况。一般来讲，身体健康者，半月痕大小适中，呈灰白色；若没有半月痕，多是气血不足的表现；半月痕过大，则易患高血压、甲亢等疾病。

此外，每一根手指的指甲所对应的脏腑部位也各不相同。古人经过长期细致观察和反复验证，总结出拇指指甲反映头和颈部的病变情况；食指指甲反映头部及上焦、胸、心、肺等部位病变情况；中指指甲反映中焦、肝、胆、脾、胃等部位的病变情况；无名指指甲反映下焦、肾、膀胱、肠道等部位的病变情况。

指甲可以作为身体健康的晴雨表，这是因为二者存在着密切的关系，现代人为了漂亮喜欢美甲，在指甲上涂抹各种颜料，这会对身体造成隐蔽的伤害。

看纹路之秘

手掌的纹路有指纹和掌纹之分。人一生下来，指纹就是固定的，而且每个人的指纹都不一样，世界上没有完全相同的指纹。现在，指纹已经成为公安人员侦破案件的重要线索。同时，指纹也是医生诊断疾病的重要线索。

民间有俗语："一斗穷，二斗富，三斗开当铺。"这里所称的"斗"，就是指人的指纹。普通人有十个手指，指纹大约可以简单地分为三大类，一类是螺纹状的，俗名叫作"斗"；一类是开口状的，俗名叫作"箕"；还有一类纹形像弓，叫弓线纹。

正常人的指纹应该是红黄相间，隐隐见于皮肤之中，规律有序。所以，中医通过看指纹的形与色等就能了解患者的身体状况。一般来讲，看指纹诊疾病主要用于小儿群体，因为小儿不会言语，切脉又易受干扰，因而古人创立了望切相结合的指纹诊法。

正确做法是，诊察时将孩子抱到光亮处，操作者用左手的拇指和食指握住患儿的食指端，用右手拇指轻轻地从小儿食指指尖推向指根，使指纹易于显露，轻轻推几次，观察推移前后指纹脉络变化情况。

如果指纹清晰，那么孩子的病情就比较轻或者健康。若"指纹"已沉到肌肤之内，说明病情较重。比如孩子刚感冒，"指纹"是清晰可见的；如果已发展到气管炎、肺炎，"指纹"就可能看不太清楚了。

此外，颜色的变化也是重要的信息来源。淡紫色而指纹深沉者，多为里证；青紫者为寒证；紫黑者是血络闭郁，病情危重；色浅淡而白者为虚证，色浓滞者为实证。

除了指纹，还有掌纹。每个人手掌上的纹理，在胚胎发育的第四个月就已形成。其中，指脊纹（即手指内侧的纹）是终身不变的，掌褶纹（即手掌上的三条主纹）虽有变化，但稳定性很高。但是，如果身体遭遇疾病，健康受到影响，气血紊乱反映到手掌上就会让原本稳定性很高的纹理发生细微变化。

比如心脏功能减弱时，在手的大鱼际中部（大拇指与手腕之间的突出肌肉）靠近外手心处的肌肉会有松软、下陷之状。若伴有心肌供血不足，则整个大鱼际发青，甚则紫暗；高血压患者，中指近掌指节处易出现红色暗斑，严重者会出现红色串珠样暗斑；低血压患者，中指近掌指节处易出现青色或白色暗斑；消化功能偏弱的人在掌中易出现链状纹；慢性胃炎（浅表型、萎缩型）患者，掌心正中（劳宫穴附近）常有岛状纹；女性在经期前后，小鱼际（小指下近掌根部）经常出现潮红，经期结束后，红色会隐退，若在非经期出现明显色态改变，往往是内分泌紊乱的标志。

总之，正常情况下的手掌纹路是稳定不变的，如果发生变异，那肯定是身体内部发生了变化。

人体是一个有机的统一整体，五脏六腑和四肢百骸都要通过经络的网络和气血津液的流布，密切地联系成一个统一体。任何局部器官的生理功能和病理变化，对整体的生理活动与病理反应都会产生影响。任何整体功能的失调，都可以在局部上得到反馈。所以，中医对疾病的预测，都是基于局部和整体的联系作出的。